电商产品经理

基于人、货、场、内容的 产品设计攻略

王伟 / 著

电子工业出版社
Publishing House of Electronics Industry
北京·BEIJING

内 容 简 介

本书从"人""货""场""内容"方面详细地阐述了电商各个环节的流转和应用，同时，也讲述了电商产品经理应具备的核心能力。为了让读者能够更好地理解和吸收电商方面的精华，本书在每章中都会讲解一些工作过程中通俗易懂的例子。

与以往介绍产品经理方法论的书不同，本书更侧重于介绍产品设计的方案框架。本书所述的产品方案都是大公司里相对容易落地的方案，读者实际上可以直接拿来应用到自己的业务中。

本书面向的是有志于成为电商产品经理的读者，你无论从事任何行业，都可以从本书中了解到电商产品的设计思路，本书适合作为电商产品经理的入门书。

图书在版编目（CIP）数据

电商产品经理：基于人、货、场、内容的产品设计攻略 / 王伟著. —北京：电子工业出版社，2019.7（2025.8 重印）

ISBN 978-7-121-36776-2

Ⅰ. ①电⋯　Ⅱ. ①王⋯　Ⅲ. ①电子商务-企业管理-产品管理　Ⅳ. ①F713.36

中国版本图书馆 CIP 数据核字（2019）第 111342 号

责任编辑：石　悦
印　　刷：北京天宇星印刷厂
装　　订：北京天宇星印刷厂
出版发行：电子工业出版社
　　　　　北京市海淀区万寿路 173 信箱　　　邮编：100036
开　　本：720×1000　1/16　印张：16.25　字数：300 千字　彩插：2
版　　次：2019 年 7 月第 1 版
印　　次：2025 年 8 月第 18 次印刷
定　　价：69.00 元

凡所购买电子工业出版社图书有缺损问题，请向购买书店调换。若书店售缺，请与本社发行部联系，联系及邮购电话：（010）88258888。

质量投诉请发邮件至 zlts@phei.com.cn，盗版侵权举报请发邮件至 dbqq@phei.com.cn。

本书咨询联系方式：（010）51260888-819，faq@phei.com.cn。

推 荐 序 一

电商已经彻底改变了人们的生活方式，推动了物流、支付、信用等行业的全面发展，重塑了商业结构，见证了中国经济的跨越式发展。电商的发展史可以说是商业模式的创新纪录片，从团购网站的"千团大战"到如今社区拼团的"千团大战"，从微信社交中高速成长的拼多多到"社交电商第一股"的云集……电商产品的竞争是产品服务的竞争，更是商业模式之争。

电商产品经理既是电商产品的搭建者，又是商业模式的践行者，需要紧跟商业趋势，从功能性产品经理逐步成长为业务型产品经理。对于电商行业来说，原有的货架式电商已经不能再满足逐步升级的用户需求。

产品创新开始以消费者为中心，重新定义消费场景，从产品制造的创新（如小米生态链、网易严选的 ODM 模式等）演变为触达用户的创新（如拼团、社交电商等）。产品的重点从以"货"为中心转变成以"用户"为中心。

我与王伟已经认识了很长时间，他是一位对用户思考很深入的产品经理。本书基本上围绕"用户"来讲，从会员、营销、内容等方面全面解析电商产品，特别是对会员方面的见解给我启发良多。

电商的触角几乎没有边界，大多数互联网产品发展到一定阶段，都会或多或少涉及电商业务。这就提高了对电商产品经理的要求，电商产品经理必须理解在各种场景下的业务。电商后台产品是基础，你只有建立了后台产品的知识体系，再结合对业务和用户的理解，才可以有效地提供产品解决方案。电商产品有许多固定的框架和逻辑，例如订单管理系统（OMS）、供应链产品等已经有了很成熟的解决方案，产品经理可以创新的空间主要是面向用户的创新，以及对消费场景的重构。

要做好这些，就需要对用户和业务有深入的了解。本书对电商中人、货、场、内容的讲解深入浅出，徐徐道来，并辅以各种案例，我相信能给你带来一定的启发。

刘志远

《电商产品经理宝典：电商后台系统产品逻辑全解析》作者

推荐序二

产品经理的定位如今已经千变万化，体现在以下几个方面。

第一，产品经理的工作正在从用户体验向业务经营转变。在我刚入行的时候，流行的理论是"简约至上"，大家都在探讨很表面的体验（交互）问题。当时的产品也以功能创新、界面有趣为傲。

如今的产品形态发生了巨变，很少再见到纯线上的产品，更多的是触及出行、饮食、电商等有大量线下环节的生活服务产品。这样的产品，并非不关注用户体验，而是不能只关注用户体验。供给侧和交易侧的业务逻辑问题，需要全新的能力模型才能解决。因此，"业务型产品经理"比"用户体验产品经理"更受重视了。

第二，产品经理的工作正在从普适性向专业性转变。业务既然变得重要，那么一个产品经理了解行业，掌握有针对性的技能就有了竞争力。社交产品经理与教育产品经理的成长路径截然不同，出行产品经理和外卖产品经理也有很大差异，哪怕同为电商产品经理，做平台型的电商和垂直品牌的电商差异也很大；自己做供应链和物流的电商和只做导购撮合的电商差异也很大。

只掌握用户体验能力的产品经理，虽然适应性强，但是在业务比较复杂的产品中难以创造更大价值。有价值的产品经理必然首先是行业专家。

在所有业务侧的产品经理中，电商产品经理堪称最古老的，也因此是积累经验最丰富的。作为产品经理的入门读物，《人人都是产品经理》讲述的也大多是关于电商产品经理的工作内容。

正因为如此，电商产品经理本就是新人入行可以研究和模仿的优质对象，也是对其他垂直领域产品经理有借鉴意义的参考对象。王伟的这本书尝试对电商产品经理进行体系化的梳理，让不了解电商产品经理的朋友们有全局的认知。王伟对如何看待用户、如何面对业务等有不少有价值的见解，对我启发良多。

产品经理的书向来都不是放之四海而皆准的，都是作者自己总结的方法论，要想行之有效，需要复杂的约束条件和多个方面因素的影响。因此，你在读完本书后即使照葫芦画瓢也不能成为好的电商产品经理，还要考虑在具体场景中自己面临的问题究竟是什么。

如果你面临的是通用场景，哪怕不是电商产品，也有不少可以效仿的内容；但如果你面临的是个性化场景，哪怕都是电商产品，也未必合适。

如何学习和运用书中的方法，需要一些智慧。这些智慧，不是天赐的，而是来源于各位读者对自己手头工作的反复思考。

祝大家都能有所收获。

刘飞

滴滴出行产品专家、《从点子到产品：产品经理的价值观与方法论》作者

自　序

我从"象牙塔"毕业之后，就直接投入电商的浪潮中，成了电商行业的产品经理。幸运的是，我先后加入了国内最好的两家电商公司，既可以亲身领略自营电商的产品全貌，又能学习平台型电商的精华。转眼间，我已经入行 5 年有余，从最开始的懵懂产品小跟班，到现在可以独立抗"撕"的产品"老司机"，也算历经艰难了。

在入行前，我还是有很多困惑的。我一直在思考到底什么才是产品经理、什么才是电商产品经理、我怎么才能从校招生变成电商产品经理。一系列疑惑摆在我面前，可是，在市面上很少有指导性的电商产品经理方面的书供我参考，这种情况在我工作了多年后仍然存在。

一般来说，从事互联网工作的产品经理不会有充足的时间输出经验和内容，忙到没有时间思考，这也是电商产品经理方面的书缺乏的原因之一。我也遇到了同样的问题，几乎都是在夜晚或者周末写文章，构思文章的结构，画文章的产品结构图和产品流程图，把这本书当成自己从 0 到 1 的产品，悉心打磨每个细节。

这本书来源于我日常写作的点滴积累，写作的目的是帮助自己总结、归纳工作的经历和思考。我日常写作的方向比较零散，没有结构化思维，都是想到一点儿就写一点儿，后来产生了希望以系统化的视角写书的念头。带着无限的憧憬和喜悦，我完成了本书的写作。梦想很美好，执行起来却处处面临困难。虽然有困难，但是我仍希望通过文字将做产品的经验传达给每一个有志成为电商产品经理的朋友。

与大多数产品经理方法论不同，本书以实际的产品形态描述电商产品的具体实施过程和我对它的思考。书中的所有产品逻辑都是我通过观察和参与获得的，具有一定的价值。

随着科技日新月异的发展，电商行业已经逐渐成了互联网的传统行业，所以很多基础建设知识需要公开化，不应该让行业内所有同僚再把精力投入最原始的基础建设中，而应该让他们多思考如何服务用户，如何在原来的基础上做更多的创新。

书中所述的内容大多数是电商产品的可执行方案框架，属于电商的基础建设方案。你只要做与电商产品相关的工作，就都会和这些内容产生关联。本书的读者范围很广，无论你是学生、刚入门的产品经理、高级产品经理、运营、设计人员还是开发人员，都可以从中学到想要的内容。

电商系统过于庞大和复杂，以一个人的经验阅历很难将大而全的电商产品详细地描述清楚，但我并不认为这是本书的局限，反而是本书的优势。绝大多数产品经理不需要掌握多而繁杂的电商系统，其实只需要学习最关键的核心产品，比如以"人""货""场""内容"为中心的产品设计。所以，本书通过5章详细地描述了这些产品设计思路。

第1章讲述了电商产品经理的前世今生，以及成为电商产品经理的必要路径，再通过"术、器、道"描述了电商产品经理应该掌握的模型。

第2章详细地讲解了关于"人"的产品设计思路。"人"即用户，知己知彼，方能百战不殆。围绕"人"的产品有很多，包括会员体系，可以让用户享受不同的待遇。本章从心理学角度详细地讲解了用户的痛点和痒点，从大数据层面概括了用户画像，用数据得出人的标签属性。

第3章讲解"货"的产品设计思路。"货"即商品，商品在电商中经过了很多复杂的系统。

第4章围绕"场"的概念展开。"场"即营销场所，通过"场"把货物销售到精准的用户手中，即人群营销。同时，本章也描述了关于商品营销的各种产品手段等。

第5章描述了"内容"产品，介绍了内容产品是如何影响用户购买决策和转化的。

本书旨在帮助你梳理电商流程，但是不一定完全适用于你的公司目前的业务场景，毕竟各个公司和业务都有一定的独特性，找到适合自己的方法才是最重要的事情。

最后，我要感谢一下长期支持我的人。

感谢我的爱人张秋，她一直陪伴和信任我，在我写作的过程中，给予了我极大的肯定和鼓舞。没有她，我的生活可能就乱套了。

感谢我在京东的领导司乃丹、李皓和沈宝桓，也要感谢我在阿里巴巴的领导王洋，我的成长和电商产品的实践都是在与他们共事的过程中一点一滴地积累起来的，可以说，没有他们的帮助，本书是不可能完成的。

感谢我的好兄弟陈雄飞，同为产品经理，他不厌其烦地帮助我梳理了很多电商知识的结构，让我更加深入地了解了电商的方方面面。

感谢苏杰、刘飞、刘志远、韩叙、申悦、唐韧、李宽、挖数等圈内好友和老师，各位大佬的作品让我受益匪浅。在你们的身上，我学习到了关于产品经理的知识体系，希望日后可以见面交流，进行更深入的讨论。

感谢电子工业出版社博文视点的编辑石悦老师，他不厌其烦地修改并提出了很多修改意见，使本书的质量变得更好。

互联网世界存在的理论可能没有标准，需要每个产品人思考和探索。限于我自身知识储备、阅历和格局，本书可能存在不足和偏颇之处，希望各位读者批评指正。你可以通过微信公众号"产品毒思维"给我留言，和我讨论与产品相关的问题，我会认真地思考和回复每条留言。同时，在公众号上，你可以找到我的个人微信号，与我进行交流。

王伟（十月菌）

2019 年 3 月于杭州家中

读者服务

轻松注册成为博文视点社区用户（www.broadview.com.cn），扫码直达本书页面。

- 提交勘误：您对书中内容的修改意见可在 提交勘误 处提交，若被采纳，将获赠博文视点社区积分（在您购买电子书时，积分可用来抵扣相应金额）。
- 交流互动：在页面下方 读者评论 处留下您的疑问或观点，与我们和其他读者一同学习交流。

页面入口：*http://www.broadview.com.cn/36776*

Contents **目录**

第1章
电商产品经理的来龙去脉

电商产品经理不仅要做需求跟进和上线，还需要对需求做完整的深度思考，思考需求要面对的用户是什么群体、需求存在的价值点在哪里，以及需求是否有足够的未来想象空间等。

1.1 电商产品经理是什么

我自从大学毕业之后，就进入了互联网电商行业，在电商"大厂"里摸爬滚打。转眼之间，已经过去了好几年。

当初，我和大家一样，非常好奇电商产品经理到底是做什么的。我只在其他书中和别人的口述中了解到这个神秘的角色。

电商产品经理是互联网产品经理的一个细分岗位，职责范围与产品经理一致，主要关注点更多偏向于商业上的内容。电商产品经理可以按照业务或工作场景区分。

1.1.1 按照业务区分电商产品经理

按照业务区分，电商产品经理可以分为前台产品经理和后台产品经理。

前台产品经理更关注用户的产品体验，关注前台需要向用户表达的内容，要重点解决用户的需求，设计一套简单、实用、可塑性强的交互流程。比如，设计前台的交易、互动、帖子、搜索、促销、直播、活动或广告等产品的交互逻辑。

后台产品经理处理系统底层的逻辑关系，重视逻辑，讲究策略，设计的具体产品有交易系统、策略中心、数据中台、人群挖掘、推荐系统、客服系统、反馈系统或售后系统等。

图 1-1 描述了前台产品经理和后台产品经理的关联关系。

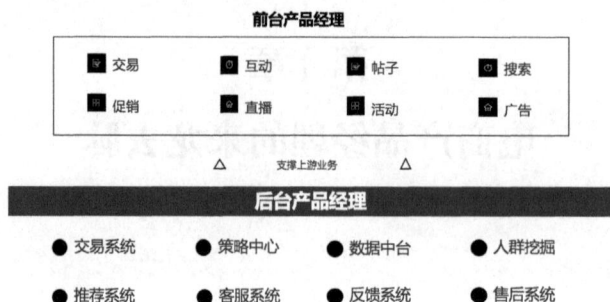

图 1-1

大多数前台产品都会有后台产品作为支撑，可能是小后台产品，也可能是大后台产品。怎么理解呢？假设你想做一款可以让用户抢定向特价商品的产品。你要尽量设计让用户清晰和流程短的前台产品，在一个页面中，既要展现具体的商品利益点，又要告知用户需要做哪些事情才可以得到定向特价商品。后台产品包含商品系统、订单系统、支付系统、促销系统、互动数值系统等 30 多个大系统。这些系统无须重复开发，利用现有系统支撑即可。你要把简单留给用户，把复杂留给系统。前台产品经理需要做资源整合，利用现有后台产品的能力，保证前台业务顺利进行。

后台产品经理更偏重于解决效率问题，开发创新产品，支撑业务。阿里巴巴有句话描述了后台产品的重要性：大中台，小前台。中台即后台产品，用于组织保障，小前台根据后台的能力繁衍出更多的业务场景。

前台产品经理和后台产品经理一般都会搭班子。就好比要盖一幢摩天大楼，前台产品经理的视角是大楼的形状、高度、颜色等，后台产品经理的视角是地基、钢筋、水泥、砖瓦和涂料等。前者关注表现层，后者则关注内在的逻辑运转过程。两者缺一不可，更多时候前台产品经理需要懂后台产品的逻辑，后台产品经理需要理解前台产品的用户体验，两者互为支撑。

1.1.2 按照工作场景区分电商产品经理

目前，互联网电商产品经理按照工作场景可以分为 4 个类型，分别是用户产品经理、平台产品经理、商业产品经理、业务产品经理。

1. 用户产品经理

用户产品经理的职责是从用户的视角思考、设计产品框架和交互流程。他们懂用户的困惑和苦恼，理解用户的痛点，并通过产品手段刺激用户的爽点，让用户爽。他们关注的数据主要是关于用户拉新和黏性的指标，比如网站的新/老用户访问占比、老用户的留存率和回访指标等。

用户产品经理模型如图 1-2 所示。

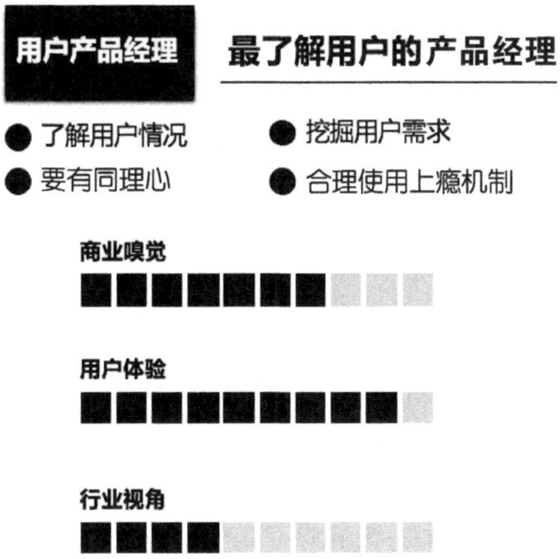

图 1-2

1）了解用户情况

知己知彼，百战不殆。任何一位合格的产品经理都需要深入了解自己所负责产品的用户到底是谁，解析出用户画像，如男女比例、年龄分布、地域、兴趣和爱好、购买力等指标。

2）挖掘用户需求

产品经理不要盲目地堆砌产品功能，不能在看到别人的产品有某些功能时，自己也要做相关功能，即使真的要做，也应该先了解用户最关注的需求是什么。

我在此引用梁宁老师的观点，要解决用户的痛点或者痒点，找到用户的爽点，每个点都是产品的机会。

当然，不同的用户可能有不同的需求，我们要抓住关键的用户群体，有针对性地制定产品策略。

3）要有同理心

产品经理要有同理心，要从用户的角度思考问题，顺着用户的思路使用和体验产品功能。

产品经理要把所有用户都当成小白，用最简单、最粗暴的引导，让用户感知产品逻辑，解决用户在使用过程中遇到的各种问题。

在网络中用户都会有虚拟人格，它是基于自身性格和情感产生的第二人格。线下的他可能是一个儒雅的少年，而一旦接触了互联网就变成了"网络喷子"。用户产品经理要思考从这些虚拟人格中到底会找出哪些可以挖掘的机会。

4）合理使用上瘾机制

在产品设计上，产品经理要给用户确定性预期，比如对于下单有礼，用户只要下了订单就会得到一定的激励。只要激励是确定的，用户就会持续投入精力。

产品经理要让用户产生心理上的满足感。比如，在"王者荣耀"游戏中用户消灭掉敌方英雄产生了爽感，这种爽感来源于场景的渲染、竞技。

2. 平台产品经理

平台产品经理需要从平台的视角服务他的用户群体。平台产品经理要提供支撑性能力，解决在产品开发或拓展新商业场景时的效能问题和系统扩展性问题。

在一般情况下，平台产品经理负责某块业务，面对的大多数用户为内部的业务团队或者外部的第三方公司等 B 端用户，做的事情也偏向于后台。

平台产品经理是某个行业的佼佼者，需要有以下几个重要的能力。

（1）对某个行业、某个业务有较深刻的见解，能够预见市场趋势，并主导破局。比如，平台产品经理在看到 AI 市场的前景时，会主动了解和探索，主动创造新型的 AI 软件和硬件系统。

（2）能够挖掘行业问题，提出解决方案。平台产品经理能够通过通用的产品方案形成行业认知，内部和外部的用户使用这个方案可以处理问题或者培养与探索自己的业务。

例如，淘宝开放平台产品经理、电商交易中台产品经理和 AI 开放平台产品经理都属于平台产品经理，他们主要解决复杂的行业需求。

3. 商业产品经理

在商言商，每一款电商产品的核心目标都应该是直接或间接为产品的 GMV（Gross Merchandise Volume，商品销售总额）服务，不为销售的电商产品都是不合格的。

商业产品经理需要更多的商业嗅觉，要想办法提高公司的收入。所以，这个角色在电商公司中更加重要。

商业产品经理面对的是 B 端用户和 C 端用户，既有客户又有用户。客户是出资方，是平台的"金主"；用户是平台的使用方，是流量的来源。

用户被平台的内容吸引，成为平台的常驻流量。商业产品经理通过设计商业化的产品，留住这些用户，通过这些流量背书，得到"金主"的投资，形成商业闭环。

商业产品经理是电商环境中必不可少的角色，可担当大任，同时必须满足以下两个条件：

（1）深入了解电商的业务模式，能够从复杂的环境中探索出清晰的商业场景，并通过资源整合完成商业系统构建。

（2）了解心理学和经济学模型，从人性出发，设置合理的产品流程。

商业产品经理按照具体负责的业务场景可以划分为广告投放系统的产品经理、互动玩法产品经理、淘宝客产品经理等。

4. 业务产品经理

业务产品经理与上述三种产品经理是有区别的，他们不参与软件开发，主要职责是探索业务方向，寻找合适的业务场景，并向不同的产品经理提出需求，开发新的市场。

同时，业务产品经理可能是收集和规划业务需求的人，帮助技术产品经理管理需求，根据业务节奏确认需求的优先级，过滤掉无效的需求或提供其他合理的解决方案。

电商产品经理虽然有以上几种类型，但是很多时候身处其中的人很难界定自己到底是什么类型的，可能既是商业产品经理，又偏向用户产品经理，如做会员产品的产品经理，既是前台产品经理，又要做与后台产品有关的需求。

然而，无论你所做的事情是什么、如何被界定，电商产品经理的核心能力和价值取向都不会改变。你要吸收来自四面八方的建议，交付有价值的产品。

1.2 电商产品经理之器、术、道

很多新产品经理即使看了很多有关产品经理的文章，学习了很多方法论，可

5

能也无法深切地感受到电商产品经理是做什么的。

铅笔不含铅，含碳。石墨不是墨，没有墨水。同样，产品经理不是经理，只是称呼而已。

产品经理是一名组织者，需要看透事物的本质，从复杂的信息结构中抽象出可执行、可落地、可得到结果的需求，然后，协调一系列资源（包括老板、市场人员、运营人员、程序员、设计师等），共同实现需求。产品经理是精神领袖，需要有领袖的气质，用思维和行动感染身边的人。

2019年年初，市面上出现了比较火热的社交App多闪，它是字节跳动系产品，通过视频的方式建立用户之间的社交关系。

但是用户的社交时间几乎都被微信占据，其他社交产品能做的就是争夺用户的时间，占用用户的精力。但显然，迁移的成本是巨大的，用户多年经营的社交关系资产是可沉淀的，却是无法主动改变的。俞军老师曾经说过一个用户价值公式：

$$用户价值=（新体验-旧体验）-替代成本$$

对于多闪来说，用户从微信来到多闪的成本是非常巨大的，且多闪提供的新功能和新体验与微信相比并不是至关重要的。用户可能只是为了尝鲜才使用这款App而已，长线留存可能还是比较艰难的。

敢于挑战微信的产品经理，是英雄。产品能否如期上线、能否让用户用得爽、能否走得更长远，与产品经理的思考息息相关。

产品经理的思维方式是需要后天培养的。电商产品经理不但要修身，还要养性，即产品之器、产品之术和产品之道。

1.2.1 器——产品的执行工具

工欲善其事，必先利其器。产品之器指的是需要的工具。基础工具在很多书中都有涉及，比如原型工具Axure、Sketch，脑图工具XMind，流程图工具Visio等。

这些工具是最基础的，但并不是说学习了这些工具就可以成为电商产品经理。器是执行层的产品，通过器能够提高工作效率，化繁为简，把需求变得清晰和结构化。

在这个阶段中，电商产品经理最需要培养的能力是结构化思维。什么是结构化思维？它是指将散点、混乱无序的想法或者需求按照从整体到局部的方式有序地排列和分析。无序思维和结构化思维如图 1-3 所示。

无序思维　　　　　　　　　　　结构化思维

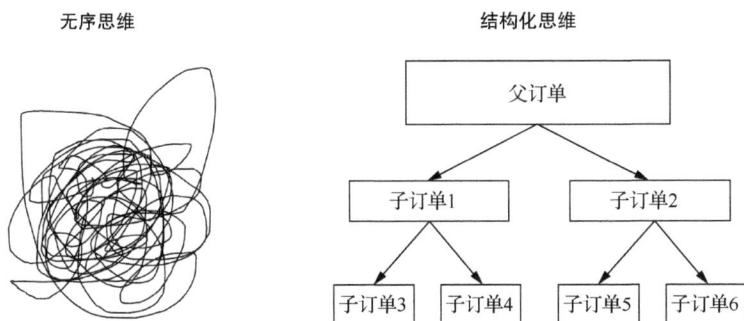

图 1-3

有无结构化思维的产品经理在理解需求方面迥然不同。比如，在 2019 年春节前夕疯狂"炸屏"的短视频《啥是佩奇》中，主人公是一位老爷爷，虽然文化水平不高，但是有扎实的结构化思维。

他的孙子给他打电话说了一个需求——想要佩奇，然后就挂掉了电话。这时他完全没有头绪，遇到了一个不明确的需求，怎么办呢？

（1）他要弄懂最基本的概念，弄清楚什么是佩奇，这是最关键的。他给好朋友打电话咨询无果，继续向邻居咨询，有人说羊是佩奇，也有人说人是佩奇。他感觉这些肯定不是佩奇，孙子肯定是不会需要这些的。可是，他身边的人文化水平都不高，没有接触过互联网。所以，他需要找到他们村在市里打工的人。她才是关键，因为只有她知道什么是佩奇。

（2）他在知道什么是佩奇后，开始着手准备。买是买不到的，只能自己制作。他用自学的电焊技术在焊接了几个错误的产品后，终于做出了正确的产品。

（3）他把最终产品涂上佩奇的颜色。

（4）儿子接他进城过年，他交付产品。

这个过程是典型的从产品需求到产品上线的流程，是典型的结构化思维流程。如果这个产品经理的思维还是无序状态的，那么他可能在从朋友和邻居处得到结论后，就会放弃，并且得出结论：世界上没有佩奇。啥是佩奇的思考方式如图 1-4 所示。

产品之器可以帮助你找到问题的答案，让需求和结果之间只差行动。

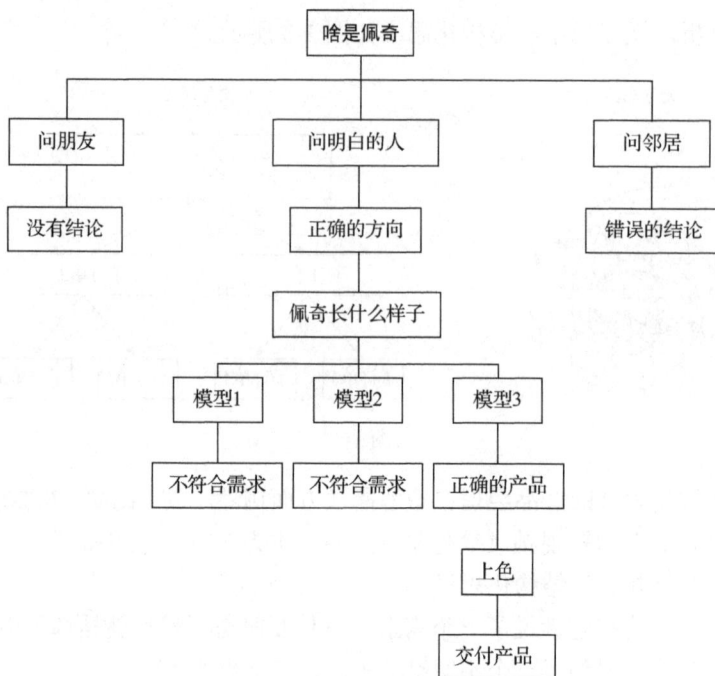

图 1-4

1.2.2 术——产品的执行策略

零售行业的经营模式通过互联网思维的转化和发展就形成了如今的电商格局。电商是一门生意，核心指标是 GMV 和曝光效果。所以，产品经理的思考方向更偏向于商业。

业务场景在前，产品方案其次。电商产品是非常贴近业务场景的，脱离业务场景的产品只是骨架和躯壳，是没有灵魂的。所以，每个业务目标都会被包装成一个故事。故事的参与者如图 1-5 所示。

图 1-5

在电商环境中，产品需求的生命周期有 4 个步骤，分别为聊场景价值、制定敏捷的产品方案、数据化运营、复盘。我们要遵循需求的 PMF（产品与市场匹配）和 MVP（对用户有价值的最小可用产品）开发机制。

1. 聊场景价值

脱离场景聊需求是不切实际的。曾经有一个业务方的运营约我开会，聊一下最近的业务诉求。在当面沟通时，他觉得需要做电子发票。

我反问他，为什么要做电子发票呢？

他的回答是，觉得电子发票比较高端，客户可能需要。

我：谁的诉求？多少客户需要？为什么有这个需求？应用在哪里？实际情况是什么？有什么价值？为什么高端？如何运营？如何拓展？

他：……

这个案例被我称为"一句话需求"。只顾要需求，但是却不知道为什么要需求，脱离了场景就是不接地气。

如果你按照 PMF 讨论业务需求，就不会出现"一句话需求"的尴尬场面。你如果无法判断需求是否靠谱，那么可以从以下三点判断：

（1）完全的创新性需求场景。在市面上还没有这类产品，你是第一个吃螃蟹的人。比如，刘强东在创立京东时，在市面上没有任何一家公司可以在全国范围内创建如此多的自营式电商仓储体系，这是一个既烧钱又有前景的体系。

（2）未被满足的需求场景。在该场景下已经有很多产品，并且这些产品可以应付大多数需求，但是仍有很多需求没有被满足。比如，用户购买物美价廉商品的诉求没有被完美解决，最后被拼多多解决了。

（3）已有市场的优化需求场景。在现有市场中已经有了很多竞争的产品，新的产品将会提供更优的体验和解决方案，比如微信用更好的用户体验成了最好的社交产品。

你只要有了 PMF 的思考方式，机遇和需求价值就会凸显出来，这样就不会浪费一切可以占据上风的需求，不会浪费一切可以商业化的诉求。

2. 制定敏捷的产品方案

我在找实习机会时，正值互联网出行产品争夺市场的风口时期。有一家公司当时还叫嘀嗒拼车。当时市场上的同类产品有 Uber、Lyft、哈哈拼车、易到租车、PP 租车、AA 租车、快的打车、滴滴打车、易信拼车等。

对于刚刚进入拼车行业的嘀嗒拼车，时机不是很好，但拼车行业的格局尚未形成。如果刚进场就开发一套完整的产品，那么等到产品上线时，机会可能早已流失。

如果你想造一辆车，那么先造一辆推车在市场上试水。不需要一上来就开始造车轮或车架，能做 100 分的市场，可以先做 60 分，然后再逐渐做到 100 分。

出行行业拼的就是速度，当风口来时，是流量的红利时期，一旦用户在你的产品上形成关系，那么这个市场就是你的，行业壁垒是后来者无法企及的，他们只能被宰割。天下武功，无快不破，敏捷开发，小步快跑。

3. 数据化运营

数据可以论证产品在市场中的被接受程度，也是做事情的根据。我们在做大促的会场框架时，需要实时关注用户的点击情况，关键指标是 UV 点击率，即点击页面的 UV 和总访问 UV 的比值。当 UV 点击率过低时，我们要分析出原因，再解决问题。数据化运营如图 1-6 所示。

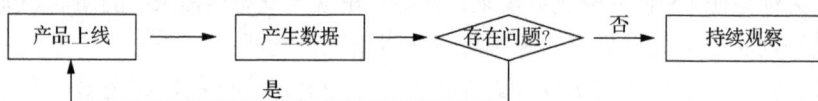

图 1-6

如果 UV 点击率持续走低，进店的流量就会减少，同时也会影响销量。这就是数据化运营的思路，通过数据反馈给出合理的解决方案。

4. 复盘

我们每隔一段时间都要对所负责的产品进行阶段性复盘，检验自己是否合格，具体复盘方向如下：

（1）你主动做了哪些事情？为了拉新/促活都做了哪些事情？花了多少预算？在什么渠道花的预算？

（2）取得了什么效果？收益率是多少？是否达到了预期？如果没有达到预期，那么原因是什么？

（3）有哪些好的地方可以复用？踩了哪些坑？为什么踩坑？下次是否可以规避这些坑？

（4）以文档的形式保留项目经验，供后面的人借鉴。未来很多人可能会有同样的经历，如果他们看了文档，踩坑的情况就会少很多。

1.2.3　道——产品的思维策略

梁宁老师在得到公开课上曾经说过，产品能力是人的底层能力，它能帮助一个人判断信息，抓住要点，整合资源，把产品打包并向世界交付。

我理解的产品之道是指导我们做产品的核心思想和策略，下面介绍电商产品经理必备的几种思维策略。

1. 对用户的同理心

我们一直强调用户的重要性，用户是我们的根，是我们的衣食父母。我们首先要了解用户的痛点和兴奋点，这部分内容将在第 2 章中介绍。

除了从用户的角度理解问题之外，我们还需要在用户的心里播种。图 1-7 为人对某个事物喜欢程度的心理变化，当事物产生的影响越过人的心理警戒线时，人就会对该事物产生厌恶感，并做出防御。

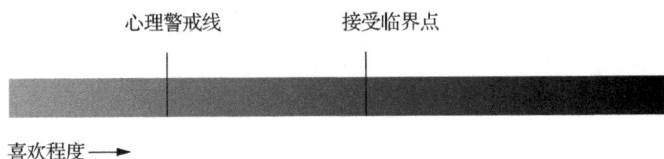

图 1-7

比如，用户发现某个 App 的后台一直监控他的相册，并且主动上传照片至 App。用户就会感觉自己被实时监视，完全不清楚这个 App 会用他的照片做什么。App 的这种行为会越过用户的心理警戒线，使用户产生害怕、抗拒、逆反的心理。即使这个产品已经运营了很多年，但是只要出现这类越过心理警戒线的行为，未来也只有一个结果——被用户抛弃。所以，我们绝对不可以让用户一直以防御的姿态使用我们的产品。

相反，人们会对喜欢的事物印象深刻。这是一个潜移默化的过程，会影响用户的精神层面，最终给用户打下一个烙印。比如，我小时候喜欢喝一种味道非常独特的汽水。后来，一个不知名的企业收购了生产这种汽水的工厂。汽水被重新包装后，又进入了市场。当我喝到该汽水时，我得到了满足感和怀旧感，心理印记被重启。

用最亲近用户和用户最熟悉的方式，可以很容易打开市场。

2. 商业思维

商业行为以利润为核心，电商把赢利的战场转移到了线上，用更高效的方式完成生意。

电商产品经理身处电商环境，需要理解电商产品的商业模式。电商连接了用户、平台和商家，这三者构建了一个商业的共荣圈。产品经理作为平台方，需要做两件最基本的事情：

（1）利用各种手段、策略、工具等帮助商家赢利。

（2）吸引用户的注意力。

前者是帮助商家做生意。这时，电商产品经理需要考虑商品售卖的周期。关于商品、库存、价格、营销、供应链、金融等方面的知识，在接下来几章中都会介绍。

电商产品经理不能仅限于画原型，写 PRD，更需要深入了解零售的本质，即使做不到精通，也起码要熟知。

商业化行为和用户体验是天平的两端，过分的商业化行为势必影响用户体验，但是产品经理如果一味地追求用户体验，就无法在行业内生存，要做最大化的平衡。例如，在现在很火的抖音上，商业化行为是投放广告，广告主会伪装成真实用户，上传的抖音视频同样比较生活化，这样的植入方式顺其自然，一切看起来顺理成章，达到了商业化行为和用户体验的平衡。

后者是持续地吸引用户的注意力。因为用户每天的时间就那么多，所以抢占用户时间就显得特别重要。比如，在商品信赖、产品体验或者服务保障中总有一项是吸引用户的。

用户用得越多，商家赚的名和利越多，提供服务覆盖的用户也越多。商业远不只这些，更多的形态会出现在电商平台中，产品经理应该保持好奇和持续敏感，对未来充满信心。

3. 深度思考能力

我的领导经常在周会上讲一个案例。大壮是业务方，经常和产品经理探讨业务问题，并且提一些业务需求。有一天，他突然说要在墙上挖个洞。

产品经理小明：好的，我现在就去想应该怎么把洞挖好，用什么工具、多大的力度等。

产品经理小白：你遇到了什么问题？为什么要挖洞呢？不挖洞能否解决你遇到的问题？

可以看得出，小明没有深度思考能力，而小白通过深度思考能抓住事情的本源，找出问题的关键所在。

大壮可能只是想去那边拿个东西而已，是不是可以从窗户过去？是不是可以从后门过去？或者是不是还有其他性价比更高的解决方案？

我只提到了几种比较重要的思维策略，这些是电商产品经理必须深入理解和掌握的，也是电商产品经理的核心能力。这种能力不仅可以应用在电商领域中，同样适用于人生的各个阶段，我再借用梁宁老师的话，产品能力是人的底层能力。

1.3　在电商中人、货、场、内容和数据

在传统行业中，人们在进行交易时虽然不知道"人、货、场、内容"理论到底是什么，也没有理论做支撑，但是会默默地遵守这套理论模型。比如，大壮想开一家服装店，假设他的资金充足，他需要做以下几件事情：

（1）调研商品，选品。他要清楚地知道用户对服装类型的购买意向，是选择女装、童装、冬装，还是选择西装等。

（2）在选好服装类型后，他其实已经限定了用户类型，知道了自己的商品会卖给哪些用户。

（3）他需要进行店铺选址。他要优先选择人流量大的位置，比如核心商圈店铺、小区店铺或者在校园内的店铺。

（4）他要进行店铺营销。一些商家会印刷很多小卡片或者传单，在上面描述一些促销信息，在线下采用人工的形式扩散。促销人员一般在商店附近发放小卡片或者传单，并直接把客户带入店内消费。

线下零售的过程如图 1-8 所示。

选品 → 选人 → 选址 → 宣传

图 1-8

1.3.1　如何定义人、货、场和内容

人、货、场分别代表选品、选人和选址。

（1）选品。挑选合适的商品类型，如餐饮类、服装类、家居类或服务类商品。

（2）选人。针对正确的用户，如男性、女性、儿童、发烧友等。

（3）选址。寻找合理的销售地址，如店铺位置、摊位等。

这是在传统意义上的人、货、场，而在互联网中的新型"人、货、场"应该是找到全网最精准的用户，为这些用户定制个性化的服务和商品，最后通过合理的营销手段触达这些用户。

1. 熟悉用户特征

每个用户都有自己的喜好。例如，小明喜欢打游戏，是游戏宅男；花花酷爱美妆，每天都会看美妆直播，甚至自己也做直播。互联网会精准地记录用户特征，我们能够通过数据全方位地了解用户，建立用户画像。

比如，花花在经过银泰城附近时，她的手机会收到一条消息，告诉她银泰城内的 YSL 有打折优惠，然后电商产品可以结合花花的消费情况，再赠送她一张对应面额的优惠券。这就是目前的新零售电商模式。通过数据，电商产品培养了用户的消费习惯。关于人的相关产品知识，我在第 2 章中会详细阐述。

2. 用数据改造货物

用户在互联网中沉淀的数据能够让平台全方位地了解用户。比如，在开发新品的时候，我们发现在平台中有 34% 的用户对补水和保湿很感兴趣，恰好公司正在研究面膜产品，我们就可以针对补水和保湿多做工作，这样我们的产品将会有不错的竞争力。

这就是 C2B，通过用户反馈反向推动品牌开发合理的新品。对于开发新品，我在第 4.5 节中会详细说明。对于货物在电商环境中流转的产品设计，我会在第 3 章中介绍。

3. 场的塑造

场的塑造是最关键的步骤，我们需要让货物通过合适的营销场触达精准的人。场可以是时间场，也可以是空间场。

前者通过合适的时间推送营销信息，比如在"双 11"狂欢节、年货节、圣诞节或情人节等特殊的日期推送。

后者则通过可以面向用户的场所推送营销信息，在线上有活动会场、促销页面或店铺，在线下有门店、摊位。

时间和空间结合可以塑造最完美的营销场，人、货、场结合则可以获得最大的利益。

4. 内容"种草"

在做销售时，很多商家都会很困惑，即使用了五花八门的促销手段也有增长瓶颈。这时商家就需要使用其他额外的手段，比如以内容方式将商品信息渗透给用户。

商品的评价和问答是用户间沟通的桥梁，用户通过商品的评价和问答可以判断商品的质量。帖子、直播和短视频不断地通过内容信息告知用户商品的好坏，类似于广告，在用户心中"种草"。

人、货、场的内容理论是本书的核心重点论断。它们的结合可以帮助电商平台提升 GMV，核心的营销手段是在前期用内容不断渗透，在中期找到精准的人，并提供最适合的商品，再用促销手段刺激用户，从而将货物销售出去。无论是人找货还是货找人，都离不开这套理论模型。

1.3.2　电商的数据化思维

在互联网行业中，数据是指导产品优化的重要依据。我们在做业务决策时必须先了解数据情况，在有了数据支撑后，再有针对性地制定相应的策略。比如，在卖货的会场中，我们发现产品在上线后页面的点击率很低，只有 40%，而同级别产品的点击率可以达到 70%，此时就需要进行实时调整，具体方案如下：

（1）把权益模块（比如，领券模块、购物津贴模块等）放置到页面的上方，在第一屏的中间位置展示。

（2）内容全部用个性化推荐，根据用户在电商平台的喜好数据向用户推荐和预测他喜欢的内容。

数据化思维以数据作为参考依据，对已有的数据进行分析、挖掘、处理，给出合理的解决方案，而不能通过拍脑门或靠经验做决策。数据化思维方法的应用大体上可以分为三个步骤，以电商 App 留存为例。

第一步，根据数据情况观察产品情况。主要观察问题的表象，根据吉德林法则，如果可以把问题写下来，那么问题就已经解决了 50%。通过数据分析，我们能够将问题拆解得清晰且明确。

比如，在近三个月内，平台的用户量下降明显，如图 1-9 所示。产品的用户留存率从开始的 100% 逐渐降到第四个月的 20%，下降趋势也有所增加。

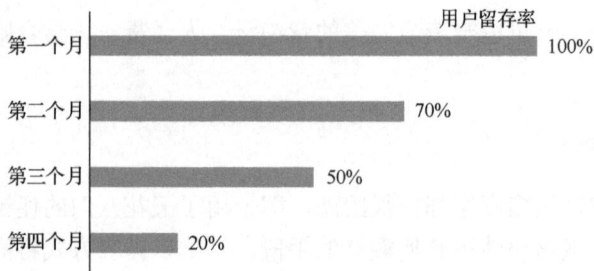

图 1-9

第二步，数据分析。通过电话访问、线上调研等方式，总结用户所遇到的问题，了解用户是如何思考的和用户为什么离开平台。

第三步，根据第二步的分析结果，给出有针对性的结论和解决办法。比如，发现绝大多数用户离开的原因是服务质量问题，平台不提供×天无理由退货，所以用户流失了，App 留存率降低。

数据化思维是电商产品经理必备的能力。电商产品经理从数据中可以发现问题，并解决问题。前文也介绍过，商业是以利润为中心的。电商产品经理需要更关注商业数据的指标，时刻保持对商业数据的敏感。

在电商环境中，我们需要重点关注 GMV、转化率、DAU/MAU、用户留存率、拉新和复购 6 大指标。

1. GMV

GMV 是电商行业最重要的指标之一，计算公式为 GMV=客单价×转化率×UV，所以要想提高 GMV，最有效的手段是出售高端的高客单价产品，提高购买转化率和购买人数。在电商中，GMV 是一个公司炫耀的资本，比如在双 11 狂欢节期间天猫的 GMV 为 1500 亿美元。其实，GMV 是一个非常宽泛的口径，只要用户在前台提交了订单，无论其是否付款、是否取消都会记录到 GMV 中，所以就产生了刷单、刷 GMV 的情况，尤其是电商的黑产。

2. 转化率

转化率是电商业务的核心指标。转化率提高意味着订单量增加、利润提高。电商用户的转化漏斗如图 1-10 所示，是天然的金字塔形漏斗。曝光流量虽然数量大，但是实际上最终进行转化的只有部分流量。所以，我们更需要把非转化流量变成转化流量。

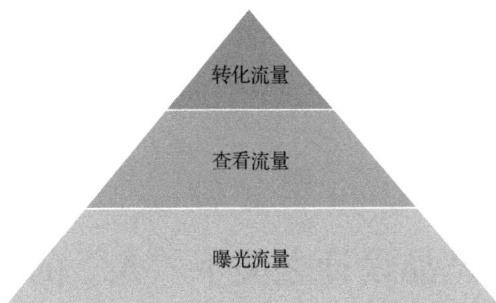

图 1-10

3. DAU/MAU

DAU/MAU（Daily Active User/Month Active User，日活跃用户数量/月活跃用户数量）是电商产品的基础指标，一般用于表明产品的运营情况。如图 1-10 所示，如果我们想要提高转化流量，那么需要有足够的 DAU，即曝光流量。

4. 用户留存率

用户留存率是产品的用户黏性指标，我们主要考核产品的次日留存率、7 日留存率和月度留存率。

5. 拉新

拉新是产品永恒的话题。无论产品发展到什么阶段都需要获取新用户，持续开拓新的流量入口。范冰老师在《增长黑客》中讲过，用户增长不仅包括用户量的累积，而且应该囊括产品生命周期各个阶段的重要指标。在第 2.5 节中，我会详细地讲解与拉新相关的内容。

6. 复购

复购即重复购买，曝光流量在成为转化流量后，拉新就成功了，但是我们还需要继续跟进这些用户，通过相应的手段让新客变成老客，让他们继续在平台中产生下单行为。某平台的数据表明，63% 的 GMV 是由老客贡献的，可想而知复购的重要性。

除此之外，还有访问时长、点击率指标等，我们需要根据目标选择适合的考量标准。比如，对页面效率，我们需要考核点击率；对用户活跃，我们需要考核 DAU。

第 2 章
电商产品设计之关于"人"的部分

没有用户的产品是没有未来的，拥有用户但却不懂用户的产品也是没有未来的。我们需要主动地为用户创造需求，当用户在某个瞬间需要我们的产品时，它可以迅速地给用户正向反馈。

产品经理需要从心理上理解和预判用户行为，从现实中挖掘用户需求，从行动上给用户激励和反馈。

2.1　在电商体系内，首先要搞定人

交易的产生源于人的需求，其核心就是"以人为主"，围绕货的能力，满足个体的诉求。在人类历史中，人们的交易方式发生了三个阶段的进化，如图 2-1 所示。

线下
交易

第一个阶段

线上交易

第二个阶段

线下交易和
线上交易相结合

第三个阶段

图 2-1

第一个阶段，在没有互联网时，交易主要靠吼，那时是线下交易。

起初，人们的交易方式简单，可以随时在身边把货物交易给有需要的人，得到另外一种货物。不过，随着生产力逐渐提高，货物越存储越多，人们不得不带着货物边游荡边交易，但是这种方式的效率低下，限制了发展，所以催生了另外一个角色——商人。

商人会去世界各地收购货物，并和一些人签下固定的规则协议，也就是早期的交易合同。商人将收来的货物放到固定的场所，即所谓的门店里进行展销。有需求的人去固定的门店面对面购买货物。这种销售模式一直持续到现在，并且仍然是消费购物的主流方式。

不过，门店货物的多样性仍然有限，而且货物的存量满足不了大多数人的需求。加之互联网的快速发展，人类的交易模式开始进入下一个阶段。

第二个阶段，在互联网初期，电商崛起，产生了线上交易。

电商将线下货物数字化，并搬到了屏幕上，通过文字介绍、图片表达、视频传播等数字化的手段，给远在天边的用户传达商品的具象特征。这种方式不再受限于距离，不再因为存量不足的问题而让人烦恼。发生交易的用户独立存在于不同的空间，即不见面的交易。

但是，在很多场景中，我们需要加强人与货的认知关系。例如，你在淘宝店看到了一款还不错的外套，通过图文的方式了解了外套的材质、颜色、尺码等，但是每件衣服都可能存在设计偏差，你需要现场试衣才能确认是否合适。

再比如，你是一个卖服装的商家，在线上开网店，在线下也有自己的实体店。但是，每天进实体店的用户形形色色，你可能完全无法确认今天进实体店的人与进网店的人是不是同一个用户，更不了解这个用户喜欢什么类型的服装、他的职业是什么、他爱吃哪些食物等。

人的需求推动科技进步，交易进入了第三个阶段——线下交易和线上交易相结合。

这种交易方式结合了前两个阶段的精华，让用户在享受便利的同时，还能让人与货之间有更亲近的接触。在这个阶段中人们一般通过以下的场景发生交易。

场景一：小明在淘宝上看到了一款衣服，然后看了介绍，感觉很适合自己，但是不放心衣服的质量，于是找到了该店铺的门店地址，进行了试穿，并在现场通过扫码支付的方式购买了衣服。

场景二：小明在商场大厅里，距离某个门店几十米，被该门店的大屏幕游戏吸引过去了，玩了几次游戏，得到了一张优惠券。于是，他就逛了一下门店，感觉衣服的质量还不错，并通过淘宝+购物券的方式买到了价格很不错的衣服。

场景三：小明提前在淘宝上录入了自己的信息，包括人脸、指纹以及其他身份信息。有一天，小明在逛商场时进入了一家服装门店，在试衣后觉得衣服不错，就打算购买。这时，店内的人脸识别系统查到了小明的身份信息。工作人员告诉小明，因为他是该店铺的优质用户，这次打 5 折，小明就美滋滋地下单了。

以上场景正是目前最火热的新零售的场景。

人类交易方式经历了线下交易—线上交易—线下交易和线上交易相结合三个阶段，实质上都是以人为核心的。人对现实环境的需求不断变化，反向促进了科技的发展。但是，人、货、场的关系没有改变，改变的是交易效率。

2.1.1 如何在电商中找到这些人

电商中的人指的是用户、需求的发起者。电商业务基于用户与用户之间、用户与货之间，以及用户与场之间的关系建立起了一座座关于人的城堡。

1. 用户与用户之间的关系

用户与用户之间的关系本质上是人与人之间的关系，连接的桥梁是对话。人自古以来就有群居属性，与不同的人沟通，互相攀比。我们将人类的这些活动搬到电商上，演化出了很多产品形态，如商品评价、商品问答、直播、帖子、分享等。在电商中，流量的最小颗粒度是人，我们维护与人的关系，其实就是在维护自己的流量。

2. 用户与货之间的关系

用户与货之间的关系其实是需求的本质。货存在的意义是满足人的需求。从线下交易到线下交易与线上交易相结合，都是在拉近人与货的距离。管理货的系统叫仓储系统，销售货的系统叫营销系统，交易的环境叫场。

3. 用户与场之间的关系

用户与场之间的关系本质上是人对环境的信赖程度。这种信赖取决于场的吸引力。同样的道理，对于一场营销活动来说，如果价格不给力，那么估计你不会下单；对于一场演唱会来说，如果你不喜欢这个歌手，那么估计你也不会买票。

基于这几种关系，电商系统围绕人搭建了一套关于场的设施，包括导购、下单、支付、物流以及售后体系等。

这个体系让电子商务能够更好、更快地将货交付给用户。淘宝目前是中国最具代表性的电子商务网站，有近 6 亿个用户，这些人来自各行各业，有着不同的背景、不同的文化、不同的语言，穿着不同的衣服，做着不同的事情，并在线上产生了海量的用户数据、浏览数据和交易数据。

这些数据是巨大的财富，数据不会说谎，它能够真实地反映出每个人的身份信息、爱好、习惯、消费能力等。当然，我们如果可以把一个用户在全网的数据收集在一起，就更能清晰地看到该用户的真实特征。借助这些数据，我们能够分析并拆解出人的特征锚点在哪里。在一般情况下，我会按照 5W+1H+1V 模型从数据中构建一个用户需求模板。下面介绍一下 5W+1H+1V 模型，如图 2-2 所示。

图 2-2

（1）Who。Who 是指用户是谁、他的购买力如何、他的性格怎么样、他的家庭背景怎么样、他喜欢哪些商品、他可能会购买哪些商品。本章主要讨论关于人的方方面面，比如用户的会员等级、用户画像、用户心理和认知水平等。

（2）When。When 是指用户什么时候会有需求。

（3）Where。Where 是指在什么场景中产生了需求、去哪里可以满足需求、在不同场景中的需求是否一致。

（4）What。What 是指产生了什么需求、需要解决他的什么问题。

（5）Why。Why 是指为什么会产生这个需求、什么原因导致的问题。

（6）How。How 是指怎样才能满足这个需求、如何决策、如何实施。

（7）Value。Value 是指需求是否有价值、有什么价值、如何做才能产生价值。

基于以上场景，我们通过线上数据的采集和分析，能够精准定位与人相关的整体模型。当然，在新零售时代，我们也能获取到线下的数据。线上数据和线下数据相结合后产出的人的模型，更贴近这个人的真实情况。

2.1.2　如何精细化地区分人

电商市场群雄逐鹿、竞争白热化，淘宝拥有 6 亿个用户，月活跃用户数量达到了 4.49 亿个，可以说电商改变了中国的零售格局，仅在 2017 年 11 月 11 日，淘宝就达到了 1682 亿元的销售额。淘宝是一个大而全的商业平台，无论什么人在淘宝上都可以找到满意的商品，但是随着商品数量和商品种类的过度增加，人与货之间的对话连接越来越模糊，业务不断扩展的弊端是割裂了用户直线关联货的路径。

所以，新的生态场景——内容电商出现了。简单来说，内容电商是内容生产者通过图文、视频、直播等方式，将商品信息传达给用户。这时，用户已经被琳琅满目的商品击晕，需要第三个人指导他购买，这就是达人。用户跟随达人，成为粉丝，并买到合适的商品，达人通过订单的佣金获得收入，一举两得。

这从侧面印证了科斯的经典理论：公司和组织发展的体量是有限度的，无法吃透每个领域，不能无限扩大。其发展的天花板是公司制度的边际成本等于市场交易成本。因此，即使淘宝在各个领域中都有涉足，但是仍然无法渗透到细分领域。所以，在这些领域中仍有很多机会存在。

我把细分领域分为两类，第一类是销售模式的细分，第二类是人的细分。

1. 销售模式的细分

销售模式可以被理解为用哪些方式和手段将商品传达到用户手里。在电商中常见的销售模式有 B2B、B2C、C2C、ODM、O2O、分销、拼团、社交电商等。新的销售模式重构了人与货之间的关联，必然引起市场新一轮的厮杀。这一点在拼多多上得到了印证，紧接着淘宝推出了"淘宝特价版"，京东在微信里推出了拼团业务，在拼团这个模式中，三足鼎立。

网易严选基于 ODM 模式，挑选了大品牌产品的制造商，代理同款产品，由网易贴牌，并剔除了中间商溢价的环节，直连用户和工厂。随后，京东基于相同模式的产品京选亮相，而淘宝则推出心选。随着新的模式出现，各个电商平台又进入激烈的竞争状态中。

2. 人的细分

不同背景的人、不同消费层级的人、不同人生阶段的人的诉求是完全不同的，对这些人使用千篇一律的打法势必事倍功半，所以对不同的人说不同的话就变得非常重要了。

我们首先按照不同的维度，将人做细分。

1）按照会员等级细分

有些人的虚荣心极强，对稀有事物趋之若鹜，对特权情有独钟，会员等级制度正是基于这种心理而创造出来的产物。它不是电商独有的，电商只是把它搬到了线上场景而已。

这里的特权指的是在电商平台中的特权。例如，京东会员 PLUS 可以享受的特权如下：

（1）会员价。

（2）优惠券。例如，品类券、运费券等。

（3）购物返京豆。如果会员购买的商品价值很高，那么得到的京豆是可以抵入会费的。

当然，还有其他类型的会员，诸如铜牌会员、银牌会员、金牌会员和钻石会员。我们可以根据用户的消费情况以及活跃情况，制定晋级策略，给不同级别的会员提供不同的权益类型，把稀缺权益仅提供给高级别用户。

2）按照人群细分

用户画像实质上是一个个数据标签的集合，多个标签排列组合后形成了一个实质的人。上文提到了，不同的人会有不同的需求。同样的道理，我们也可以根据用户画像挖掘不同角色的细分场景应用。目前，根据人群而细分的电商场景主要有以下几种。

（1）价格敏感型人群——拼多多。

拼多多依靠微信环境，推出了基于社交的电商生态。产品的核心玩法就是"拼"，用户借助社交的力量，链接自己的好友和 n 度关系的好友，一起拼出低价。拼多多面向的人群主要以价格敏感型为主，产品围绕低价和分享玩法，展开多样的互动营销活动，例如分享拆红包、团签有礼等。

社交链的玩法扩展和低价噱头为拼多多吸引了大量的忠实用户。据财报的数据调查显示，拼多多在两年间，月活人数增长达到了惊人的 18.1 倍，已经跃进电商前三。

（2）高端人群——寺库。

经济的快速发展促使中国成为目前全球最大的奢侈品消费国之一。寺库早在2008 年就开始在奢侈品细分领域深耕，至今已达 10 多年之久，是唯一一个通过销售奢侈品上市的公司。

与拼多多截然不同的是，寺库的定位是高端人群，他们是价格不敏感型人群。寺库是少有的通过富人让自己富起来的产品。在消费升级的背景下，奢侈品的前景还是被看好的。

（3）女性人群——蘑菇街。

蘑菇街是针对时尚女性人群，主打衣服、鞋子、箱包、配饰和美妆等领域的轻时尚商城。2014 年，蘑菇街由导购型平台转型为全行业的电商平台，并在一个月时间内销售额达到 1.2 亿元。

还有很多对细分人群做的产品。比如，村淘针对的是农村人群；贝贝网针对的是母婴人群。针对一类人群，深挖他们的痛点，并在这个点上付出实际行动，成功可能就是你的。

3）按照用户运营法则细分

猫眼电影运营专家、《超级运营术》作者韩叙是这样定义用户运营的：

用户运营是指通过运营手段提升用户的贡献量、活跃度和忠诚度，一般出现在用户类产品或综合产品中的用户模块的运营。用户运营的实质就是先定一个目标，然后制定一个策略，验证这个策略的过程。

电商用户对不同事物的认知水平是不一样的，对不同信息的获取渠道也不一致，我们可以把用户基于"认知情况"做分层。以一个电商产品 App 为例，按照用户运营法则，我们可以将这些用户分为潜在用户、新用户、沉默用户、活跃用户和忠诚用户，不同用户的数量一般按正金字塔形排列（如图 2-3 所示）。分层营销的最终目的是将正金字塔形变为反金字塔形，让潜在用户逐渐向忠诚用户转化。

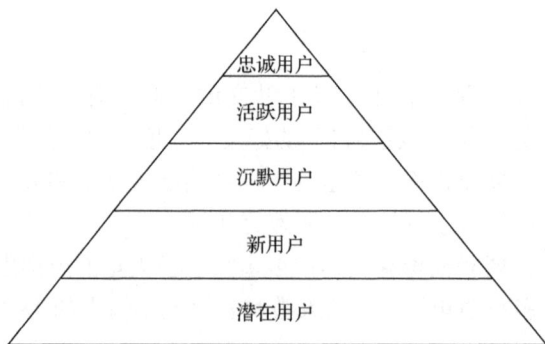

图 2-3

基于不同用户的特征,我们可以使用不同的产品策略。潜在用户转新用户,称为拉新,常用的策略为老带新、分享有礼等。沉默用户转活跃用户或忠诚用户,称为促活,常用的策略一般为签到有礼、会员任务体系等。新用户转忠诚用户,称为转化,常用的策略为满减、定向优惠、秒杀、团购等。这些策略支撑起了用户的整个电商生命周期,下文会详述具体策略的产品动线。

4)按照产品心理学细分

为什么有产品心理学?它的价值是什么?

答案其实很简单:我们在做产品时,最重要的产品思维是什么?就是同理心。

怎么定义同理心?同理心是心理学的一个词语,通俗来说就是将心比心,也就是换位思考。不过只有思考还不够,我们还需要用心去感受其即将发生的动作。

同理心要求我们必须从用户的角度思考全盘路径,按照用户的行为动线设计产品交互流程,感受用户在各个节点的情绪,是喜还是忧,是孤独还是恐惧。这就要求我们必须理解心理学的模型。

用户是非常复杂的情感型动物。在生活中,他会受到来自各个方面(包括内部或外部、具象或情感)的冲击,自然而然地就产生了情绪。如何理解用户和产品?具体可以参考图2-4。

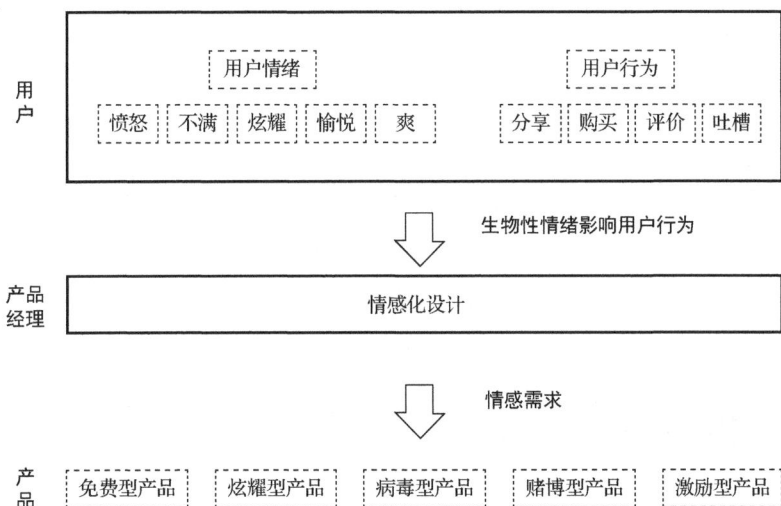

图2-4

我们先来理解用户情绪。

(1)愤怒。可能由于别人毫不避讳地讽刺你、诋毁你,你产生了愤怒情绪,怒不可遏。

（2）不满。同样是拼命加班，同事得到了领导的赏识，并晋升，而你却仍然原地踏步，得不到任何奖励，就会不满。

（3）炫耀。取得了比较不错的成绩、吃了一顿豪餐、去国外旅游、穿了一件名牌服装等都会激发人炫耀的意愿。

（4）愉悦。愉悦也可以被理解为快乐、满足。你刷抖音刷到天亮，可能是抖音满足了你的愉悦心理，这就是愉悦；你出去旅游，看到了美丽的景色，心情舒畅，这也是愉悦。

（5）爽。爽可以被理解为非常舒服，引用梁宁老师的话就是，一个被"崩"了很久的需求，突然被满足，那就是爽。你摆了很久的多米诺骨牌，最后把它们推倒，看着骨牌一个个倒下，这就是爽。

一切生物性情绪都将直接影响用户行为。再来理解一下什么是用户行为。

（1）分享。人在什么情况下才会分享？你出于愤怒，分享自己的经历让大家来评判；或出于炫耀，分享自己独特的、不为人所知的一面。

（2）购买。用户出于内心的喜欢，为了使自己愉悦，购买了商品。

（3）评价。用户在购物之后，会出于对订单商品或订单物流的直观感触，将相关心得通过文字或视频的方式发布到网上。

（4）吐槽。对于不爽、烦躁或对身边事物产生的厌恶感，人们会时常发出抱怨和吐槽评论。

所以，基于产品心理学，我们可以开发出更多的免费型、炫耀型、病毒型、赌博型和激励型产品。

人是贯穿于整个电商领域中最重要的角色。在设计产品时，我们需要处处"以人为中心"，面向用户，想其所想，感其情绪，使用用户语言建立产品流程。接下来，我会逐一分析在电商中基于人的模型的产品设计思路。

2.2　电商会员那点儿事

电商的本质是什么呢？

我把电商看成一种媒介，它是连接产业链上下游的桥梁，实质上是撮合买卖双方交易的形成，是一个纯商业性质的线上购物平台。平台的两端分别是商家

（品牌、自营等）和用户，平台撮合了他们的交易，产生了 GMV。GMV 的公式如图 2-5 所示。

　　UV 就是流量，流量的本体就是单个用户，我们设定会员体系的目的是吸引用户，而基于会员体系建立的积分体系和任务体系，则是为了提高转化率和客单价。

$$\boxed{\textbf{GMV}} \quad = \quad \textbf{UV} \times \textbf{转化率} \times \textbf{客单价}$$

图 2-5

什么是会员呢？

　　会员其实是人的一种标签，可以通过积累电商数据不断地提升标签的等级，电商数据包括购买金额、评论量、访问量等。我们根据等级可以将用户完全区分开，用户的等级越高代表质量越高。当然，也有需要付费的会员，如京东的 PLUS 会员和亚马逊的 prime 会员。

2.2.1　在电商产品中有哪些会员体系

　　目前，有两种主要的会员体系类型，第一种为免费会员体系，第二种为付费会员体系。本书所讲述的主要为免费会员体系。

　　其实，电商中的各种产品形态都是现实生活中的缩影，会员体系也不例外。在传统零售中，到处都可以看到会员体系的身影。例如，山姆会员店会员、宜家会员，前者为付费、有门槛的会员，后者则为免费、无门槛的会员。当然，付费、有门槛的会员可以得到更多好处，如果购买次数较多，那么入会费是完全可以赚回来的。

　　用户一旦成为付费会员，那么在会员期内，这个用户就会有很大概率再次发生购买行为。对平台来说，这样提高了用户黏性，扩大了销售规模；对用户来说，用户在入会后可获得更多优质的商品和优惠的价格。

　　会员体系是用户运营中非常重要的一环，不但能够给产品带来源源不断的新用户，还能促使老用户变得更加活跃。不过，并不是在任何阶段都需要会员体系，或者基于会员做其他产品的设计，具体问题要具体分析。

　　当产品处于初期时，我们是不需要会员体系的。产品运营的重心应该是拉新的策略。比如，用什么钩子、通过哪些手段、带来哪些收益。此时，产品的用户量可能还没有那么高，徒增会员体系也枉然。当产品处于发展期时，我们就可以考虑引入会员体系。在这个阶段，产品的用户量已经有了一定的积累，存量用户需要被促活，增量用户需要被刺激。当产品处于成熟期时，我们不但应该大力发展会员体系，而且还要做更多会员营销方面的事情。产品进程和会员发展程度的关系如图 2-6 所示。

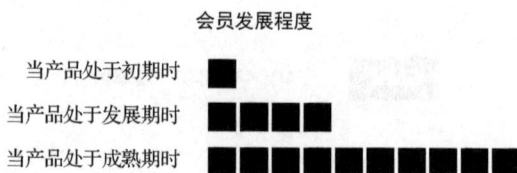

图 2-6

当产品发展到一定阶段时，为了自身业务的发展，我们会发现，很多子业务也需要发展会员体系，比如店铺会员、B2B 会员等，这些会员体系呈树状结构，如图 2-7 所示。

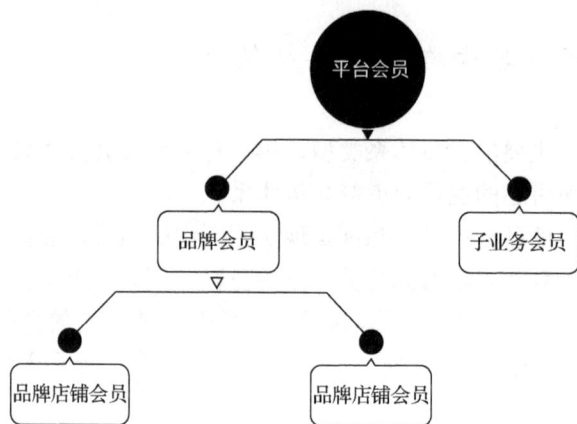

图 2-7

在淘宝系内，有公域和私域之分，从字面上也能理解，前者是公共的流量资源，是由官方管控的渠道，如首页的资源位、导购页的流量，后者为商家自己可以控制的流量渠道，如店铺、消息等。

1. 平台会员

平台会员是在整个公域内建立起来的会员体系，如天猫会员、京东会员。会员等级的定义、会员权益的发放管理以及会员信息的维护等字段都是由平台控制的，决定权属于平台。

2. 品牌会员

品牌会员是商家在私域内建立起来的会员体系，与平台会员不同的是，对会员的管理权属于商家自己，平台只提供会员工具，不负责最终的管理。在这个模式中，商家的会员设置更灵活，能够按照自己品牌的调性个性化地配置相应的会员政策。

3. 品牌店铺会员

很多大品牌从事的其实是集团性的业务，旗下会有很多子品牌，以宝洁为例，它的旗下有飘柔、舒肤佳、玉兰油、帮宝适等子品牌。母品牌和子品牌可能会经营两个旗舰店，并拥有不同的粉丝群体。由于不同子品牌的受众用户不同，所以它们需要分别使用不同的运营策略和市场营销打法。最后，它们可能培养两套会员体系，也就是品牌店铺会员，它属于更细颗粒度的会员，适用性不强。

4. 子业务会员

子业务会员可以被理解为在电商环境中，不同业务线的会员体系。例如，京东商城有平台会员，下属子业务沃尔玛也有一套自己的会员体系；天猫旗下的银泰体系也有自己的会员体系。

表 2-1 所示为会员体系的详细定义。

表 2-1

	平台会员	品牌会员	品牌店铺会员	子业务会员
运营主体	平台	商家	商家	平台
会员等级	京东 PLUS 会员、淘宝超级会员	自定义会员	自定义会员	业务会员
成长体系	京东 PLUS 会员：收费会员。淘宝超级会员：根据购买、评价等行为综合考量	自定义体系	自定义体系	业务自定义

2.2.2　会员体系对电商输出了什么价值

在做会员体系之前，我们需要考虑以下三点。

（1）在当前阶段，你的产品是否真的需要这个功能。

（2）如果你的产品需要这个功能，那么你是否有必要立刻将其产品化，有没有其他替代方案可以完成这件事情。

（3）如果你的产品必须有这个功能，那么你要仔细地预测会员体系对平台的投入产出比，是否确实可以产生不错的收益。

根据以往线下和线上的实例，会员体系肯定是有价值的，只是你的产品是不是会出现"水土不服"的情况就难说了。会员体系对传统行业和电商的价值有以下几个方面。

对于用户来说，会员体系可以给用户带来更多的优惠。

（1）免费会员在提升等级后，能够得到不错的奖励，如大力度的优惠券，这种优惠券可能在其他渠道中得不到，保证了它的稀缺性。

（2）付费会员能够得到超值专享价格，享受购物返利、免运费等福利。

（3）优先得到活动的参与名额。平台经常举办一些活动，一些高价值的名额会被优先派发给会员。

对于平台来说，平台能够维护秩序，更好地服务用户，提高产品黏性。

（1）在会员体系建立后，产品经理能够得到不同层级的用户画像，有针对性地提供服务，并进行最精细化的会员管理。

（2）在了解了不同层级的用户需求后，产品经理可以有针对性地用权益钩子吸引会员，如浏览送积分、积分兑好礼、老会员带新会员送 1000 京豆等。会员玩法是用户拉新和促活的利器。

（3）京东或者淘宝举办的活动会加上一些风控策略，这是为了保证活动的正常进行。此时，我们可以将一些低值用户过滤掉，如 30 天内有多次恶意退货、拒收、刷单行为的铜牌用户，这类用户对于平台来说属于恶性用户。

2.2.3　针对会员做一些可增值的事情

在日常生活中，我们会遇到一些商家推荐我们办会员卡的事情。比如，在你家楼下的理发店，洗剪吹原价为 50 元，你办一张会员卡需要 300 元，能用 8 次；附近的超市推出新的会员卡，消费可以攒积分，积分能够当钱花；办理招商银行信用卡，如果首笔刷卡满 499 元，就可以免年费。

线下的会员营销玩法如下：

（1）会员可以享受商品或者服务的折扣价格。

（2）办会员卡，可以享受购物返积分。

（3）会员做了某些事情，在达成指标后能够得到相应的奖励。

电商的很多业务是现实的缩影，只是用线上的方式表达而已。我们上面提到的那些玩法，也可以用在线上，而且已经有很多平台在使用了，如京东和淘宝，效果也都不错。

随着流量红利期进入尾声，精细化运营才是未来的主要营销模式。会员玩法就是精细化运营的一部分，其主要方式是通过利益钩子获取用户的忠诚度并增加他对平台的认知。通过积分的小成本事件，我们可以撬动更多的用户资源。我们接下来了解一下基于会员的玩法。图 2-8 所示为会员体系的系统架构图，其最主要的四个模块如下。

（1）等级规则。该模块包含会员升级、会员降级的具体规则（包括会员达到什么条件可以升级，在什么时候判定他降级）和如何让用户提前感知升级和降级的等级变动消息。

（2）积分体系。有会员体系当然就会有积分体系，涉及积分就会有消费场景，也就衍生出了积分获取、积分消费、积分查询三个产品模块。

（3）会员任务。会员任务包含任务接口、任务进度跟踪，以及任务监听。

（4）奖励设置。奖励设置包含奖励类型、发放队列、风控策略和奖励对接。

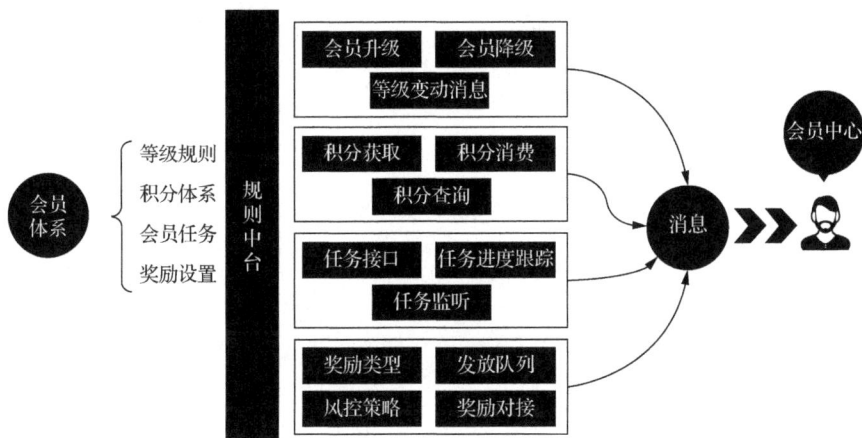

图 2-8

下面介绍一下积分体系和会员任务体系的具体玩法。

1. 玩转积分体系

积分属于电商虚拟货币的一种，不同平台根据自己的业务可以自定义不同的虚拟货币名称，如淘宝的虚拟货币称为淘金币、京东的虚拟货币称为京豆。这些虚拟货币在这个平台上有一定的价值，价值由平台确认，例如：

$$100 \ \text{淘金币} = 1 \ \text{元}$$
$$100 \ \text{京豆} = 1 \ \text{元}$$
$$1000 \ \text{积分} = 1 \ \text{个水杯}$$

平台会用一个参照物衡量虚拟货币的价值，不过价值不是固定不变的，会根据当时的业务而定。

不难发现，越来越多的产品都在重视会员营销和用户培养。各大 App 都在接入积分商城，想通过积分商城增加用户黏性。例如，在 UC 浏览器的会员信息页面有签到、免费抽奖等任务，用户用积分可以兑换 UC 豆券，也可以兑换流量，如图 2-9 所示。UC 浏览器用任务的形式培养用户习惯，留住用户。

图 2-9

积分体系可以分为三个产品模块。

1）积分获取

积分获取的渠道多样化，用户一般可以通过会员升级、购买商品、评价、分享等动作触发积分获取任务。在规定时间内，系统会将积分发放到用户的账户内，也会设置积分获取的疲劳度，以防止个别用户刷积分的行为，例如，设置单个用户每日获取积分和总积分阈值。

2）积分消耗

用户在电商平台中消耗积分一般有积分抵现、积分兑换和积分抽奖。在结算页中，商品的价格可以用部分积分抵现，积分的价值等于抵现的价值。积分抵现是一种强营销感知的模式，会员能够直观地看到积分和钱的兑换比例，这样可以让会员认可积分的价值。这对会员的长线运营起正向促进作用。用户在会员中心可以进行积分兑换和积分抽奖，也可以兑换购物券和相应的红包等。会员积分消耗如图 2-10 所示。

图 2-10

同样，我们对积分消耗也要设置风控规则，需要限制用户在一段时间内的消耗和过滤黑名单用户。

其中，积分消耗的产品流程如下（如图 2-11 所示）：

（1）用户在购物平台中挑选商品，并发起兑换请求。

（2）在收到请求后，系统会生成虚拟订单。

（3）扣除积分。

（4）系统在积分后端中进行积分扣除确认，并通知会员中心扣除结果。

（5）在前端页面中展示对应的结果。

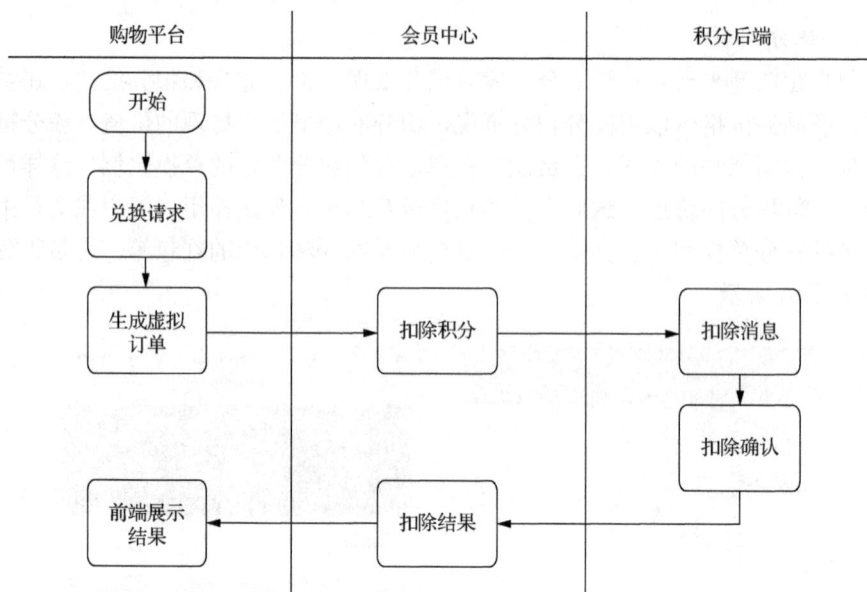

图 2-11

3）积分查询

积分查询功能主要提供给用户和平台。用户在会员中心能够查询到最近或历史的积分变动情况、变动原因、变动时间等信息。平台端使用者一般为运营和财务两个角色。运营需要了解会员的积分情况以掌控全局，财务则需要积分流水核对账目。

会员积分体系架构如图 2-12 所示。

2. 会员任务体系全梳理

积分玩法属于一种比较常见的会员营销形式。另外，任务体系也是会员营销重要的产品线。何为会员任务？会员中心会为不同等级的会员解锁不同的任务，会员在接受任务后，在他接下来的行为中，一旦达成某个条件，即可完成任务并收到对应的奖励。

任务体系对于会员的精细化管理作用很大，用户在进入平台后，平台需要对其行为进行引导，逐渐将其培养为忠诚用户。在市场上，存在多种任务方式，如引流型任务、激励型任务和分享型任务。

1）引流型任务

引流型任务一般为长期的任务，用户能够一直玩，玩的时间越长，得到的奖励会越高。这种类型的任务一般用于引导用户参与已有奖励机制的任务，主要用于引流，用户在任务完成后会得到虚拟内容形式的奖励，如一则笑话。

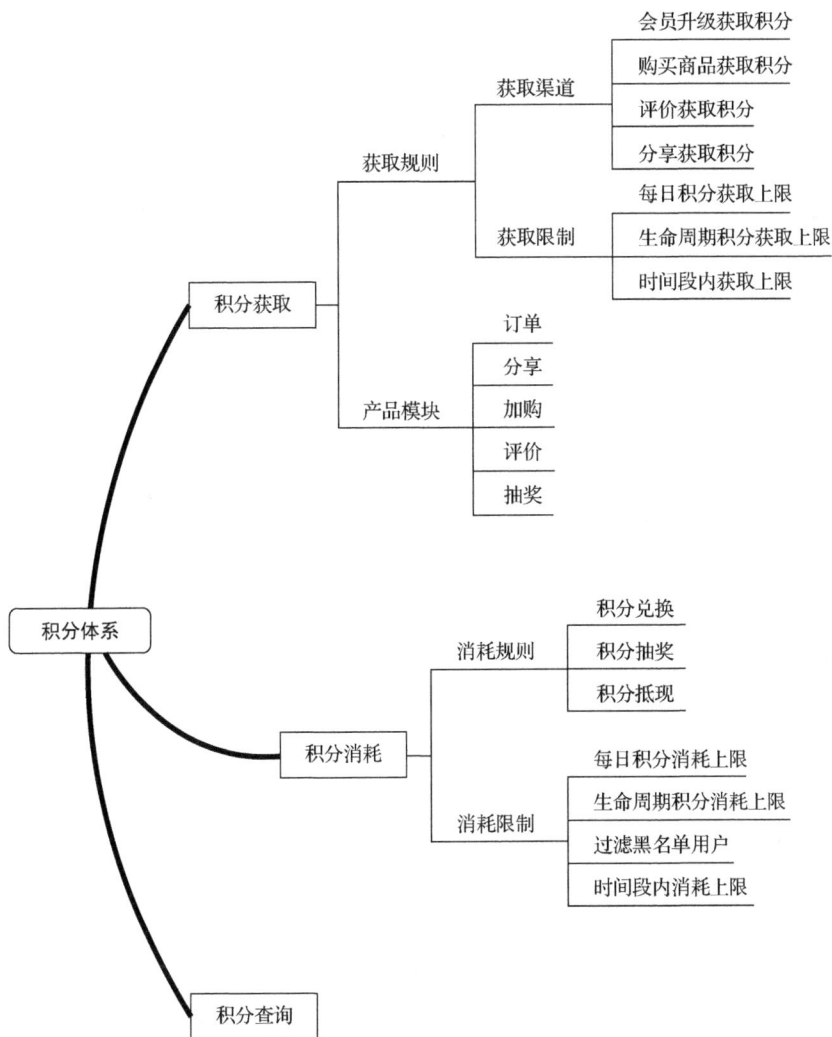

图 2-12

引流型任务的应用场景如下：

（1）每日签到。例如，百度贴吧的签到得经验值、京东的签到得京豆。

（2）领取礼包。例如，用户每日领取礼包。

（3）抽奖。例如，用户用虚拟货币抽奖，有一定概率赢取价值更高的商品。

通过引流型任务，我们可以对活动和店铺引流，并筛选精准人群，为业务带来更加优质的核心人群，进行重点营销。

2）激励型任务

激励型任务一般为短期的一次性任务和奖励，该类任务用于引导用户完成指定任务，让用户在约定的时间内得到奖励。在市面上，这类任务的应用场景最多，用户可以得到真实的奖励，如优惠券、实物、商品。

激励型任务的应用场景如下：

（1）引导用户购买会员，让用户得到奖励。例如，用户购买京东 PLUS 会员可以得到京豆和优惠券。

（2）引导用户完善资料，让用户得到奖励。例如，用户在各个网站上填写实名资料可以得到金币等。

（3）引导用户下载 App，让用户得到奖励。例如，用户下载 KFC App，可以得到全家桶半价券。

（4）引导用户申请信用卡，让用户得到奖励。例如，用户申请花旗银行信用卡，可以得到 200 元京东 E 卡。

（5）引导用户浏览某活动页，让用户得到优惠券奖励。

激励型任务一般为一锤子买卖，通过有吸引力的奖励吸引用户做任务，这种类型的任务能够给我们带来更好的价值，如获得用户的详细资料、拉新用户等。

3）分享型任务

分享型任务一般是用于引导用户自传播的分享形式，主要应用于社交媒体。在任务完成后，任务传播者和带来的新用户会获得不同的奖励，奖励形式为真实的奖励，如京豆、优惠券、商品等。

分享型任务的应用场景如下：

（1）用户在分享商品或活动后获得奖励。

（2）用户通过分享邀请好友购买会员，在完成任务后获得奖励，同时被邀请的好友也会获得奖励。

（3）对于单一商品，用户通过任务分享商品，在多个朋友点击后，商品降价。

分享型任务依赖于微信、微博等社交媒体，在社交媒体的基础上，从里往外延伸，通过用户本身点对点的传播方式。

如果各个产品都需要做相应的任务模块，那么你首先应该明确自己的产品属性和产品定位，再结合用户特征做适合自身的个性化任务。你还应该明确，需要投入多少预算。无论是实物还是虚拟产品，都需要相应资源的支撑。当然，你也要注重产品的体验，需要在各自的业务体系内，做相应任务的提示，给用户明确的指导，需要把规则写清楚，给用户从头到尾的连贯提醒。

在做任务产品设计时，你需要注意以下几个后端的关键点。

（1）任务的展示。在会员中心里，你需要将任务信息明确地展示给用户，任务信息应该包含任务名称、时间范围、任务图片、规则说明、奖励情况。你要把后端的具体活动信息传递给前端展示，可能是单个活动，也可能是活动清单。

（2）任务进度说明。用户需要主动领取会员任务，触发任务，系统要记录该用户的领取状态。在用户产生了某些行为后，后端要判断该行为是否满足了任务的完成条件。后端在判断满足条件后，要把具体进度返回到前端，让用户了解情况。

（3）任务完成奖励。在任务未完成时，礼物不可以被领取。当任务完成后，后端要解锁任务，通知前端奖励可领。

图2-13为会员任务流程，按照用户动线阐述产品流程，包括用户从领取任务到完成任务的整个前后端逻辑。

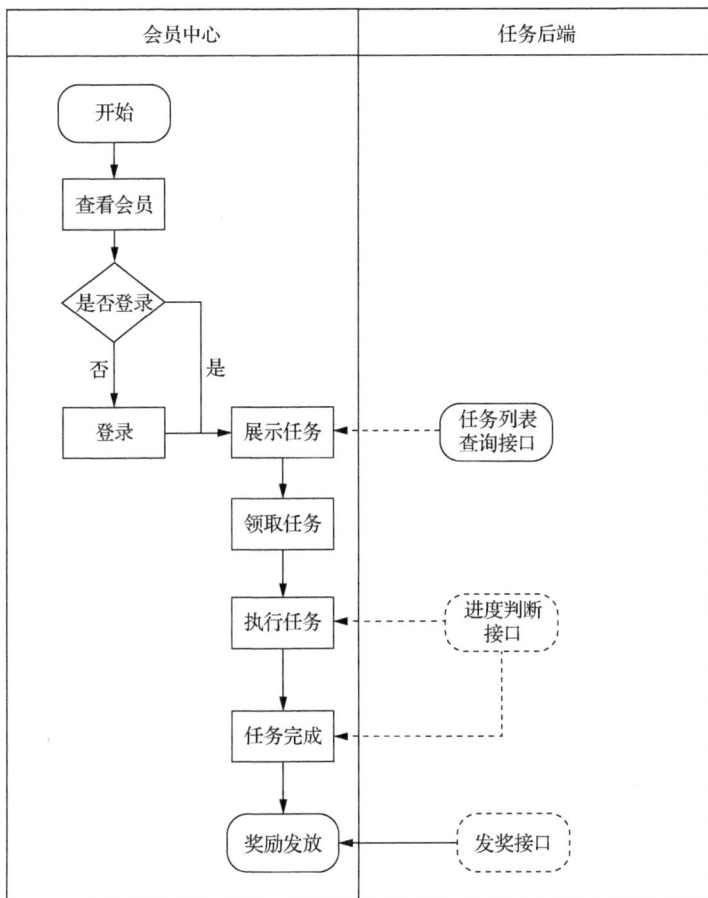

图2-13

目前，无论是线上还是线下，各大公司都在搭建会员体系。由于一些电商平台盲目地推出会员产品，却没有从用户角度思考该产品是否可以带来价值，到底可以满足哪个方面的需求。所以，很多会员产品陷入了困境。随着消费升级，用户思考的更多的是如何得到优质服务，如果会员体系可以从这个角度切入，就可能会得到意想不到的效果。

2.3　不得不学的电商用户画像知识

用户画像在互联网圈是一个老生常谈的概念，不管是运营还是产品经理都在谈论用户、用户思维和用户画像。用户画像已经成为衡量一个互联网工作者是否懂用户的标签了。但是对于多数人来说，他们只知其一，不知其二。他们只是理解了表面现象，并没有深度思考。不过，在看完本节后，你就会很容易理解这个名词了。

用户画像是在互联网兴起后产生的名词。它是由交互设计之父 Alan Cooper 提出的，这里引用他的话："用户画像是真实用户的虚拟代表，是建立在一系列真实数据之上的目标用户模型"。

这里有两个关键点，"虚拟代表"和"真实数据"。"虚拟代表"指的是事物的抽象表达或互联网化的表达。我们可以延伸一下，如手机的虚拟代表可以为店铺的一个商品。"真实数据"可以被看成围绕用户产生的行为痕迹，更新头像、填写资料、访问记录等都可以被看成用户的真实数据。

在没有互联网之前，画像也是存在的，只不过表达方式更偏于线下，并且没有严格的称谓。《本草纲目》使用以下语句描述百合，"味甘平无毒，主治邪气、腹胀、心痛、利大小便，补中益气，安心定胆益志"。《水浒传》使用以下语句描述杨志，"那汉子头戴一顶遮阳毡帽，生得七尺五六身材，面庞老大一搭青记，腮边微露些少赤须"。这些描述就是以往百合和杨志的画像。什么是用户画像呢？我接下来会详细地介绍。

2.3.1　什么是用户画像

简单来说，用户画像就是人的数据标签。这些标签是基于用户的日常行为信息、兴趣爱好以及社会属性计算出来的模型。多个标签的组合就形成了用户画像。电商的用户画像把用户的行为电商化,统计了用户的交易信息、浏览信息等。

例如,如果你没有填写个人信息,那么系统是不知道你的性别的。但是,你在接下来的一个月内,每天都会浏览男性使用的商品。这时,系统会给你贴一个标签——"喜欢男性商品",如果你仍然长时间继续浏览男性使用的商品,系统就会给你追加一个性别标签——"男性"。如果你浏览的都是3C商品,系统就会给你贴另外一个标签——"科技达人"。所以,电商系统判断你是一个什么人,不是根据你说的,而是根据你做的事情判断。

毫无疑问,在构建用户画像的过程中,最重要的是数据。这些数据是用户在网上留下的痕迹,包含电商行为数据、电商交易数据、用户基本数据等,如图2-14所示。

(1)电商行为数据包含搜索、访问时长、加购、活跃度等行为数据。

(2)电商交易数据包含客单价、流失率、支付、客服等交易数据。

(3)用户基本数据包含性别、年龄、职业和职业地域等数据。

每个人在这个世界上都是独立存在的,不存在完全一样的人,他们的数据标签也不同,例如图2-14中的用户画像可以表述为:

凌苏,性别为男性,留有短发和络腮胡子,戴眼镜,小眼睛。他在购物时目的性强、速度快,容易受到展品营销影响,在生活中容易被孩子的恳求说动,不喜欢咨询,更喜欢自己研究并上网获取信息。

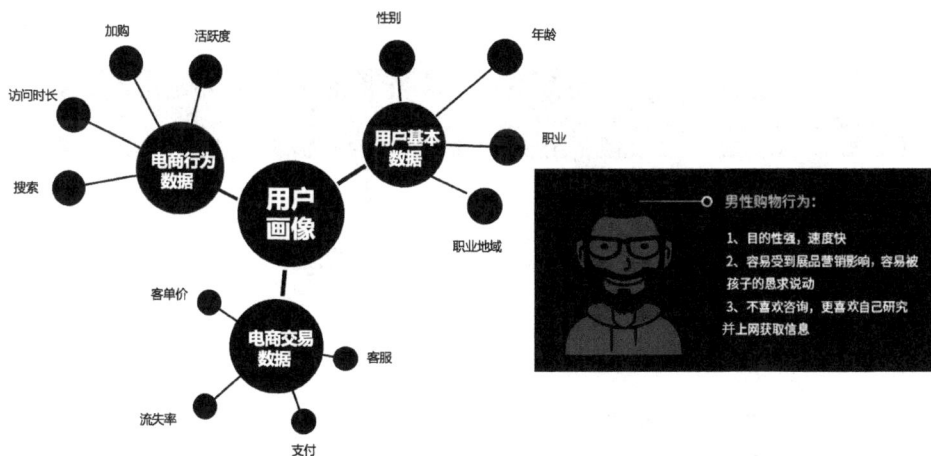

图 2-14

对于用户画像中的数据标签,用户不一定要填写完整,比如用户的性别、职业等，我们可以从用户以往的购物数据中进一步加工获得，下面我会展开阐述具体指标的加工方法和理论模型。

你如果想要得到更精确的用户画像，就需要更详细的数据，比如要得到用户线下的数据，以及线上的全网数据。对于大多数公司来说，这显然是非常难的。有的时候，很多公司即使能够得到这些数据，也没有处理数据的能力。获得数据困难，但是处理数据更难。所以，在做用户画像前，产品经理一定要深度思考，要思考通过数据解决哪些问题，需要用到哪几个方面的数据，要做到有的放矢。

2.3.2　用户画像的价值是什么

在现实生活中，大多数商店都会围绕某类人群进行销售。例如，瓷砖店针对的人群是有装修需求的人；内衣店针对的是女性用户；4S店针对的是无车的人群或者要换车的人群。小规模的商店几乎不会覆盖所有用户，电商也不例外，把每个细分场景精准地聚焦到某类特定的服务对象符合商业逻辑。人们在做生意时，都会盘算收益和成本、投入产出比能否达到预期。当你的产品目标设定为全部人群时，成本势必会增加。所以，运用好用户画像，对产品的精细化运营将起着重要的作用。

近些年，淘宝和京东都非常重视用户画像的应用，比如App首页的千人千面、购物链路的实时个性化推荐或资源位素材的精准投放等，把用户画像的价值发挥到淋漓尽致。用户画像的应用方向如图2-15所示。

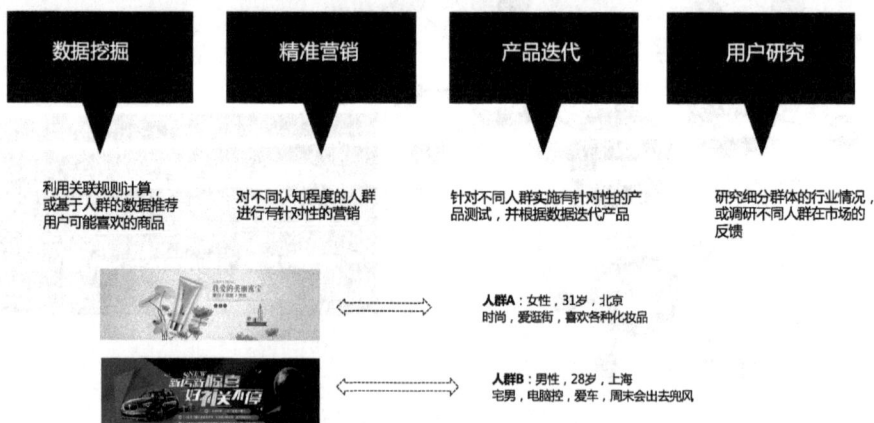

图2-15

1. 数据挖掘

从字面上理解，我们可以将数据挖掘拆解为两个部分。一个部分是数据，即信息源；另一个部分是挖掘，即加工动作。我们要把信息变为数据，需要存储的过程。还以上面的例子为例，"凌苏，性别为男性，留有短发和络腮胡子"，这句话所述的仅仅是信息片段，我们需要把它记录在服务器上。然后，在商业化的视角下，从数据中挖掘出有价值的信息。整个过程为信息的存储—成为数据—数据挖掘—商业化应用。图 2-16 所示为用户画像信息的数据挖掘过程。

图 2-16

数据挖掘在电商产品中都有哪些商业化应用的场景呢？

1）猜你喜欢

系统根据你以往的（可能是一年，也可能是一个月）购买记录或者访问记录，推演出你可能喜欢或即将购买的商品。猜你喜欢主要应用于电商首页各个促销频道、底部商品坑位、商品详情页推荐坑位、购物车底部推荐坑位、购后推荐坑位等。不过，不同位置的猜你喜欢的设计思路是不一样的，比如购物车的猜你喜欢偏向于用户现有需求的满足，推荐的大多数是和购物车中商品比较相似的商品，而购后推荐则更偏向于预测用户即将到来的需求。

2）千人千面

在电商发展多年后，其商品的数量呈现指数增长，数以亿计的商品很难得到首页的曝光机会。每个用户的需求都是不同的，他们的兴趣偏好也是不同的。千篇一律的商品展现形式势必影响其购买转化率。为了给每个用户"对口味"的商品，聪明的产品经理提出了"千人千面"的概念。

简单来说，"千人千面"就是结合用户以往的行为记录，在首页推荐不同的商品或品牌。这种推荐算法可以明显地提高首页的效率和转化率。首页的千人千面可以说是教科书般的素材，后续的电商产品在能力允许的情况下，都延续了这个思路，但是推荐算法的成熟度可能还需要技术的积累。

3）实时推荐

实时推荐是猜你喜欢的高级版本，可以根据用户正在访问的商品或行为，实时推荐用户可能喜欢的商品或品牌。大多数电商平台做的推荐都是离线的推荐，由于技术难度比较大，所以很难做到实时推荐。

4）智能复购

根据用户购买的商品，推测用户的下一个购买时间点，并推送相关的优惠信息给用户，吸引用户回到平台进行商品的复购，这就是智能复购。比如，用户买了100片纸尿布，假设孩子是1岁的，每天可能需要10片，在10天后用户将再次购买，所以在第8天的时候，给用户推送优惠消息，吸引用户复购纸尿布。

2. 精准营销

提到精准营销，自然离不开人群。精准是指找对正确的人，营销是指对人说什么话。比如，你是女装店的老板，你喊男生来买女装，男生自然不会搭理你，你也浪费了嗓子。但是如果你对正好逛街路过的女生说今天五折优惠，那么逛街的女生会不会心动？答案是肯定的呀！这就是所谓的找对人、说对话的精准营销。

精准营销一般分为以下几个步骤：圈选人群—选择优惠—选择触达方式—效果监控—持续纠正—效果复盘。

例如，微信从2013年开始在朋友圈中进行精准广告投放，基于腾讯收集到的用户画像特征，推送了宝马的广告。很多用户在收到宝马广告时感到很欣慰，因为腾讯认为你可能买得起宝马这个层次的商品。这里的"买得起"代表用户的消费能力，这也是人群圈选的结果。微信朋友圈的宝马广告并不是每个人都会收到的，只有模型输出的高消费力人群才会收到推送信息。朋友圈的宝马广告案例如图2-17所示。

图 2-17

以上的购买力模型是微信根据用户平时的消费、余额、理财及转账等行为确定的。该模型的算法以支付数据为依据，数据输出得非常精准且适用范围广，但是大多数电商平台很难通过支付和转账数据判断用户的购买力。

3. 产品迭代

起初，我们在做产品时，可能只是在一个大的环境里看到了远处有一个模糊的影子，他告诉我们，这款产品有戏！然后，我们摸着石头过河，朝着这个商业目标前进。不过，产品是要升级迭代的，我们结合人群画像理论就能够迅速地挖掘出不同用户群体对产品的诉求。例如，不同性别的用户分别是如何使用产品的，他们是如何思考的，产品满足了他们的哪些需求，他们的哪些需求没有被满足，他们对产品的期待是什么。只有结合用户的诉求，产品经理才能更好地从用户角度思考，并为产品迭代做规划。

4. 用户研究

用户画像还有一个作用，就是研究不同画像的人，研究他的社会属性是什么。一般来说，这类事情大多数由研究机构或者数据分析机构做。

当然，用户画像的价值不只是这些，还有很多可以挖掘的点，比如与人工智能的结合点、与区块链的结合点等。

2.3.3　用户画像的生产流程和常用的用户数据特征

对于一般公司来说，开发用户画像具有较高的门槛，需要开发团队具有雄厚的技术背景，并且有一定的算法能力。前面我们谈到了用户画像其实就是数据标签，最重要的是还要有一定的数据体量。如果你所在的公司或者你自己有这个能力，那么请往下看，我们来一起了解一下用户画像的生产流程，如图 2-18 所示。

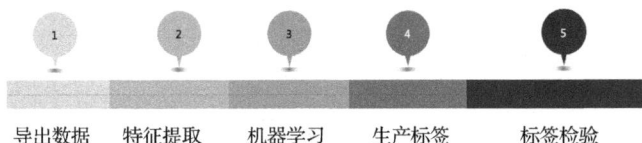

1	2	3	4	5
导出数据	特征提取	机器学习	生产标签	标签检验

图 2-18

用户画像的生产流程和提炼汽油的流程是类似的，用户在电商平台中产生的数据（包括浏览数据、用户信息、设备信息等）都可以看成原油，提取原油是第一步（导出数据），原油再经过第二步蒸馏（特征提取）、第三步催化裂化（机器学习）、第四步获取石油（生产标签）、第五步提纯及检验（标签检验）才能成为我们最终要的汽油。

简单来说，我们首先从电商平台中导出用户数据，对数据进行特征提取。然后通过机器学习的手段，了解人的习性。当然，机器学习需要一定知识"喂养"才能更懂用户。例如，如果用户喜欢户外运动的产品，机器就应该知道哪些品牌是户外运动的，它们都有哪些商品。只有让机器"吃饱了"知识，才能更好地理解用户，这里的知识指的就是知识库系统。

数据要有验证流程，用户画像的最终呈现方式是否正确、人群特征的界定是否准确等将会直接影响日后应用的效果。

1. 用户画像的生产流程

很多人可能对模型、算法不了解。虽然大多数人已经了解了需要哪些数据，也知道如何获取数据、清洗数据，但是却不了解怎样才能高效地利用这部分数据。其实，获取数据难，让数据发挥价值就更难了，而且数据在不同的人的手里可能发挥出不同的效果。下面我站在产品经理的角度来介绍一下如何利用已有的数据理解建模。用户画像的生产流程如图 2-19 所示。

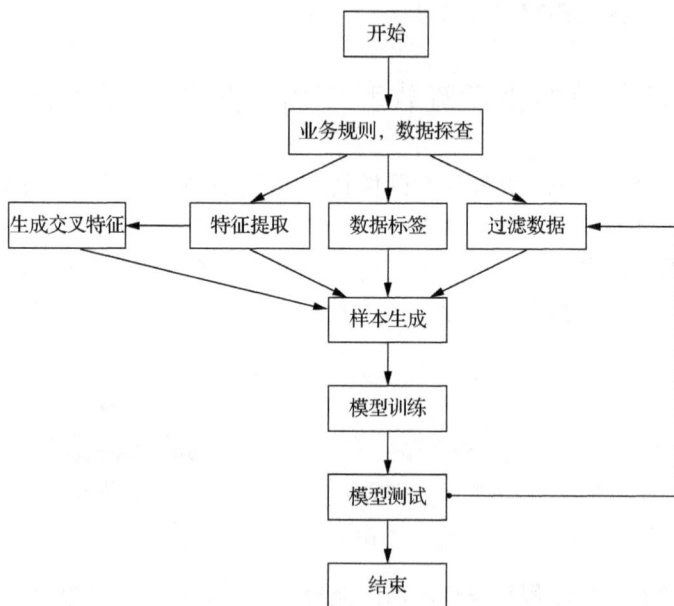

图 2-19

（1）业务规则，数据探查。根据当前的业务需要结合战略目标，构造相应的标签体系。例如，在拉新用户时，在行为层标准化定义这些人群的具体特征，量化具体标签，以最小的颗粒度定义。例如，加购用户、经常浏览的用户都是标签。

（2）生成数据标签。结合需求目标，寻找各个底表，再把需要的数据存储到自己建的仓库或者集市，并清洗脏数据，做数据探查，生成数据标签。

（3）样本生成。根据特征，利用数据标签提取对应数据，生成样本，并开始建立模型。

（4）模型训练。优化模型特征抽取方法，增加训练集样本，尝试不同比例的训练和测试数据集，优化模型参数。

（5）模型测试。对样本进行测试，继续优化并逐渐调优。

你可以把模型想象成做菜，如锅包肉。下面拆解一下具体的步骤：

（1）业务的需求是做酸甜可口、软硬适宜，并且带汁的锅包肉（业务规则和数据探查）。

（2）准备食材：里脊肉、淀粉、糖、醋、油（探查各个数据底表，如订单数据、流量数据、搜索数据等，生成数据标签）。

（3）把里脊肉过浆油炸，用汤汁勾兑（样本生成，模型训练）。

（4）尝一下汤汁的味道、肉质的软硬程度（模型测试），好则继续，坏则重来（模型测试）。

（5）制作完成（测试成功，结束）。

这样理解就简单多了。

在用户画像的实际制作过程中，你可能会发现，对于看起来很简单的一个用户信息，如果想要最真实的数据，那么可能需要花费大量的时间去建模和检测，如用户性别信息。

性别对于电商营销来说非常重要，很多策略是基于性别制定的。我们只从用户填写的资料上很难获取到最真实的性别，还需要通过用户的行为辅助分析得出性别信息。我们把这种通过预测的画像信息称为预测型标签。

在电商平台中很多有价值的标签都需要通过算法途径进行预测，只有观察用户的行为，才能了解用户的全部信息，包括他的购买倾向、他的兴趣爱好、他的购买力等。当然，还有一种基于用户的现实信息而产生的标签，即事实型标签。这类标签是客观存在的信息。例如，如果用户一直购买牛奶，系统就会判断他是牛奶爱好者；如果用户一直购买口红，系统就会判断她是爱美的用户。这些画像信息都是基于事实而产生的。

事实型标签和预测型标签的生产流程是不同的，前者的生产更容易一些，且无所谓正确率，因为后者是预测的标签，所以会有一定的正确率。

2. 常用的用户数据特征都有哪些维度

虽然你已经了解了上述的所有流程，但是可能还是不知道要具体做哪个方向的画像。如果不清楚目的就开始动手，那么会出现杀鸡用牛刀的尴尬情况。对于电商而言，因为所有的目标都是最终的 GMV，所以我们画像的方向也就相对明确了，凡是可以促成交易的画像，或早或晚都会用得到，但是你要计算优先级。

电商的用户数据特征可以分为四类，分别为用户基本信息、心理特征、购物特征和行为特征。

1）用户基本信息

用户基本信息包含以下内容。

（1）省份，城市：按 n 年的订单的收货地址计算，口径包括常用地址和尾单地址。省份详细到省、市、区/县、镇。直辖市详细到市、区/县、区域。

（2）性别：下文详细讲述。

（3）年龄：根据资料填写。

（4）学历：学历分为小学、初中、高中、大学。

（5）职业：职业分为白领、蓝领、高管等。

（6）会员级别：会员级别分为铜牌会员、银牌会员、金牌会员、钻石会员等。

（7）婚姻状况：根据用户在平台上对婚姻产品发布的评论内容判断其是否已婚。

（8）是否有车：根据用户在平台上购买的汽车周边物品判断。

（9）是否有小孩：根据用户购买商品的关键词判断其是否有小孩和孩子的年龄。

2）心理特征

心理特征包含以下内容。

（1）促销敏感度：这个指标接下来会详细分析。

（2）颜色偏好：对用户购买商品的颜色归一化处理，并做排序。

（3）购买倾向：根据过去 n 天用户的购买、浏览信息判断。

3）购物特征

购物特征包含以下内容。

（1）最近 n 月客单价：最近 n 月客单价是指在一定周期内，每单的平均价格。

（2）首单时间：首单时间是指用户首次下单的时间。

（3）首单距今时间。

（4）最近一单距今时间。

（5）最后一次登录时间。

（6）购物频次。

（7）常用的下单渠道。

4）行为特征

行为特征包括以下内容。

（1）用户购物类型：用户购物类型分为冲动型、敏感型等。

（2）用户购买力模型：接下来会仔细介绍。

（3）品类的 RFM 行为模型：品类的 RFM 行为模型是指用户对品类的贡献度。

（4）复购模型：复购模型用于计算用户下次购买的时间，如果预测用户下次的购买时间是 1 个月后，那么在用户即将复购的时间向用户推送促销信息。

2.3.4　电商用户画像的关键标签

1. 购物性别标签的判断

我们经常谈论的用户精细化运营到底是什么？简单来说，我们要先把网站的每个用户标签化，制作一个属于他自己的网络"身份证"。然后，运营人员通过"身份证"确定活动的投放人群，圈定人群范围，更精准地培养和管理用户。当然，最基本的"身份证"信息是姓名、年龄和性别，与现实不同的是，在网络上用户填写的资料不一定完全准确，我们还需要进一步确认和评估。确定性别这件事很重要，比如店铺想推荐新品的文胸，如果把消息粗略地投放到全部人群或者投放到性别不准确的人群，那么后果可想而知。

1）购物性别的定义

在建模前期，我们首先要考虑的事情就是确定指标和对样本定义。例如，购物性别指的是什么？通过哪些数据确定购物性别？样本的准确性如何？如何验证数据的可信度等？

具体的模型如图 2-20 所示。一般来说，用户填写的资料不一定真实，我们对他/她的性别数据持怀疑态度，所以需要其他数据辅助证明其性别，比如订单数据或类目数据。订单数据能够真实地反映用户的购买心态，预测其购买行为。我们能够通过用户购买的商品的所属类别，判断用户的购买倾向，最后得到性别特征。

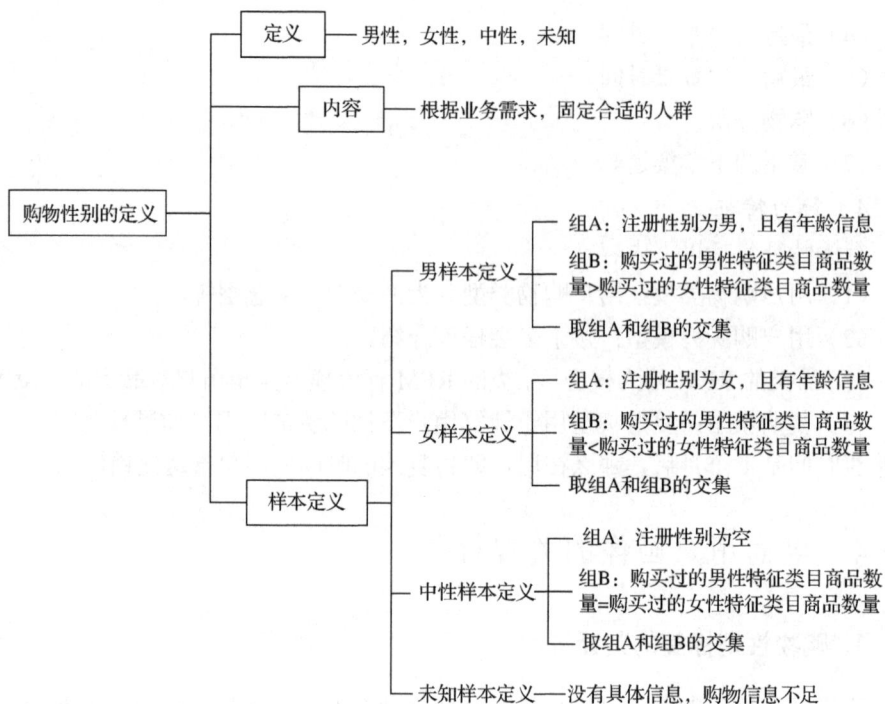

图 2-20

　　根据数据结果，我们最终确认了购物性别的定义，分别为男性、女性、中性或未知。

　　接下来，我们开始准备数据，除了上述说明的数据，还需要商品数据，具体包含以下内容。

　　（1）商品属性：基本信息、品类、颜色、尺码、型号等。

　　（2）商品定位：商品层级是高端、中端还是低端，商品类型倾向于哪类客户、哪些区域和哪类特征。

　　在得到数据后，我们通常会拆解每个环节，落实到具体的行动策略，大体上可以根据图 2-21 所示的思路和流程进行性别模型的预估。

　　（1）业务目标：精准投放。针对已有产品，寻找某性别偏好的精准人群进行广告投放。

　　（2）技术目标：识别用户购物性别（男性、女性、中性）。

　　（3）解决思路：选择一种分类算法，建立模型，对模型进行测试。

　　（4）线上投放：对得到的数据在小范围内测试，初期不宜扩大投放范围。

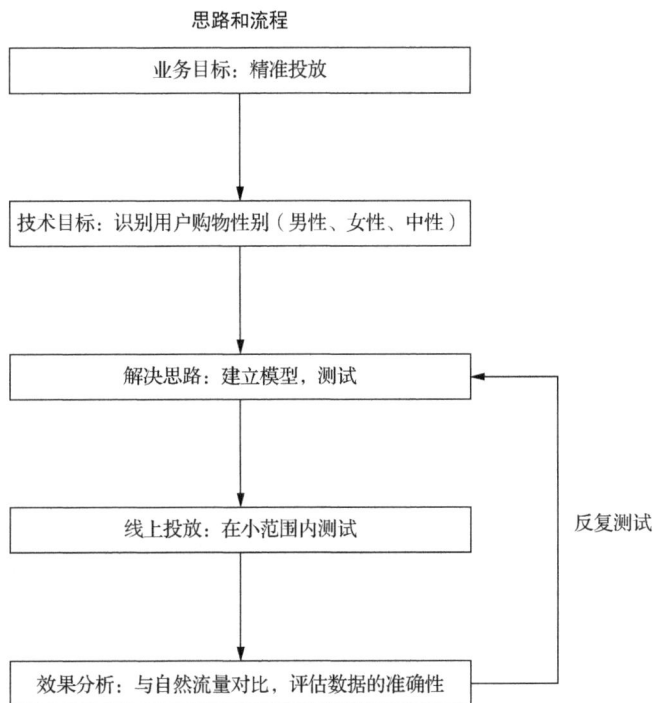

思路和流程

```
┌─────────────────────────────────┐
│      业务目标：精准投放           │
└─────────────────────────────────┘
                │
                ▼
┌─────────────────────────────────┐
│ 技术目标：识别用户购物性别（男性、女性、中性）│
└─────────────────────────────────┘
                │
                ▼
┌─────────────────────────────────┐
│     解决思路：建立模型，测试       │◄──────┐
└─────────────────────────────────┘       │
                │                          │
                ▼                       反复测试
┌─────────────────────────────────┐       │
│     线上投放：在小范围内测试       │       │
└─────────────────────────────────┘       │
                │                          │
                ▼                          │
┌─────────────────────────────────┐       │
│ 效果分析：与自然流量对比，评估数据的准确性 │──────┘
└─────────────────────────────────┘
```

图 2-21

（5）效果分析：与自然流量对比，评估数据的准确性。若不够完美，则需要重新建模和测试。

2）性别的建模过程

虽然我们能够通过用户的行为数据、购买数据和兴趣数据了解用户的基本信息，但是仍然不清楚如何建模、用什么语言建模。

其实，购物性别的区分使用的是 Spark 模型，但是 Spark 模型也有很多种，包含逻辑回归、线性支持向量机、朴素贝叶斯模型和决策树，我们应该如何选择呢？其中，决策树的优点较多，主要是其变量处理灵活，不要求相互独立。并且决策树可处理大维度的数据，不用预先对模型的特征有所了解，对于表达复杂的非线性模式的相互关系，模型相对容易理解和解释。因为决策树看起来最适合用于区分性别特征，所以我决定用决策树进行尝试。

什么是决策树？简单来说，决策树通过训练数据构建一棵用于分类的树，从而对未知数据进行高效分类。我们可以通过图 2-22 所示的择偶标准模型了解决策树的工作原理。

择偶标准模型

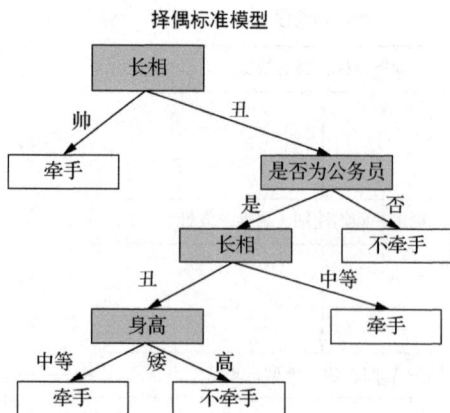

图 2-22

构建决策树的步骤如下：

（1）在起始阶段，所有历史数据被当作一个主节点。

（2）我们选择某个属性测试条件用于分割节点，以择偶标准模型为例，把长相作为主节点。

（3）将长相节点分割，以帅和丑作为条件，产生的结果作为其子节点，如分割成牵手和是否为公务员。

（4）对子节点，如牵手和是否为公务员，继续执行第（2）步和第（3）步，直到节点满足停止分割的条件。

通过以上步骤，我们能够得出一个结论，在构建决策树的过程中，最重要的是如何找到最好的分割点。构建决策树需要注意过拟合问题，整个算法必须解决如何停止分割和如何选择分割两个关键问题。最简单的做法就是设定树的深度或枝叶的最少样本量。

但是，过少的样本量不具有代表性，所以在一般情况下，我们可以使用交叉验证的方法。交叉验证就是使用一部分数据训练模型，使用另一部分数据评估模型的性能。常用的划分方法是将样本量按 50∶50、60∶40 或者 80∶20 划分。

下面是具体的操作过程，即模型的实操阶段。一般来说，不同模型的训练其实大体相同。从技术上来说，大多数算法使用的都是 Spark 模型，不同点是所运用的模型是根据场景定的。以性别样本为例，它是用于判断购物性别的数据仓库，图 2-23 所示为性别样本测试流程。

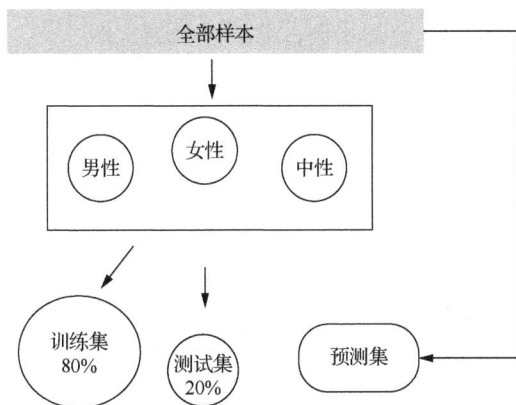

图 2-23

（1）在全部样本中，取 80%的数据用于训练模型，作为训练集。

（2）在全部样本中，取 20%的数据用于数据测试，作为测试集。

这种方式可以根据数据的规模更好地提高模型的准确性。

3）模型效果分析

我们根据各类参数的评估结果和人工经验选定模型参数，建立模型。值得注意的是，决策树的深度不要过深，以防止产生过拟合的问题。购物性别需要从样本数据中推测和判断，性别样本预测数据如表 2-2 所示。

表 2-2

	样本为男性/个	样本为女性/个	样本为中性/个
总样本	1 500 000	750 000	750 000
预测为男性	1 403 749	11 446	53 172
预测为女性	84 280	732 876	30 498
预测为中性	11 971	5 678	661 330

行业内当前采用数据挖掘、机器学习和推荐系统中的评测指标评估模型的准确性，如准确率（Precision）和召回率（Recall），准确率是应用得最广的数据指标，也清晰易懂，以男性为例。

准确率=命中的男性用户数量/所有预测为男性的数量。

一般来说，准确率可以用于评估模型的质量，它是很直观的数据评价，但是并不是准确率越高，算法越好。

召回率=命中的男性用户数量/所有男性用户数量。

召回率反映了被正确判定的正例占总的正例的比例。

在模型建立完后，我们需要根据模型的结果与预期的对比，进行调优。购物性别定义对用户精准营销十分重要。对于疑难杂症，只有对症下药，才能取得更好的疗效。

2. 如何判断用户的购买力

用户的购买力，顾名思义，就是用户购买商品的能力。在一定时期内，购买力能够反映用户的消费水平和消费层级。购买力模型属于用户画像的一部分，是区分人群和定义用户身份的其中一项标签。我们通过了解用户的购买力，能够更加精准地做会员营销方案，增加网站的销售额。

1）购买力模型是什么

购买力模型因人而异，对不同的业务我们需要建立不同的模型，以下仅做抛砖引玉。

这里所指的购买力模型是用户在一年期内，在网站上购买商品的所有订单数据经过综合评分计算出来的。以用户为标本，每个用户都是一个实体，我们抽取他在网站上近一年所购 SKU 数据为样本数据。

2）购买力模型的数据准备

电商网站的商品齐全、品类复杂，价格分布与品类紧密相关。其中，消费品和快消品的价格低、销量大、复购周期短，而 3C 商品的价格高、复购周期长。用户对不同品类表现出不同的购买力，我们需要先整体评估该品类的价格分层情况，再做购买力的判断。用户在不同的商品类目下可能存在迥异的消费能力。例如，用户可能穿衣朴素，却是 HiWiFi 发烧友，在耳机和音响类目下消费水平非常高。所以，对于不同的类目，我们就要考虑权重值，具体可以参考以下几类数据。

（1）用户的订单数据。用户在不同品类下购买商品的价格，反映了他在此品类下的消费能力和水平。购买力计算模型需要对每个用户单独做标签，每个用户都是一个样本，我们要从他的订单数据中拆出不同商品的购买价格，一般会选择近 1 年的订单样本。从这些订单数据中，我们能够看到他的真实消费水平、消费层级倾向。

（2）用户的浏览数据。用户不会在每个品类下都发生购买行为，如果在 A 品类的购买量为 0，那么我们应该如何判断他的购买力呢？我们可以通过他的浏览行为确认。浏览数据庞大、烦琐，我们只取半年的数据即可。我们可以根据用户访问的目标品类下的 SKU 的价格和频次等初步判断用户的购买水平。

SKU 的价格按照其所属的商品三级分类可分为五档，如图 2-24 所示，分别为商品价格高、商品价格偏高、商品价格中等、商品价格偏低、商品价格低。

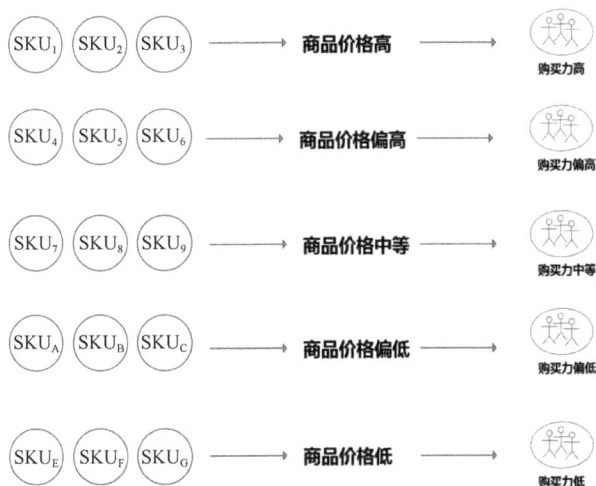

图 2-24

我们对比和参考抽取出来的用户购买的 SKU 价格的数据，落到哪档的数量越多，说明该用户的购买力越趋近哪档。

根据最终数据，系统会生成以下几个用户购买力模型：

（1）土豪。高端、价格高昂商品的购买者。

（2）高级白领。消费水平高，经常购买高价商品，但有所收敛。

（3）白领。消费水平处于中游。

（4）蓝领。平价商品购买者。

（5）收入很少的人群。

（6）离散人群。购买频次异常的用户。

3. 如何量化用户的促销敏感度

在新零售的背景下，用户的消费观念逐渐变为重服务，更重品牌，但是仍然对促销有很大的依赖。各大电商平台频繁的促销活动，潜移默化地影响着用户的购买决策。

什么是促销敏感型用户？价格的波动引起了一些用户对商品需求量产生变化，这部分用户即为促销敏感型用户。用户对价格的敏感范围越大，促销敏感度越小，反之越大。

各大电商平台近年来频繁的促销活动，换来了业务的爆发式增长，养成了用户只看促销，仅买低价商品的消费观念。年货节、超品日、"618"、"双11"和"双12"等网购节日都是通过低价和折扣吸引用户消费的。

2017年"618"，京东的销售额达到了惊人的1199亿元，而第二季度的总GMV为2348亿元，大促时的销量明显较平时多了近3倍。从这个数据中我们可以判断，部分用户更关注商品的促销力度，并且仅在促销时才会集中下单采购，而平时却较少下单，其中仅在促销时下单的用户可能就是促销敏感型用户。图2-25所示为用户对购物节的关注角度，随着电商"双11"的发展，人们的购物意识也逐渐增强。

对于平台而言，虽然狂轰滥炸式的投放和粗犷的促销会得到不错的效果，但是如果想把销售额提升到一个新的台阶，那么往往只能通过更加疯狂的促销。这种方法适用于初创公司开拓市场，成熟型的公司则需要对用户进行更精细化的运营。如果我们可以对不同促销敏感度的人群进行精准的营销，那么促销必然会事半功倍。接下来我们聊一聊如何利用大数据识别促销敏感型用户。

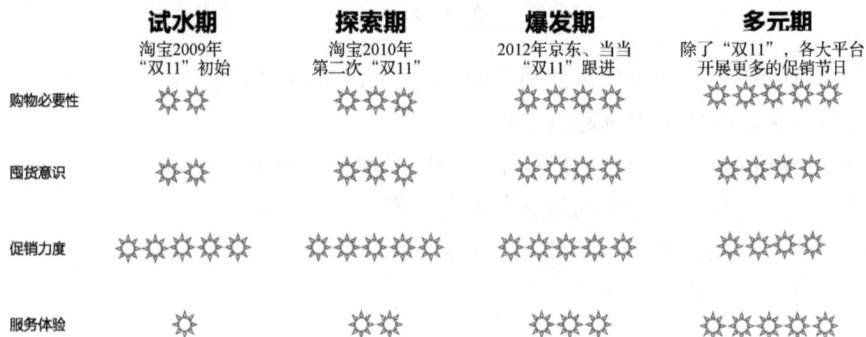

	试水期	探索期	爆发期	多元期
	淘宝2009年"双11"初始	淘宝2010年第二次"双11"	2012年京东、当当"双11"跟进	除了"双11"，各大平台开展更多的促销节日
购物必要性	☆☆	☆☆☆	☆☆☆☆	☆☆☆☆☆
囤货意识	☆☆	☆☆☆	☆☆☆	☆☆☆☆
促销力度	☆☆☆☆	☆☆☆☆	☆☆☆☆	☆☆☆☆
服务体验	☆	☆☆	☆☆☆	☆☆☆☆☆

图 2-25

1）模型准备

我们要想衡量电商的用户是否对促销敏感，可以通过他的历史订单中促销优惠的比例判断。我们一般认为，用户的含促销订单比例越高，促销敏感度越高；促销金额比例越大，促销敏感度越高。具体的数据准备工作，可参考以下几点。

（1）时间范围。查询每个用户一年内的数据，促销敏感度具有时效性，随着年龄和收入的增长，促销敏感度也会发生变化，以一年为临界点更具代表性。

（2）订单量数据。提取用户订单数据，计算一年内的订单总数和用户参与优惠的订单数。这里的优惠的订单可以是满减、满赠或者使用优惠券的订单。

（3）订单价格数据。汇总用户所有订单未优惠前的总金额，汇总用户所有订单参与优惠的总金额。

结合用户在某段时间内在网站上的消费行为，我们能够从数据层面理性地探查出用户的购买力情况和促销敏感度。根据上述指标，我们就可以为用户建立模型了，模型输出的结果可以应用到各个实际的业务场景中。

2）促销敏感度建模

促销敏感度的衡量标准需要通过业务数据挖掘判断，得出合理的范围。我们可以根据用户近一年优惠订单量占比、平均每单优惠金额占比、总优惠金额三个指标进行聚类划分，在一般情况下，可以把人群分为五类，如图 2-26 所示。

（1）极度敏感。在订单中含促销商品的订单量和金额占比非常高。

（2）较敏感。在订单中含促销商品的订单量和金额占比较高。

（3）一般敏感。在订单中含促销商品的订单量和金额占比中等。

（4）较不敏感。在订单中含促销商品的订单量和金额占比中等偏低。

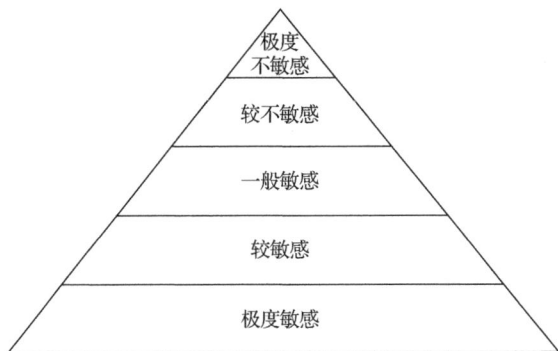

图 2-26

（5）极度不敏感。在订单中含促销商品的订单量和金额占比很小。

促销敏感度的平均值是根据实际业务计算而拟定的数据，具体业务要具体分析，没有具体的标准。层级之间应该非常明确，这样业务在操作的时候才能更加明确。在给人群的促销敏感度界定了具体的指标数据之后，接下来我们要把所有用户根据指标数据贴上不同的标签。

3）数据的加工

给用户分群打标签的模型一般都会使用聚类算法，它是数据分析中十分重要的分层算法，能够将相似的元素聚到一起，并且将不同的元素放到其他类别中，如图 2-27 所示。聚类算法可以从纷繁复杂的数据中识别并精简到人们能够理解的层次。

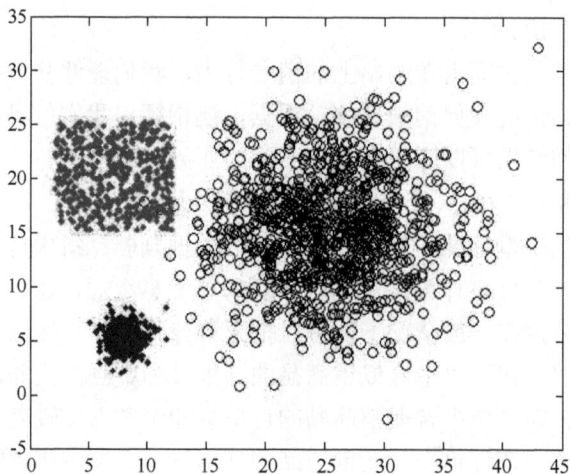

图 2-27

我们一般选用相似性度量，使用这种方法的关键是如何告知计算机数据到底哪里相似、相似的关联点是什么，不同的算法需要的相似性可能不同。对于图 2-27 来说，相似性是用户近一年优惠订单量占比、平均每单优惠金额占比和总优惠金额占比三个指标之和，三者之和越小，代表促销敏感度越低。根据每个用户的订单数据情况，我们对每个指标都会得到一个预测值，这个值为 [−1，1]，当预测值为负的时候，我们可以理解为用户对促销不敏感。然后，我们就得到了表 2-3 所示的数据。

表 2-3

聚类中心点	优惠订单量占比	平均每单优惠金额占比	总优惠金额占比	三者之和
1	−0.009 951 608	0.728 602 263	0.993 013 33	1.711 663 985
2	0.506 334 562	−0.577 300 542	0.934 730 1	0.863 764 12
3	−0.483 828 958	0.452 533 255	0.417 527 67	0.386 231 967
4	−0.427 919 066	0.829 091 842	0.020 331 46	0.421 504 236
5	−0.134 146 661	−0.986 338 632	0.844 768 71	−0.275 716 583
6	−0.473 521 015	−0.861 689 881	−0.351 409 5	−1.686 620 396

三者之和大于 0 的用户都是促销敏感用户，业务人员自己需要制定具体的敏感指标，可以参考上文的指标。比如，认为 [−0.1，0.3] 为一般敏感用户，（0.3，1] 为较敏感用户，>1 为极度敏感用户。然后，我们就可以知道在这一年内所有用户的促销敏感度情况。例如，表 2-4 为用户促销敏感度结果。

表 2-4

用户的账号	昵称	人群	促销敏感度
Akiiiyue	大萝卜	白领	一般敏感
Tiss348	小小店	学生	极度敏感
356gsyu	十月菌	土豪	较不敏感

在有了数据之后，我们需要考虑这些数据可以用在哪些场景中，数据只有结合场景才能产生更大的价值。

4）应用场景探索

消费升级是消费结构变化后最明显的特征，其核心在于人和场景的准确定位，消费需求的分层和细化。品牌应该找到哪些人才是可以升级的群体，每个品牌都有自己的特征和管理运营方式。例如，华为手机希望得到更多的流量市场，把低端机用户转化为高端机用户；魅族手机希望提升自己的曝光度，拉升 GMV 等。这些诉求都可以通过用户标签进行有针对性的营销。

以华为手机为例，我们首先探查华为手机用户的购买时间节点，选出距离上个手机订单时间一年内的用户群体，再筛选出低端机用户，从低端机用户群体中，探查其购买力和促销敏感度的情况，有针对性地触达营销，可以让用户享受专享价，也可以给用户优惠券等。

用户画像可以应用的场景很多，在实际业务中我们要多思考如何使用用户数据，做到数据取之于用户，用之于用户。以上为促销敏感度的模型方法论。与购买力模型一样，我们仍然需要在实践中验证输出的结果，通过对比干预人群和未干预人群的数据，把结果调整为最优解。

2.4　电商产品心理学的实操性理论模型

我作为电商从业者，每年上半年的工资都会在"618"花光，下半年的工资也会在"双 11"花光，好不容易盼来了年终奖，又遇见了年货节。活动不停，我购物不止，一双手已经不够"剁"了。在大促的套路下，我也"屈服"了。这些套路抓住人心，洞察人的心理活动，最终导致成交。

电商和传统销售的区别是与用户接触的媒介不同。前者是线上的销售模式，通过图片、文字或者视频促使用户下单；后者则更偏向线下，通常以"口口相传"

的方式促使用户下单。不论是线上还是线下，面对的都是一个个真实的用户，而用户的购买决策也不是一成不变的，会随着消费心理的变化而变化。因此，你如果想成为好的电商产品经理，就必须理解用户的心理特征。

电商用户和传统销售用户有着截然不同的特点，电商用户获取商品的方式随着互联网的开放变得更加自由。

（1）用户可以在线上的多家店铺中对比商品，根据商品的图片、文字、视频等介绍，了解商品的基本信息，这些信息透明，用户能够横向地选择符合自己需求的商品。

（2）挑选时间更加灵活，电商移动化的发展让用户可以有更多碎片化的时间选择商品，让他们不必去线下门店或者通过销售人员推广的方式接触商品。

（3）线上的商品给用户提供了交流的空间，用户可以作为"过来人"分享购买或使用的经验。

好的电商产品会直击人性的心理弱点，例如任性、懒惰、嫉妒、从众、贪婪、爱美、盲目崇拜等。这些弱点正在被电商过度地利用，如果你生产的电商产品没有和人性弱点结合，那么可能得不到用户的青睐。

产品经理是产品的发起者和创造者，应该具备的最重要的产品思维是同理心，即要站在用户的角度思考，感受用户在各个节点上的情绪。产品经理如果想更深入地理解同理心，就必须学习心理学。心理学如果应用在产品设计上，就称为电商产品心理学。

其实，产品经理最重要的能力是获取能力的能力和深度思考的能力。幸运的是，我们能够站在巨人的肩膀上，可以看得更远，并将已有的模型应用于产品设计。电商产品经理可以利用用户行为心理学模型，能够站在用户的角度，让其上瘾或让其产生心理共鸣。

2.4.1 电商产品心理学存在的价值

从元问题开始，心理学研究的是用户的心理、用户的思考方式。我们如果不懂用户就不知道他的真实需求。

一般来说，产品的需求来自四个方面，分别为市场的需求、用户的需求、自己的需求和老板的需求，如图 2-28 所示。

1. 市场的需求

市场的需求来源于产品经理或者业务人员在深入了解行业背景后，基于行业现状或者未来趋势做的判断。把握现在和未来的格局，能够让产品设计少走弯路。

如果公司需要开发一条新的产品线，那么前期都需要市场调研。需求来源于市场调研结果，比如，我们可以经过竞品分析制定产品策略，或者模仿并微创新一款同类型的产品，如比较火的网易严选和模仿他的各种××选。

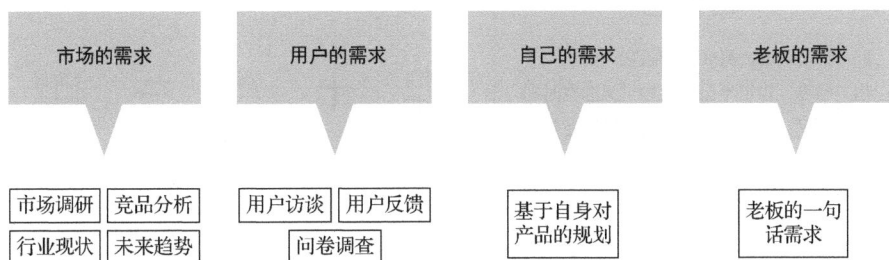

用户的需求>市场的需求>老板的需求>=自己的需求

用户自己也不了解自己的需求，你的调研结果正确吗？

图 2-28

2. 用户的需求

用户的需求多出自面对面的访谈、线上和线下的反馈或者问卷调查得出的结论，这些方法是目前产品经理接触用户比较常规的手段。

3. 自己的需求

很多产品经理出于自身对产品的理解或者团队的规划等，也会提出不同维度的需求，如可能出于自身 KPI 的考虑，也可能出于对行业的理解，原因有很多，但是这些需求不一定是用户需要的。

4. 老板的需求

这比较复杂，老板的需求有时候是对的，而有时候是错的。老板的格局在多数情况下是比你高一些的，而且你如果没有好的理由拒绝他，就做吧。你的意见如果与老板的意见相悖，那么应该怎么办呢？学一些心理学或者情商知识吧。

一般来说，我们所做的产品的成功率可以按照用户的需求、市场的需求、老板的需求和自己的需求的顺序排序。

只有懂用户才能做好产品，只有懂用户的痛点、痒点，才能有理可依。

但是，用户其实自己都不了解自己，他的反馈有可能是错的，那么你的调研结果还可信吗？所以，我们就需要从另外的角度挖掘用户的诉求，从心理学角度理解用户，这样更容易接近用户心理的真相。

举一个现实中的例子（如图 2-29 所示）：

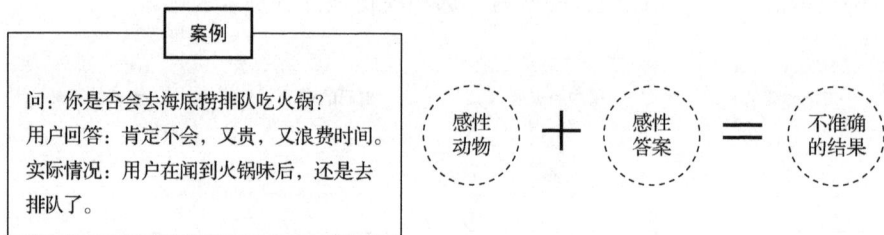

图 2-29

我问了一个身边的朋友，想了解他的心理特征。我是这样问的："假如你现在很饿，正好看到了海底捞，但是人很多，你需要排很长时间的队等待，愿意等吗？"

朋友回答："肯定不会去，又贵，又浪费时间。"

但是实际情况是，我的朋友在闻到火锅味后，根本不走，还是去排队了。这里我们先不考虑钱的问题。

这个案例告诉我们，在很多时候，用户给你的答案并不是真实、准确的，他自己都不了解自己，如何给你答案呢。其实用户是感性的动物，所谓的感性就是凭着感觉做，凡事只要感觉对了就行，不管有没有事实根据，他都会按照自己的想法做。在这种情况下，他给出的答案也是感性的，这样就会自然而然地出现一个不准确的结果。

为什么会出现这样的情况？因为用户认可某个东西是带有"场景"的，可能只是现在喜欢，在 7 天以后就会反感。

下面还以我的那个朋友为例：

比如，他不闻到火锅味是不会想排队的，但是实际上，一旦他融入火锅场景后，就会不自觉地改变了自己起初的想法。再比如，他今天说喜欢吃香蕉，然后就连续吃了几天香蕉，很有可能在第 7 天时，就已经不爱吃香蕉了。所以，喜欢或认可是带有场景和时间属性的。这就要求产品经理要从表面上了解用户过渡到从心理了解用户，理解其各个行为和决策背后的真实原因。

也就是说，产品经理需要找到用户最核心的元问题，找到问题的根，不能只是道听途说，而要挖掘用户的内在需求。我们也可以根据心理学和经济学的现象开发互联网产品，因为从本质上说，互联网是面向终端用户的，我们结合互联网思维，就更能够把这种产品心理学思维扩散到极致。

2.4.2　基于心理学的产品类型

用户是非常复杂的情感型动物。在生活中，他会受到内部或外部、具象或情感等各个方面的影响，就自然而然地产生了情绪。人被复杂的情绪控制着，我们也可以认为情绪左右着人的行为。有些人在生气时，会疯狂破坏，捏方便面；有些人在生气时，会去酒吧买醉；而有些人在生气时则会安安静静地睡一觉。

归根结底，这些行为只是安抚自己，让自己不要那么生气，是消气的一种手段。

一切生物性情绪都将直接影响用户行为。所以，产品经理在设计产品时要具有同理心，从用户的角度思考产品流程，了解用户的动线，时刻清楚用户的心理特征，基于用户的情感搭建产品框架。

对人性拿捏得比较好的产品类型包括免费型产品、炫耀型产品、病毒型产品、赌博型产品和激励型产品。

1. 免费型产品

免费型产品有淘宝，在与 eBay 竞争时，正是因为淘宝的免费开店政策，拉拢了很多商家入驻，所以最后淘宝战胜了对手。不过，免费的产品其实才是最贵的，这一点我们将在后面详细介绍。

2. 炫耀型产品

例如，刷爆朋友圈的支付宝账单和网易云音乐的年度账单，此类产品能够将用户不为人知的、希望炫耀的一面让大家知道。产品形态越让人有专属感，越让人上瘾。

3. 病毒型产品

病毒型产品利用公众的积极性和人际网络，让营销信息像病毒一样传播和扩散，营销信息被快速地复制并传向数以万计、数以百万计的用户。

病毒型产品能够像病毒一样深入人脑，快速复制，迅速传播，将信息在短时间内传向更多的受众。例如，米未传媒跨界推出的瓜子产品，据说是为了营造出一边看《奇葩说》，一边嗑瓜子吐槽、说笑的祥和场面。

这个产品一开卖就售罄，购买者在收到产品时频频拍照发朋友圈，该产品很快就在瓜子这个红海市场中脱颖而出。主要原因不是马东的名人光环，也不是"瓜子产地内蒙古巴彦淖尔的优势"和"好吃不上火、不脏手"的产品品质，而是文案的力量。

4. 赌博型产品

有些人存在侥幸心理，总希望通过小的付出，得到大的回报。

我相信大家都见过一元夺宝的产品，它引入了众筹的玩法形式，每个用户最低只需要花 1 元钱就有机会获得一个商品。一个商品在所有"等份"售出后，系统从购买者中按照计算规则算出一名幸运者获得这个商品。

5. 激励型产品

激励型产品通过一系列激励手段，刺激用户完成某件事情或动作。在 App 上最常见的激励型产品是××有礼（如签到有礼、评价有礼、购买有礼）、电商的满赠和满减、团购、秒杀等。对于有些人来说，他们如果可以拿到更多，就不会少拿。

在日常的商业竞争中，利用人性的产品无处不在。新时代的产品不是满足了某些用户的需求，而是当用户打开产品时，突然产生了需求，而这个需求恰好命中了他的心理弱点或者击中了他的软肋。

2.4.3　心理学的应用场景有哪些

1. 免费，才是最贵的

所有的免费都是"变相的收费"，如图 2-30 所示。

为什么这样讲呢？所有的企业都是利益导向的，不存在完全公益、不追求利润的企业。企业在研发新产品时，少则花费半年，多则花费几年，这都是有时间成本和人工成本的。所以，企业需要使用一系列手段，收回这些成本。

免费经济学家克里斯·安德森曾经写过一本书——《免费：商业的未来》，书中写道，早期的产品免费不是一直免费，它买的不是你现在的需求，而是未来将产生的需求，它现在补贴的钱是为了购买你当下的注意力。

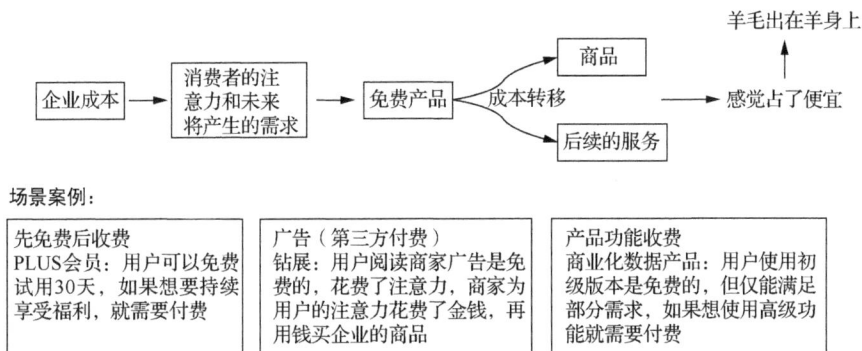

图 2-30

比如，当初滴滴和快的大打补贴大战，打车公司前期通过"烧钱"优惠补贴，获取用户。然后，用户再用这些钱，享受免费的打车服务。在补贴结束后，用户已经习惯于使用打车软件，与其说打车免费了，不如说打车公司其实是把收费的部分进行了转移，转移到了商品或者后续的服务上。用户感觉自己占了很大的便宜，其实羊毛还是出在羊身上，当然用户是羊，包括你和我。

目前，电商领域已经有了很多产品，具体可以分为三类，分别为先免费后收费、广告（第三方付费）和产品功能收费。

1）先免费后收费

先免费后收费可以被简单地理解为用户前期在一定时间内可以免费使用和体验产品，一旦过了试用期，就需要付费。在电商中，此种模式最有代表性的产品是京东 PLUS 会员。

京东 PLUS 会员利用一系列权益吸引用户购买，如果你是新用户，那么你很幸运，将有 30 天的免费试用时间，可以享受免运费券、购物返京豆、领取爱奇艺会员等福利。这款产品先让用户在前 30 天尝到甜头，在用户觉得爽后，抓住用户"贪"的心理，让用户认为 PLUS 会员很值。如此一来，在会员到期后，用户可能还会因为可以"占便宜"而转化为购买用户。图 2-31 所示为京东 PLUS 会员免费试用模式。

2）广告（第三方付费）

阿里妈妈有一个产品叫钻展，即钻石展位，也就是所谓的资源位，如图 2-32 所示。商家通过投放图片、视频等素材吸引用户购买商品。当然，钻展不是公益的，是需要付费的。这只是商家投放广告的钱，商家如果想要得到不错的 ROI（投入产出比），还需要让利，用低价吸引用户。

钻展还提供了相对不错的人群方案，即"有可能"购买的群体。钻展利用精

63

准的人群、不错的优惠，让商家取得不错的结果。用户阅读商家广告是免费的，花费了注意力，商家为用户的注意力花费了金钱，再用钱买企业的商品。

图 2-31

基础功能

1. 展示位置
包含淘宝网、天猫、新浪微博、网易、优酷土豆等几十家国内海外优质媒体的上百个大流量优质展位。

2. 创意形式
支持图片、Flash等动态创意，支持使用钻石展位提供的创意模板制作。

3. 收费方式
按展示付费（CPM）的基础上，增加按点击付费（CPC）的结算模式。

4. 投放方式
选择资源位，设定定向人群，竞价投放，价高者得。

产品优势

1. 超大流量
覆盖全国80%以上的网购人群，淘内淘外几十亿个海量流量供您选择

2. 精准定向
提供多种精准定向方式，锁定目标人群

3. 出价灵活
支持展示付费（CPM）和点击付费（CPC）
流量更精准，成本更可控

4. 一键推广
日常销售、活动营销……
不同场景定制个性化营销策略，提升效果

5. 高效创意
千套模板多维推荐，轻松打造优质创意
系统智能择优投放，测图测款全程托管

6. 精准优化
报表界面升级，数据更加清晰明了
粒度诊断，量身打造优化方案

图 2-32

3）产品功能收费

目前最火热的免费产品是什么？是王者荣耀。王者荣耀的安装和使用全部免费，用户可以随意玩。但是如果你想更厉害，就需要花点券购买铭文；如果你想变得更帅，就要花点券购买英雄皮肤。据传闻，赵云的引擎皮肤卖了 1.5 亿元；如果你想要英雄，又不想花费太多时间攒金币，那么也可以花点券购买英雄。总之，花钱可以让你体验不一样的游戏，用最短的时间超过他人。

我曾经参与开发了一款供品牌商使用的商业化数据产品，定价是×万元/套，就是因为这款产品具有非常高的商业价值。在初级版本中，产品是免费的，提供与同行业其他品牌的对比数据。这份数据贵在稀有，在任何平台都得不到，即使有钱也买不到。当然，初级版本的数据不会展示具体的品牌名称，会使用 A、B、C、D 品，并进行趋势性的对比。

在初级版本中，精明的人应该可以知道自家品牌的市场份额是多少，并推断出其他品牌是哪家。在高级版本中，产品会把隐藏的品牌名称显示出来，当然为了各个品牌着想，并不会提供具体的统计数字，而是提供份额占比数据。对于高价值的产品，定价×万元不足为奇。

以上三种场景的"免费"，并不是真正的"免费"，而是变相收费。

2. 产品相对论，一切都是相对的

人作为自然界中脆弱的生物，必须要在极其激烈的大自然竞争中生存下来，就要强迫自己必须竞争，与周围的环境、周围的人以及未来能预料到或不能预料到的人群进行竞争，这种竞争不是盲目攀比的，而是有计划的。

我们在选择购买某件商品的时候，会做横向对比。当这件商品的价值在自己还无法预知的时候，我们只有通过周围的环境和人的反馈进行多方对比，才可以确认其具体的价值，然后再根据这个价值砍价，直到达到自己最满意的结果。

当你的年薪是 20 万元时，你在同学中是年薪最高的，你会觉得很满足，但是在你的公司里，和同事相比，其实你的年薪是最低的，这种情况会让你感到非常不满。

一切事物都是相对的，我们要用相对的思维看问题。我们也可以根据相对论设计产品，比如以下几个场景。

1）排名

微信的游戏都充分地利用了微信自有的社交链，进行账户授权和游戏的排行榜设定。微信游戏也基于此建立了庞大的商业生态。在这个生态中，用户是实验对象，接受来自另一个维度的社会性实验。

腾讯内部专门有一个团队负责研究和挖掘用户的心理，研究什么样的游戏符合用户的口味、用户在游戏中希望得到什么、在玩游戏的时候用户是如何思考的等问题。研究表明，游戏用户会有三种心理情绪，分别是上瘾、攀比、焦虑。其中，由后两种情绪衍生的产品就是排行榜、游戏 vip 等级以及皮肤装扮。王者荣耀排名如图 2-33 所示。

图 2-33

用户在看到排行榜中好友的排名后，再观察自己的排名，会在心里默念，那个哥们儿人长得那么帅，游戏也玩得那么好吗？此时，他会思考优秀的人不单生活好、长得帅、家庭好，连游戏也玩得如此好，于是焦虑感和攀比感油然而生。

2）尊享会员

人们对身份和荣耀的追逐是永远不会停止的，凡是能够让自己独立于大众的事情，都会吸引部分人群的注意力。所以，有很多用户愿意花钱在昵称上显示"18颗镶钻尊贵迷彩会员"。

当然，会员还会享有很多普通用户得不到的特权，独有的特权会让用户产生一种错觉：我真的很牛，能享受如此待遇。当然，自己享有还不够，一定要让其他用户看得到，却得不到。如此一来，才能体现出特权的稀缺性。这种心理广泛应用在各个领域中。淘宝超级会员如图 2-34 所示。

图 2-34

3）品牌 Logo

品牌 Logo 主要应用于线下场景，例如耐克衬衫的白色经典款只有巨大的 Logo，而没有其他图案。品牌 Logo 可以突出品牌的特征，彰显个性。

3. 价格铆钉

什么是价格铆钉？价格铆钉可以被简单地理解为人们在做决定或做判断前，容易被之前接触到的信息影响。

在经典的 4P 营销理论中，价格是营销中较难实践和评价的一环。一方面，因为现在的营销工作被极度细分，价格被切割得很细碎，我们很难理清头绪；另一方面，价格本身很诡异，不是简单地基于成本和竞争而制定的，涉及众多心理因素。

比如，同样一个背包，摆在 1000 元的包旁边可以卖 800 元，摆在 200 元的包旁边却很难卖高价。同样一瓶啤酒，在小卖部只能卖 5 元，放到酒吧能卖到 50 元。这是因为铆钉的配置不同。

人们实际上很难说清楚一个价格的绝对值，只能大概说一个范围或一个比率。价格是人脑"建构"出来的（或者是"感觉"出来的）。人们往往通过搜索外部线索感觉价格，这些线索可能是自己更熟悉的同类产品，可能是刚刚看到的某样物品，也可能是卖家提醒的一个数字。总之，人们总是试图通过寻找"铆钉"进行价格比照和讨价还价。

所以，我们在给商品定价时，一定会参考一个竞品；而在实际销售中，我们会有意地设置环境（摆放更贵的产品），暗示顾客购买这个商品很划算。这称为"价格铆钉"，它的最佳应用案例应该是电商的商品详情页。商家把商品的原价标示出来，并用横线把原价划掉，然后在划线价的下方显示最新的价格。当然，一般来说，划线价都比现价要高。对比的方式能给用户心理暗示：此时就是最佳的购买时机，值得购买。聚划算的价格铆钉如图 2-35 所示。

图 2-35

我们再看一下美团的玩法，在酒店的预定页面中，酒店可以提供多种房型选择，如行政大床房、商务大床房、行政标准房或者特价房，每个房型的价格都不同，一般分为低价位、中价位和高价位三档。低价位房的房屋质量差，可能没有窗户，也不提供早餐，并且房源很少。中价位房中规中矩，房源相对较多。高价位房的房屋质量好、服务棒，但可能性价比低。在面对多种房型时，用户会做价格上的对比，以最低价位作为参照物，再根据自己的经济情况做出最合适的选择。一般来说，大多数用户会选择中价位房，这个档位的房不好也不坏，价格也可以接受。这个案例非常完美地应用了价格铆钉的理论，并发挥出不错的效果。美团酒店住宿的价格铆钉如图 2-36 所示。

总之，我们使用价格铆钉需要遵守两个原则：

（1）要学会寻找参照物。如果你是一个商家，那么你的每款商品的价格要分为三档，分别是低价、中等价格、高价，因为大多数用户都不会选高价或低价。

（2）价值对比。当无法评估商品价值时，你就要找一个参照物进行价值对比。

图 2-36

4. 归属感和所有权

用户对自己投入劳动、情感创造的物品价值，会产生高估的价值判断偏差现象。用户对一个物品付出的劳动或情感越多，就越容易高估该物品的价值，并对这个物品产生归属感，这就是宜家效应。如果用户中途放弃了亲手尝试制作的产品，并没有最终完成它，宜家效应就会消失。产品的归属感如图 2-37 所示。

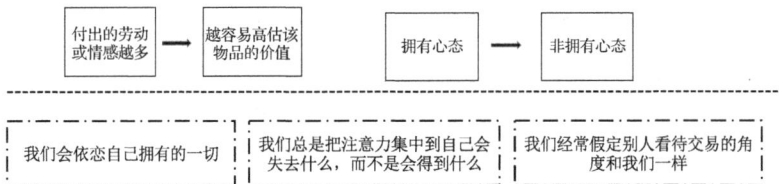

7天无理由退货？你退了吗

给你的试用商品，你买了吗

图 2-37

比如，在你购买商品时，商家一般都会告诉你该产品支持 7 天无理由退货，但是对于大多数人来说，买回去的商品不会退货。因为你已经对该商品有了所有权，这个商品已经属于你，所以你就不希望其他商品替代它。

比如，对于 3C 商品，商家经常会发放试用的商品给即将有需求的人，商家首先要圈定一部分用户试用，这部分用户有购买倾向，但是还未购买，可能由于价格的因素在犹豫。这些人在收到试用品试用一段时间后，大多数人可能就直接购买了，因为试用的商品还不错，并且试用的用户还可以享受折扣，自然就产生了归属感，这种情感促使其转化为购买用户。也就是说，用户在实际拥有所有权之前就对商品产生了拥有的感觉，即虚拟所有权。

让用户产生归属感最重要的手段是让其全程参与，这样就会逐渐产生社群黏性和口碑效应。参与感的玩法并不是小米原创的，早在 100 多年前，米其林轮胎企业就已经开始构思让用户参与到营销中了。

米其林原本是卖轮胎的企业，却在餐饮业非常有名。米其林的主业还是卖轮胎，如果想卖更多的轮胎，就需要提高汽车的使用率，加快轮胎磨损。如何才能加快轮胎磨损呢？就是让用户走出家门去开车游玩，不过只有景色是不够的，还需要搭配美食。

如此一环套一环的深度营销模式让米其林认识到，提高轮胎销量的元问题其实是美食餐厅。于是，米其林开始在无互联网的时代编写最全的美食、地图、加油站、旅馆和便利店攻略，从 1900 年开始，免费发放了 26 年，它也是米其林最重要的宣传介质。为了引发用户的参与感，米其林还引入了评论和评分机制，也就是米其林星级，从此米其林在美食的路上一发不可收拾。

5. 沉默成本

举几个简单的例子，假设你创业一年，已经投入了数百万元，公司正处于迷茫期，你是继续投入精力还是就此罢休？你与相处了几年的男朋友性格不合，如果继续相处会感觉心累，但是还舍不得分手；你从事了几年不适合的工作，但是不愿意更换，因为毕竟做了这么多年。

简单来说，沉默成本是已经付出了却又无法弥补或回收的成本，可能是时间、金钱或精力等。在现实生活中，我们被无数个沉没成本"胁迫"，在电商环境中，也会遇到同样的场景。

场景 1　定金膨胀

"定金膨胀"（如图 2-38 所示）是近些年电商在大促时创造出的玩法。用户在商品预售期间付定金，定金就可以翻倍，如果付 100 元抵 500 元，定金就膨胀了 5 倍，尾款在大促期间付完就可以。定金膨胀的玩法会让用户觉得很实惠，可实际上用户付出了更多的沉默成本。定金和尾款之间有一定的时间差，需要用户等待一段时间后才能拿到货，并且定金是不可退的。对于平台来说，它捆绑住了用户，用户买或不买对平台都是无害的。

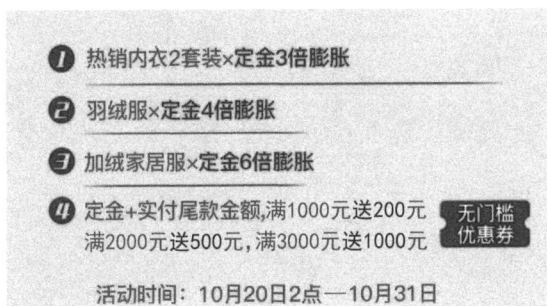

① 热销内衣2套装×**定金3倍膨胀**

② 羽绒服×**定金4倍膨胀**

③ 加绒家居服×**定金6倍膨胀**

④ 定金+实付尾款金额，满1000元送200元　无门槛
　满2000元送500元，满3000元送1000元　优惠券

活动时间：10月20日2点—10月31日

图 2-38

场景 2　电商会员

前几章讲述了会员体系的搭建流程。其实，我们要想搭建会员体系，还需要从用户心理的角度出发。我们可以通过各种权益吸引用户购买会员，然后再使用一个养成的权益玩法（如购物返京豆、购物提升消费等级获取更大额度的优惠券），让用户持续在平台产生购买行为，让用户产生"不买就是亏"的心理。

山姆会员店的会员年费为 260 元（如图 2-39 所示）。在一年内，会员能够享受各种福利。从另外一个角度来分析，用户如果不再买商品，那么是享受不到这些福利的。所以，这给用户的感觉是，他如果不购物就无法"回血"，会员年费也是沉没成本。

基于用户心理的情感化设计，是产品经理必不可少的技能。用户在日常购买商品时，都会考虑其自身的情感需求，每个细节的情感都能影响到最终的转化。优秀的产品经理要懂得怎样让产品满足用户的情感需求。满足用户的情感需求，本质上是满足用户的心理活动，所以懂得相应的心理学知识是产品情感化设计的基础。

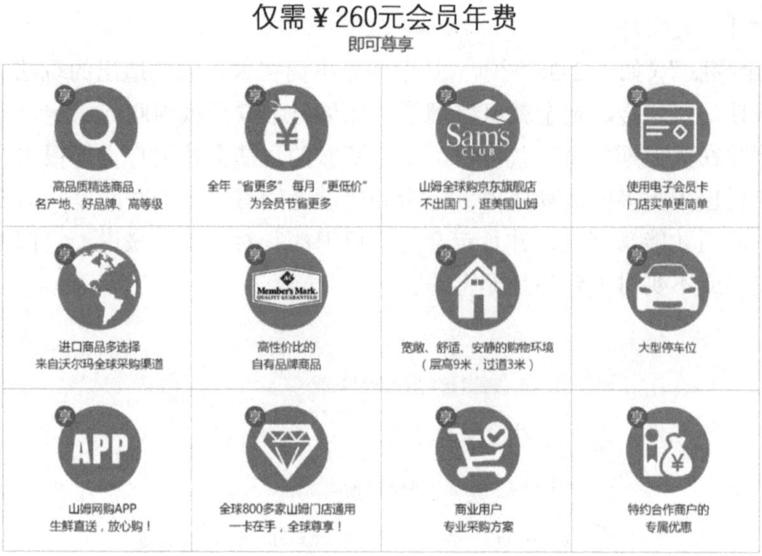
仅需￥260元会员年费
即可尊享
高品质精选商品，
名产地、好品牌、高等级
全年“省更多” 每月“更低价”
为会员节省更多
Sam's CLUB
山姆全球购京东旗舰店
不出国门，逛美国山姆
使用电子会员卡
门店买单更简单
进口商品多选择
来自沃尔玛全球采购渠道
Member's Mark
高性价比的
自有品牌商品
宽敞、舒适、安静的购物环境
（层高9米，过道3米）
大型停车位
APP
山姆网购APP
生鲜直送，放心购！
全球800多家山姆门店通用
一卡在手，全球尊享！
商业用户
专业采购方案
特约合作商户的
专属优惠

图 2-39

2.5 设计产品的几个套路

从电商公式 GMV=UV×转化率×客单价中，我们可以看出，电商的本质是“销”，为了达成 GMV 的目标，我们首先要考虑如何获取 UV，获取能够发生购买行为的 UV。

当然，用户从新人到购买用户需要非常多的策略支撑，而且也有难度。这个问题早在商业社会开始就存在，前辈们用最直接的方式达成交易：让用户感觉到便宜，打折。

沈万三是明朝朱元璋时期最著名的大富豪。他有非常灵活的商业头脑。他在早期做生意时，为了将滞销的橘子全部卖出去，采用了打折的方式。首先，他将橘子分为两个部分，分别交给 A 和 B 两个人。然后，A 和 B 在同一个地点开始卖橘子。对于同样的橘子，A 卖 2 文钱/斤，B 卖 10 文钱/斤。在经过对比之后，用户觉得 A 的橘子便宜，就将 A 的橘子疯抢一空。此时，B 突然降价到 2 文钱/斤，用户又去哄抢 B 的橘子。利用这个讨巧的价格对比方法，沈万三就将滞销的橘子销售一空。如此可见，只有让用户感觉到便宜，才能真正达成交易。

上面只是个例。如果你碰到了讨厌吃水果、不敢吃酸性食物或者不了解橘子是什么的用户,这笔买卖恐怕就无法达成了。

2.5.1　什么是用户增长产品

用户从了解商品到购买商品需要经历几个过程,这就是经典的用户行为理论——AIPL 理论(如图 2-40 所示)。其中,A 为认识,I 为兴趣,P 为购买,L 为忠诚。

| 认识 | ❯ | 兴趣 | ❯ | 购买 | ❯ | 忠诚 |

图 2-40

用户的数据也可以套用在这个理论中,平台可以根据 AIPL 的不同层级进行用户分层。当然,平台也可以从用户运营的角度切入,引用著名的用户增长数据分析模型——AARRR 模型(图 2-41 所示)进行用户分层。AARRR 模型中的字母分别代表拉新、促活、留存、转化、传播。

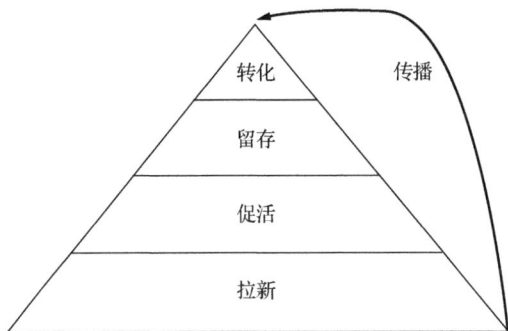

图 2-41

(1)拉新:从哪里找到用户,如何为产品拉新。

(2)促活:在用户到了场内后,如何用下一步计划促使用户活跃。

(3)留存:如何让用户再次使用产品。

(4)转化:用什么手段可以刺激用户消费。

(5)传播:如何让产品在用户间自传播。

AARRR 模型是范冰在《增长黑客》中提到的概念,描述了产品生命周期的整个过程。根据范冰的模型,我们能够清楚地了解自己负责的产品所处的阶段,在该阶段应该通过什么策略制定哪些获客手段。在流量红利一去不复返的时代，有效的获客方法是电商人不得不思考的问题。

在不同的产品阶段，我们面对着不同的获客难题。当然，问题的解决方法也不相同。在做用户增长时，我们首先要清楚用户究竟是谁、是男性还是女性、是学生还是白领、是一线城市的用户还是三线城市的用户等。在了解了用户之后，我们再使用有针对性的策略。下面我们剖析一下电商产品是如何进行拉新、促活、留存操作的。

2.5.2　关于拉新的产品设计思路

拉新就是为产品拉新的用户。电商的拉新分为两个部分，其一是新用户注册，用户通过手机号注册成为电商用户，其二是新用户下单，用户在注册后要让他们下一单，这些用户称为新客。两者的侧重点不同，对应的解决方案也有偏差，前者更倾向于用户获取，手段更加利益化；后者不但需要给用户带来利益，而且要服务到位。

获取更多的新用户是困扰每个电商公司的难题，流量蛋糕价格高昂，电商公司不得不通过"烧钱"（包括品牌代言、市场补贴和搜索导流等方式）进行用户增长。

新用户即流量，我所说的新用户也分为两种，第一种是完全的新用户，没有在网站上注册过的用户，即增量用户；第二种是已经注册过的用户，但是未在你所负责的业务里有过访问或下单行为，即存量用户。你无论想要获取哪类用户，都需要付出相应的代价，最终让用户觉得得到了好处。电商的拉新手段有以下几种。

1. 新人权益

新用户注册礼包用一些不错的权益，吸引用户注册。这种方式简单、直接，可以迅速得到结果。图 2-42 为京东的新人大礼包，新用户注册会得到 188 元的大礼包，大礼包包含了各类优惠券。

除了给新用户注册礼包外，我们还可以给用户一些优惠商品，这些商品仅对新用户有效。运营可以去盘一些适合新用户的商品。怎么才算适合？要通过数据判断，比如采用下面的策略：

（1）要明确新用户的概念，并给新用户打标。

（2）通过数据查询到新用户在一年内所有订单的客单价分布情况。

图 2-42

（3）查询这些用户喜欢的商品品类，是喜欢 3C 商品、快消品还是服饰等。

（4）结合以上 3 点，得出合理的价位让利区间和对应的商品品类分布。

图 2-43 是我们给新用户的一些专享商品。

图 2-43

75

2. 推荐有礼

推荐有礼的思路来源于 Airbnb 的用户增长利器 Referral System，现在看起来很简单，但是在当时却是很超前的用户思维。这套系统的玩法如图 2-44 所示。

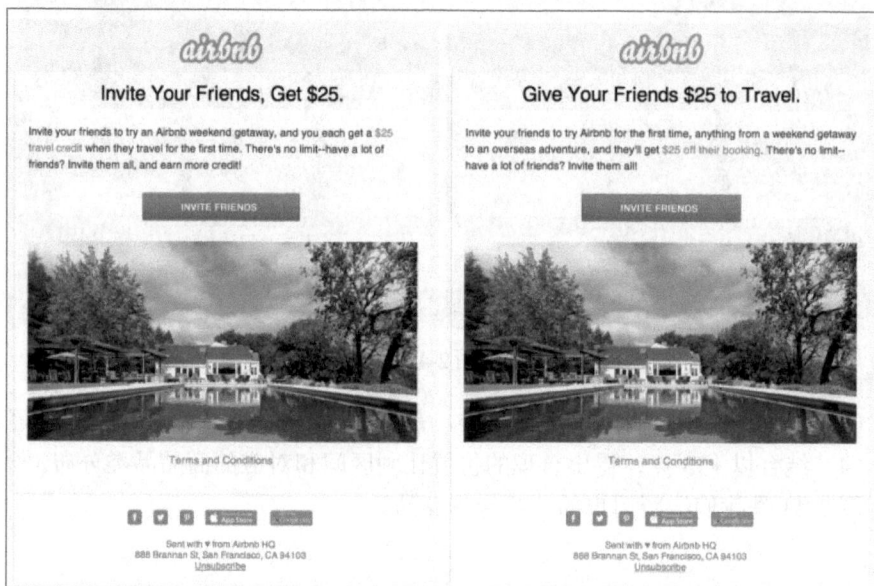

图 2-44

老用户邀请其他未注册的用户来使用产品，可以获取一些权益，包括奖金、红包、优惠券等，此时新用户也可以得到不错的权益。因为老用户可以得到相应的权益，所以愿意主动分享。当然，激励要有一定的吸引力。我们希望老用户邀请来的新用户可以继续再去分享，形成病毒式的传播。滴滴的推荐有礼如图 2-45 所示。

滴滴的推荐有礼的具体流程如图 2-46 所示，如果按照滴滴的用户增长思路，那么我们在进行产品设计时，要记住下面几个要点：2 个角色、3 个状态。

（1）2 个角色：新用户和老用户。

（2）3 个状态：老用户分享、新用户注册和新用户使用。

图 2-45

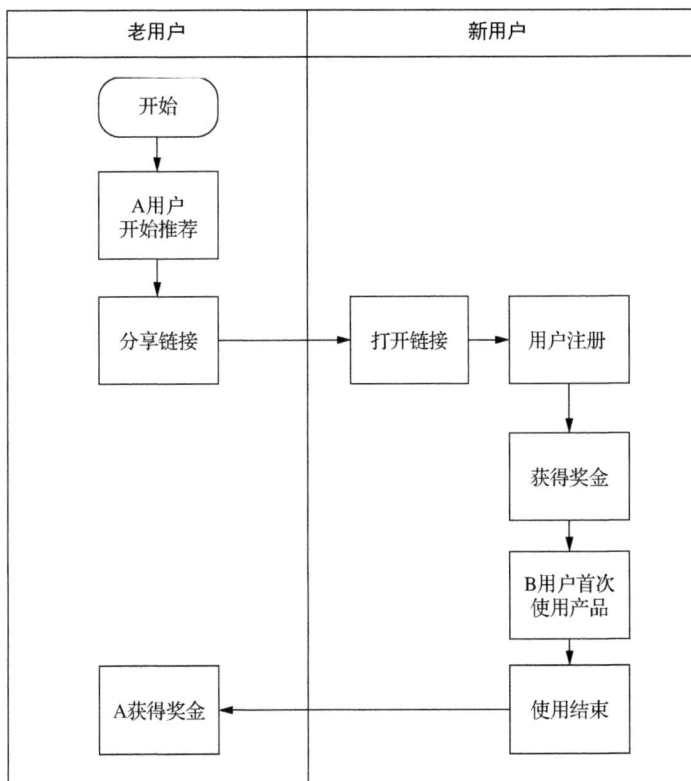

图 2-46

3. 分享红包

分享红包指的是具有分享能力的红包，属于红包的变种玩法。这种红包内都会包含不错的奖励，所以需要一定的门槛才能得到。在一般情况下，在订单支付成功后，系统会提示用户发一个红包。

在电商领域中比较成功的当属饿了么和美团外卖。当用户在点完餐后，系统会提示用户可以向群里发一个红包，红包里会有不同面值的优惠券。这些优惠券可以在下次订餐时使用。如果你是频繁点外卖的用户，那么这种红包的吸引力还是很大的。分享红包设计得比较巧妙，如果你是老用户，那么系统会将你所得的优惠券直接存入账户中；如果你是新用户，那么你需要输入手机号，系统不会做任何校验，会直接发放优惠券到账户中，此时这个新手机号即为红包拉的新用户。

饿了么更会把握人性，把"抢"的理念融入了红包中，设计了新的玩法，即第 N 个红包最大，这种玩法巧妙地糅合了人的赌性和人的贪婪，让大红包的价值凸显出来。饿了么的红包玩法如图 2-47 所示。

图 2-47

红包玩法的背后有着一整套运营策略支撑，用户想得到红包并不容易。算法"杀熟"屡见不鲜了，红包玩法也和"杀熟"沾了关系。在预算有限的前提下，运营有时为了得到好的拉新效果，会使用算法根据这个人的行为、社会属性等给新用户相对合理的权益，而老用户则可能比较尴尬，只能得到一些普通的安慰权益。

从产品侧思考，我们在做分享红包时要考虑以下几点：

（1）红包的应用方向是什么？是为了拉新还是为了促活？

（2）红包出现的场景是什么？要在哪个节点上出现红包？

（3）红包发放的策略是什么？是统一全量发放、给特定的人群发放，还是按照某个玩法发放？

4. 其他方法

以低价吸引用户买单的模式，在市面上已经屡见不鲜了。拼多多正是通过拼团的玩法，完成了拉新的目标，从电商战局中脱颖而出。拼多多采用两种核心的拼团模式（拼团享低价和拼团抽奖），再结合微信朋友圈的社交链，能够迅速将产品扩散到用户的 N 度人脉中。

拉新的核心方法论如下：

（1）通过媒介吸引新用户注册或下单，媒介可能是红包、优惠券等。

（2）从人性角度出发，让用户有"爽"和"抢"的感觉，无论是得到大额奖励，还是得到低价商品。

2.5.3　关于促活的产品设计思路

在介绍完拉新后，我们应该了解促活的具体方法。在电商产品中，如何进行用户的促活？这是困扰每个运营的棘手问题。用户虽然从站外用户成为站内用户，但是却没有最终转化为购买用户。虽然新增了 100 万个用户，但是每日的 UV 只有 10 万个，在你的用户池里存在 90 万个沉默用户。你如果没有培养出用户使用产品的习惯，那么这批用户将会随时流失。

如果你的电商产品没有好的抓手（如吸睛的产品功能、优惠的商品或者高质量的活动资源）让用户活跃起来，那么用户的热情将会逐渐下降，甚至用户会流失。我们可以从以下几个方面着手抓用户运营的事情。

1. 权益激励

谈到权益，就少不了金钱的花费。不过，我们早已习惯了权益激励的玩法。

只要有权益，就会带来一批用户。但是，有个原则是不能浪费钱，并且要保证随时可以将消耗在用户身上的钱最终转化为订单。也就是说，钱从左手到右手，最终又回到商家的钱包。

在促活方面，我认为电商领域最有效的产品之一就是签到玩法。签到背后的产品设计思路是通过奖励强化用户行为，培养用户习惯。签到涉及的奖励要有使用价值。例如，淘宝的淘金币可以抵现、1000 京豆等值于 10 元钱且全平台通用。淘宝和京东的虚拟货币玩法如图 2-48 所示。

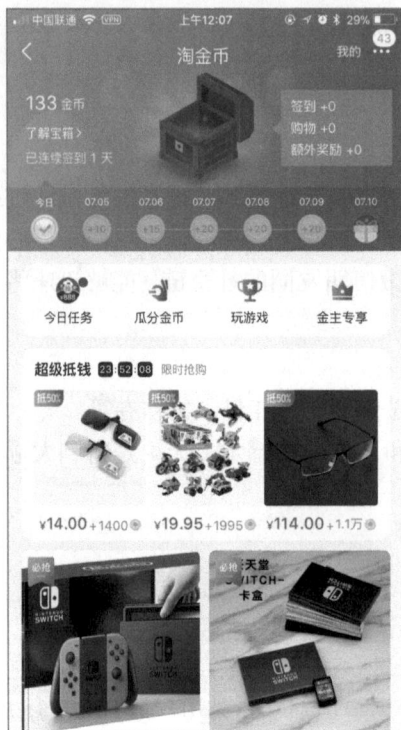

（1）

（2）

图 2-48

图 2-48（1）为淘金币签到产品，位于手淘首页的主入口；图 2-48（2）为京东的京豆签到产品，同样位于京东 App 首页的主入口。两者的玩法和思路是一致的，通过签到行为促活。在产品动作上，玩法相对简单：

（1）用户每天签到可以领取虚拟货币，虚拟货币可以在域内流通，与人民币有一定的兑换比例关系。

（2）属于周期性签到产品，每 7 天为一个循环周期。

（3）用户连续签到 7 天，可以得到大奖。

（4）页面提供可以使用虚拟货币的商品，且这些商品来源于算法的推荐逻辑，可以最终促使用户将权益转化为订单，提高流量的转化效率。

从表面上看，这些是简单的签到思维，但是实际上背后还牵扯到其他方面的产品逻辑，下面几点是你在做签到设计之前应该想到的事情。

（1）权益的来源。权益的来源是通过招商获取，还是由平台预算提供。

（2）权益的核销。权益的核销是指权益在财务流程中的流转情况。

（3）权益的策略。权益的策略是指平台给用户多少权益才最好。

虽然签到产品已经随处可见，但是它的作用强大。越简单的产品越不需要主动引导用户，教育用户。图 2-49 为拼多多的签到玩法，用一句话形容就是简单粗暴，行之有效！

图 2-49

与得到虚拟货币的签到形式相比，拼多多的玩法更加吸引人。它通过现金红包吸引用户签到，用户分享朋友圈还可以额外得到现金，既可以拉新和促活，又可以病毒式传播。最关键的是，现金可以用微信提现。不过，此举的弊端是，拼多多没办法控制发出去的现金在拼多多里消费。拼多多目前的 KPI 可能是拉新和促活，还没有思考转化的问题。一般来说，凡事都需要考虑投入产出比，拼多多投入的是现金红包，产出的是新用户注册和老用户活跃，这也是值得的。

2. 营销活动

这里先提一个问题，电商在一年中的哪一天最赚钱？可能大多数人都会脱口而出："双 11！"没错，每年的"双 11"都是电商界的狂欢日，圈内的玩家都会选择在这一天给出全年度最大的让利，用户通过叠加平台的各种优惠券、红包、打折等优惠形式，可以享受超值的优惠。2017 年，天猫"双 11"的成交额达到了惊人的 1682 亿元，比 2016 年增长了 39%。

对于价格敏感型用户来说，在"双 11"前，他们都会收紧自己的购物需求，并在平台上寻找合适的优惠券或红包，到了双 11 期间就会立即下单。这使得大多数购物行为发生在"双 11"期间。

平台需要在"双 11"前预热，在各个渠道透出优惠政策。优惠券或者打折等权益都会在使用规则中明确写明：使用时间在 11 月 11 日当天。商品的折扣生效时间同样为 11 月 11 日，所以用户使用权益的时间就是 11 月 11 日。平台的让利行为、权益等分发策略使得用户在大促前变得异常活跃，对整体的用户池起到了促活效果。

人是有趋利性的，只要有利益就会有动力做某件事情。借鉴大促的经验，电商平台还会在平常陆陆续续地举办各种各样的活动，通过权益、让利的行为，让用户活跃起来。简单来说，平台通过权益撬动整个用户生态的健康运转，也可以理解为，权益是用户运营的润滑剂，我们只是包装了一个故事（大促）分发权益。

2.5.4　关于留存的产品设计思路

如果把产品的存量用户看成池塘中的池水，将拉新用户看成进水，留存用户就是出水。池塘的水是循环水，持续进出。如果进水量大于出水量，那么池塘的水是增加的；一旦进水量小于出水量，那么池塘的水是不断减少的。如果拉新的速度大于留存的速度，那么用户体量是增加的；如果拉新的速度小于留存的速度，那么用户体量将不断减少，直至变为 0。

要想做用户留存行为分析，产品经理要懂 CLV（Customer Lifetime Value，用户生命周期价值）模型，如图 2-50 所示。在成熟期时，用户价值达到最高点。如果这条曲线在整个周期内都不存在波峰，你就需要重新思考你的产品是不是用户需要的。

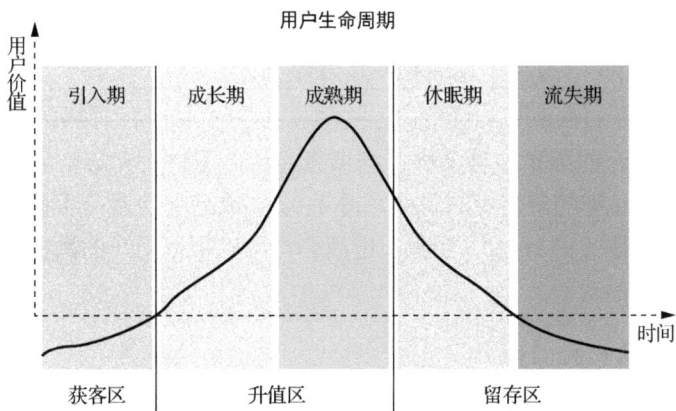

图 2-50

在现阶段，电商产品的拉新成本非常高，电商平台可能花 1000 元拉来了新用户注册，但是用户还没有进行消费或者仅消费 100 元就流失了。拉来的用户没有发挥应有的价值，这给平台造成的损失还是比较大的。产品的留存率能够反映产品在用户心中的价值，能否让用户"流连忘返"、能否让用户感觉到"爽"、能否解决用户需求，这些都能够从留存的角度观察。

对于留存行为，在电商领域中，我们可以看以下几个数据指标：

（1）次日回访率：新登录用户在首次登录后的次日再次登录页面的比值。

（2）7 日回访率：新登录用户在首次登录后的 7 日内再次登录页面的比值。

（3）新用户回访率：近 30 天内新注册的用户访问产品的次数与总访问次数的比值。

（4）老用户回访率：30 天以前注册的用户访问产品的次数与总访问次数的比值。

（5）转化率：下单数量/访问次数。

根据产品的数据情况，我统计了某电商产品的用户留存表，见表 2-5。可以看出，在次月以后，用户急剧流失。这种现象很可能与产品的初期拉新策略有关，前期偏激的营销策略虽然带来了用户注册人数的激增，但是后期产品形态或营销模式并没有得到用户认可，导致留存率降低。

表 2-5

注册时间	注册人数/个	当月留存		次月留存		第三个月留存		第四个月留存	
		比例	数量/个	比例	数量/个	比例	数量/个	比例	数量/个
2018 年 7 月	11 220	11%	10 021	21%	7893	17%	6532	29%	4633
2018 年 8 月	6982	3%	6787	20%	5432	25%	4099	—	—
2018 年 9 月	19 833	6%	186 672	34%	12 343	—	—	—	—
2018 年 10 月	20 198	8%	18 652	—	—	—	—	—	—

影响用户留存的因素多种多样，据调查显示，用户放弃某个品牌主要有以下三个原因：其他品牌的价格更有优势（占 31%）、原品牌的服务质量差（占 18%），以及商品质量问题（占 16%）。当然，电商公司可以根据用户的数据调研结果，做出以下相应的产品对策。

1. 通过价格影响用户

价格是影响用户购物与否的主要因素之一，同样的商品在不同平台上的价格表现会直接影响用户的购买决策。这里的价格不仅指商品本身的价格，还包括附加部分，如商家补贴的优惠券和红包、平台的营销策略（如秒杀、拼团）。用户会结合多种优惠最终选择平台。

聪明的电商产品经理们想出了花式的价格玩法，让用户从商家或平台上薅羊毛，第 4 章会详细讲述关于货物营销方面的产品设计。我经常在拼多多上购物，对拼团玩法比较关注，下面介绍一下价格营销利器——拼团。

拼团模式（如图 2-51 所示）并不属于拼多多，在实体经济中早有体现，后来逐渐在互联网上发展并形成了早期的团购模式。商家通过团购的形式让利、薄利多销，把商品价格降到最低，从而吸引用户购买。团购的商品多数为套餐的一口价，其本质和电商促销没有太大区别，因为买的人多了就形成了团购。

拼团模式是团购模式的进阶版，核心是"拼"。这说明需要多个用户同时结合在一起才能发挥出"拼"的力量。拼团模式在设计上需要明确以下几个思路：

1）产品面向的用户是谁

我们可以结合 2.3 节讲述的用户画像知识，提前了解需要的用户，只有提前了解用户，才能知道应该如何输出商品、如何为商品定价。

2）拼团的基本信息是什么

基本信息应该包含以下几点：

（1）拼团的起始时间。要设定每个团的起始时间，切记不要因为时间问题造成资产损失。

图 2-51

（2）拼团人数。不设人数上限，最少为两人团。

（3）商品。商品所在的类目、商品的图片、标题、描述要清晰可见，在拼团玩法中，要让用户清楚涉及的商品是以 SPU 维度还是以 SKU 维度拼团，比如拼团的商品是苹果，以 SPU 维度拼团可以理解为不同用户可以拼青苹果或红苹果，即使商品不同也可以成团。

（4）价格。价格相对比较复杂，根据拼团人数，可以设定为一口价，也可以设定为阶梯价。

（5）限购。需要考虑对参团人员设定限购规则，以免库存不足或资产损失。

3）如何通过社交扩散

拼多多被腾讯投资以后，置换到了腾讯优质的微信流量资源，在微信社交体系中迅速传播扩散。微信的社交能力无法被替代，如果你要做一款电商产品，就要考虑能否依赖微信的环境，或者使用其他的方法在微信环境中生存，比如淘宝的淘口令、支付宝的吱口令。

4）自传播或系统推荐

用户在参团后会发现如果系统不把他开的团推荐给别人，并且他也不邀请别人参加，这个团就无法完成。成团的决定因素有两个：用户邀请和系统推荐，这两种不同的玩法在策略上会有明显的差异，前者更注重分享效率和拉新，后者则偏向流量扩大。

此处仅抛砖引玉，拼团模式只是价格玩法中一个比较火的模式，并不是全部模式。当然，这种价格玩法对留存会有一定的影响，毕竟用户能够得到质量不错、价格实惠的商品。

2．通过质量影响用户

价格再实惠的商品，如果质量很差，那么也不会有人买。购物不是做公益，毕竟真金白银花了出去。质量不仅包含商品质量，还包含服务质量和物流质量等。用户留在你的产品中往往不是因为 App 页面好看，而是因为整体的购物体验。好的产品会让用户一旦有了某方面的需求，就会立刻想起它。比如，买品牌、3C 商品去京东和天猫，买服饰去淘宝，海淘去网易考拉等。一旦用户在质量上吃亏，那么接下来他非常可能从你的产品中流失。

3．通过触达能力强提醒用户

很多用户的手机上都有上百个 App，每天却可能只打开不到 5 个，大多数 App 都会被用户"遗忘"在角落里。用户不选择你的产品，如果你还不出来"搞事情"，那么用户留存数据可能会比较难看了。

提醒分为域内提醒和域外提醒，域内指的是 App 内，包括消息中心、资源位或内容触达链路，域外包括邮件、短信或广告等。提醒的核心目的是让用户找到你的产品，打开并一直使用它。不过，大多数用户对消息提醒都比较反感，消息的打开率很低，所以我们要结合场景做提醒，这样可能会得到意想不到的结果。比如，用户在想买键盘的时候，突然收到一条消息：送您一张 300 元减 100 元的优惠券，用户就可能产生下单行为。

我们如果希望以消息提醒的方式唤醒用户，那么需要注意以下几点：

（1）消息发送的时间。一般上午 10 点、晚上 9 点是用户的活跃期，我们可以选择在这个时间段发送消息。当然，不要影响用户的正常休息。

（2）发送频率限制。用户如果每天都收到消息，即使产品再好，他也会觉得烦。要适可而止，适度发放。

（3）发送文案要懂人性。生硬的文案会让用户感觉你的产品也是冷冰冰的，一句暖心的话和激励，更容易让用户接受你的产品。

4. 善用心理学，让用户"自觉"留下来

我们在 2.4 节描述了心理学在电商产品设计中的应用。当然，心理学也可以应用于留存的产品设计。在心理学中有两个对立的词，分别是"痛"和"爽"。"痛"是源头，"爽"是结果。

什么是痛？痛是让你无法忍受，折磨你很久的问题。在互联网上，人们常说"痛点"，这个词在程度上没有"痛"强烈。我举个例子你就明白了，小明种了满山的荔枝树，今年风调雨顺，树上果实累累，可是他没有渠道卖，结果一年白干了，这就叫痛。在美国经济危机期间，农民宁可把牛奶倒进河里也不愿去市场卖掉，这是因为挤牛奶成本、运输成本比牛奶价值高，这种无奈的举措也是痛。

什么是"爽"？需求突然被满足，这就是"爽"。比如，你在沙漠中渴了很久，突然有人给你一瓶冰水，喝水的感觉就是"爽"；你熬了一夜，感觉特别困，这时躺在床上，紧绷的神经突然放松就是"爽"。"痛"的需求被解决了，"爽"就来了。

为了留存，我们需要找到让用户爽的事情是什么，痛的伤口在哪里？爽可以细分为物质上的爽和心理上的爽。物质上的爽需要用权益刺激；心理上的爽在电商产品中主要有两个方面，其一是服务上的爽，电商平台把用户当"上帝"看；其二是产品设计上的爽，为用户提供各种优质的业务。

此处仅为抛砖引玉，关于爽和痛的产品设计，可参考以下这几个方面。

1）信用支付

信用支付类似于网络上的信用卡，申请通过的用户可以享受一定的购物额度，市面上比较火爆的产品有京东白条和支付宝花呗，如图 2-52 所示。信用支付结合用户的信用情况和购物水平，综合给出对应的额度。用户在下单时，可以用这个额度抵扣，并且还能够进行账单分期。原本用户在购物时可能没有余钱，需要等到月底发了工资才有钱，但是信用支付的产生让用户进行了提前消费，让他得到了提前享受，这爽吗？爽！

2）极速退款

虽然国家规定商品必须 7 天无理由退货，但是对于用户来说，他觉得商品返回到商家，再退款的整个周期很长。如果选择退货，那么他在未收到退款时再去购买其他同类型商品会有较大的压力。极速退款解决了用户的这个痛点。根据用户的信用记录，系统有选择性地为用户开通极速退款功能，已开通极速退款功能的用户一旦进行退货操作，平台就会提前将这笔退款垫付给用户。用户提前拿钱

的感觉爽吗？爽！

3）尊享会员

在 2.2 节中，我详细地介绍了会员的整体玩法。会员等级和会员特权能让用户沉迷其中，会给用户一种感觉：我很重要。用户的等级越高，享受到的权益就越好。用户得到如此待遇爽吗？爽！

图 2-52

在留存节点上，产品经理需要真正理解用户需求，并和运营一同提高产品的服务水平。用户留存是整个用户运营中最难的一环，是能够全面考验产品业务能力的一环。你不要大意失荆州，要做到通过服务让用户"爽"，并让他"自觉"地留下来。

"人"就是流量，只有有了流量，产品才能"活"下来。"人"是电商最基础的架构，电商产品所做的一切都是为了迎合"人"的需求，给他铺货，吸引他下单，给他优惠。

可以说，"人"是电商的心脏，把血液流到产品身体的各个部位，供给能量，给下游系统提供良好的生存环境。

第 3 章
电商产品设计之关于"货"的部分

货即商品，它是电商产品中最核心的部分，所有的"围墙"皆围绕商品建立。商品从 SKU 到在仓库上架，再到在前台售卖和展现，然后通过购物车结算，生成含商品订单，经过仓储物流的配送，最终到达用户手里。

商品与生俱来的使命就是回到用户的怀抱里，而电商产品经理的作用就是尽量简化流程和缩短商品与用户的距离。

3.1 商品模型的前世今生

在第 2 章中，我介绍了电商中人的重要性，可能并没有完全说透，但是至少我们构建起了对电商用户的认知体系，要更加重视关于"人"的产品路径。

本章将要介绍电商中货的表达形式，货将如何在电商交易体系内流转。

商品是电商的根基，核心目标是销，也就是卖货。卖货可以从以下几个层面理解：卖给谁、卖什么货、怎么卖，其实就是人、货、场的概念。对于卖给谁的问题，第 2 章已经讲了；怎么卖属于"场"的概念，将在第 4 章中讲解；卖什么货就是本章的主要内容，下面我们从最底层的架构开始，详细梳理货的产品设计思路。

我理解的货，不仅是商品层面的，更是围绕商品搭建起的交易架构，从货的产生到货的流转。在新零售时代，货的定义被重构，货能够独立满足用户需求，也可以说货来源于用户的需求数据，来源于 C2B 的定制化数据。

本书主要面向的是想学习基础电商的读者，所以关于新零售方面的货的概念就不过多阐述了。

我们学过商品的概念，它是人类社会生产力发展到一定阶段的产物，是用于交换的劳动产品，是交易的介质，能够满足人类的需要。商品的存在形态不限于实物形态，也包含虚拟类商品（如延保服务、售后服务等）。

电商产品把线下的商品形态搬到了线上环境，把线下庞大的商品数据同样拿到了线上。当商品规模较小时，平台管理起来并不复杂，但是随着商家增多，商品的数量会呈现指数增长。此时，如果没有好的商品管理方式，平台的运营就会面临巨大的压力。这时，我们就需要一套"用得舒服"的商品管理系统（如图 3-1所示），而商品管理系统的根基就是商品的类目库。

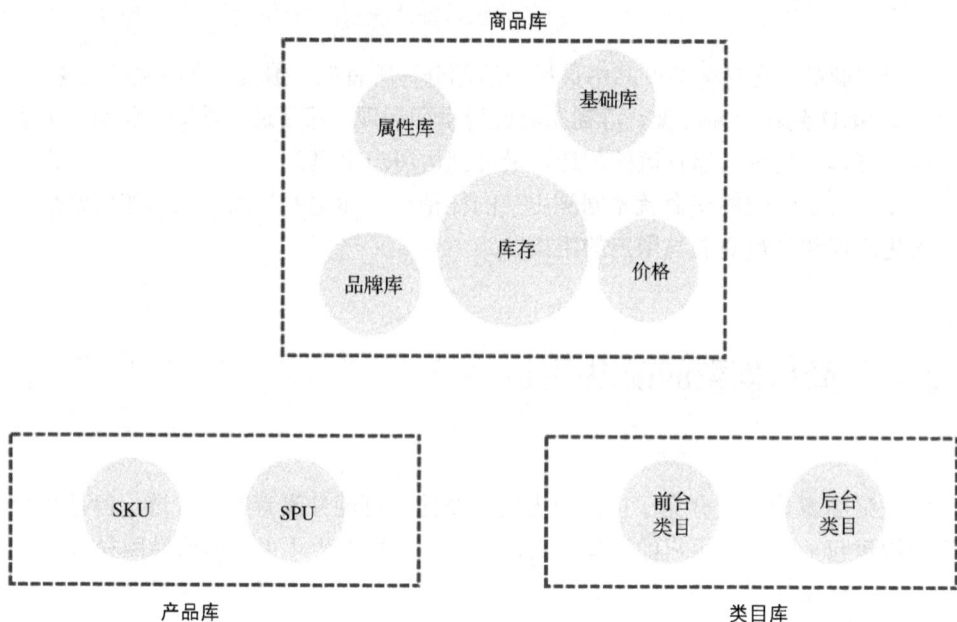

图 3-1

商品管理系统可以分为以下三个部分。

（1）商品库。包含商品的基础库、属性库、品牌库、库存和价格。

（2）产品库。产品库可细分为 SKU 和 SPU 两种模型。

（3）类目库。类目库分为前台类目和后台类目。

电商的商品管理系统参考了传统行业的管理体系。它的意义在于，用户能够迅速找到商品，查看商品详情；平台可以减少运营工作量，提升效率。

现在，用户在淘宝和京东上挑选商品时可以通过类目导航迅速定位到喜欢的商品，也可以通过关键词搜索商品，平台利用大数据给用户推荐他们喜欢的商品。

用户还可以通过商品详情页面和商品评价等内容了解商品的全部信息，而这些信息要比线下更加丰富，这些能力都要归功于商品管理系统。

3.1.1 商品类目是根本

在产品初期的时候，由于商品数量和种类不多，用两级分类即可描述商品类目，如一级分类为手机，二级分类为品牌，或者直接将具体商品放到导航上，以单品形式作为类目，如小米电商网站的类目导航，如图 3-2 所示。

图 3-2

如果商品种类繁杂，涉及的商品数量巨大，类目层级就会变得越来越多。比如，一级分类为服饰，二级分类为男装，三级分类为牛仔衣，四级分类为款式，五级分类为大小，依此类推。这么多的类目层级会让运营和用户难以理解，用户在页面上难以找到深层级的商品，运营也没办法维护如此巨大的数据量。

所以，先"吃螃蟹"的淘宝制定了一套规则，首次引入了类目属性的概念，制定了"类目主导+属性辅助"的商品管理形态，并沿用至今，而且规定了类目的层级不能超过四级，这套规则在业界广泛流传。目前，京东也是用这套规则管理商品的。

管理商品类目的意义非常大，我认为主要有以下几点：

（1）帮助平台和商家高效地管理商品体系，减少非必要性工作。

（2）提升前台的导购效率，能够在特定的时间点上，提供对应的类目导购策略。

（3）便于用户进行类目搜索，快速查找商品。

电商的商品管理面向平台运营、商家和用户三个角色。平台运营设置后台的类目管理标准，并根据情况设定前台类目的展现形式。商家根据平台运营设置的后台类目管理标准，进行店铺的商品录入、商品维护、品牌管理、商品发布。用户在前台进行类目搜索，根据类目查找商品，通过平台运营设定的前台类目展现形式，查看特定场景的商品组合。电商商品管理的角色和能力如图 3-3 所示。

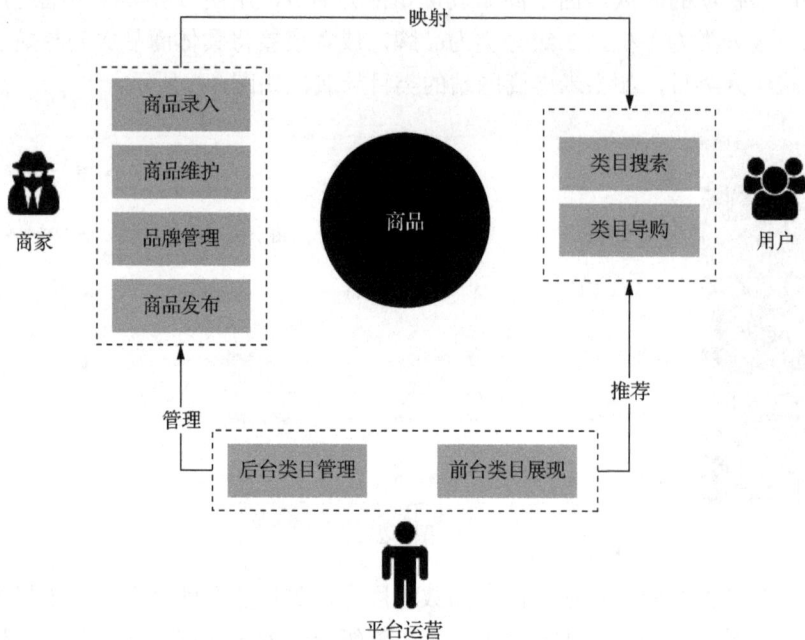

图 3-3

电商的商品类目管理灵感来源于线下实体店。线下实体店经过多年的发展，总结出一套高效的商品管理模式，即大前台小后台。简单来说，它把商品类目分为前台类目和后台类目。前台类目面向用户，突出导购内容，让用户看得到，吸引他购买。后台类目面向平台运营或商家，负责商品底层的维护建设，提高他们的操作效率，方便管理。线下实体店的立体仓库如图 3-4 所示。

1. 前台类目

前台类目即给用户展现的类目，会随着季节、时间、节日等场景展现不同的类目特征，主要为了结构化类目信息，让用户能够直观地找到所需商品。京东 PC 端前台类目导航如图 3-5 所示。

图 3-4

图 3-5

有时候为了促销，运营人员会将一些商品摆放到很显眼的地方。例如，日本 7-11 便利店的货架上总共上架不超过 3000 种商品，为了达到利润最大化，店内的生鲜食物类产品必须日销，所以每种商品每天的库存量很有限。有一天，一个新来的店员把原本应该订 3 瓶的早餐酸奶订成了 30 瓶。如果早餐酸奶卖不出去，那么她将支付剩余的酸奶费用。不过，她比较机灵，将放在另一个货架上的早餐酸奶和其他早餐放到了一起，还写上纸条：早餐配酸奶更有益健康哦。最后，早餐酸奶卖脱销了。此后，7-11 便利店便将这个混合搭配模型传承了下来。

前台类目也同样呈树状结构，从一级类目到叶子类目。一级类目是最基础的类目，叶子类目是最尾部的类目，前者类似于树根，后者则类似于树叶。为了方便用户查找商品，类目层级一般不能超过四级，这一点在电商中貌似达成了共识。不同级别类目的关联关系如图 3-6 所示。

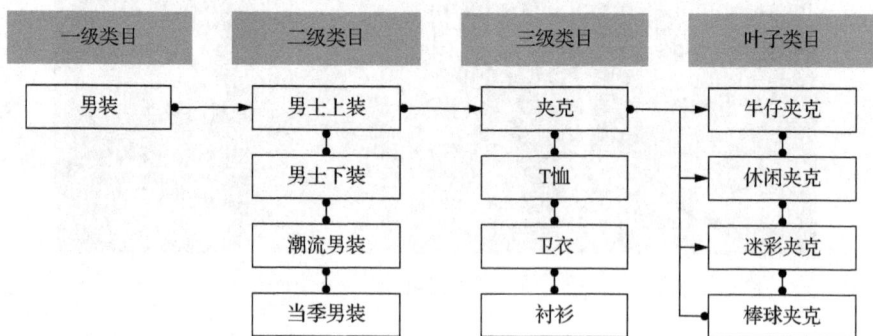

一级类目	二级类目	三级类目	叶子类目
男装	男士上装	夹克	牛仔夹克
	男士下装	T恤	休闲夹克
	潮流男装	卫衣	迷彩夹克
	当季男装	衬衫	棒球夹克

图 3-6

图 3-6 是前台类目的例子，叶子类目为第四级，所有的商品只能挂在叶子类目下。男装类目下的二级类目不只分为男士上装和男士下装，还根据场景新增了潮流男装和当季男装两个分类。

前台虽然只展现潮流男装，但是在后台可能挂了很多叶子类目。潮流属于这些商品的共同属性，后台挂的叶子类目都具有同样的属性，意味着所有关于男性潮流的商品都会合在一起。

淘宝有十几亿个商品，商品的所有分类要全部在前台展现基本上是不现实的。前台类目寸土寸金，其展现形式大体有以下几种。

（1）一对一关系类目。一对一关系类目即后台类目与前台类目是一对一的，是直接映射过来的。例如，后台类目名称为男装，前台类目名称也为男装，如图 3-7 所示。

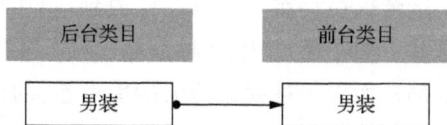

后台类目	前台类目
男装	男装

图 3-7

（2）一对多关系类目。一对多关系类目是前台类目在后台关联了多个叶子类目的形式，如潮流男装对应多个与潮流相关的叶子类目，如图 3-8 所示。

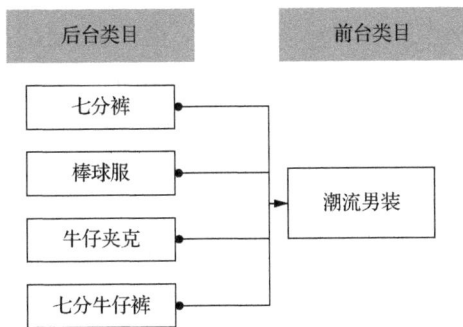

图 3-8

（3）关键词类目。关键词类目即通过搜索关键词，搜索系统查询对应的类目商品列表。典型的关键词类目展现形式是在 iPhone 上市时，平台为了推广新手机，会在前台类目列表中，添加 iPhone 的文字链接。关键词类目如"红豆男装折扣季""堡狮龙 跨店 3 件 7 折"等，具体如图 3-9 所示。

（4）链接类目。链接类目以某个样式展现，用户点击该样式后实际上进入了某个落地页，如图 3-10 所示。

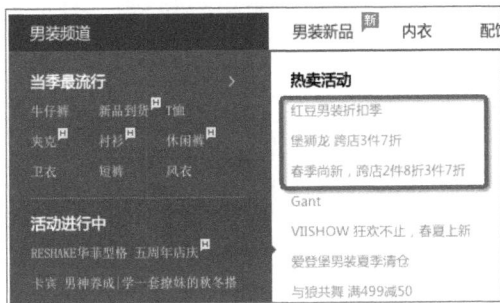

图 3-9

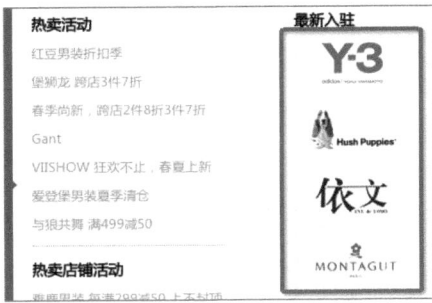

图 3-10

第一种类目展现形式在产品初期时可以直接复用。一旦网站的商品数量剧增，小前台大后台的管理方式是不可或缺的。要想满足以上的类目展现形式，需要灵活的类目管理体系。

2. 后台类目

后台类目主要面对的是商家和平台运营，他们负责搭建类目，挂载商品到叶子类目下。一些比较知名的公司会把一部分店铺运营工作交给第三方公司，如代运营公司，即外包公司。

当我们负责的电商产品 A 影响力较大时，会吸引平台型电商 B 公司入驻，例如苏宁入驻天猫、一号店入驻京东。B 公司的商品数据量也是巨大的，此时我们需要通过其他方式获取商品，并对应到电商产品 A 的后台类目上。我们一般通过一套通用的对接方案，结合类目预测和类目纠错算法进行匹配，当然，还需要人工参与。

按照使用情况，后台类目可以分为三种状态：

（1）可用状态。类目是可以使用的正常状态。

（2）屏蔽状态。类目如果处于屏蔽状态，那么商家是无法看到的。

（3）不可用状态。类目已经无法使用了，在一般情况下商品后台会给商家提示改状态。

图 3-11 为淘宝的后台类目。每个商品在创建时，都必须有对应的归属类目。当选择类目后，我们才可以填写商品属性。一般来说，为了防止后台数据冗余和杂乱无章，商品后台类目层级不超过四级。

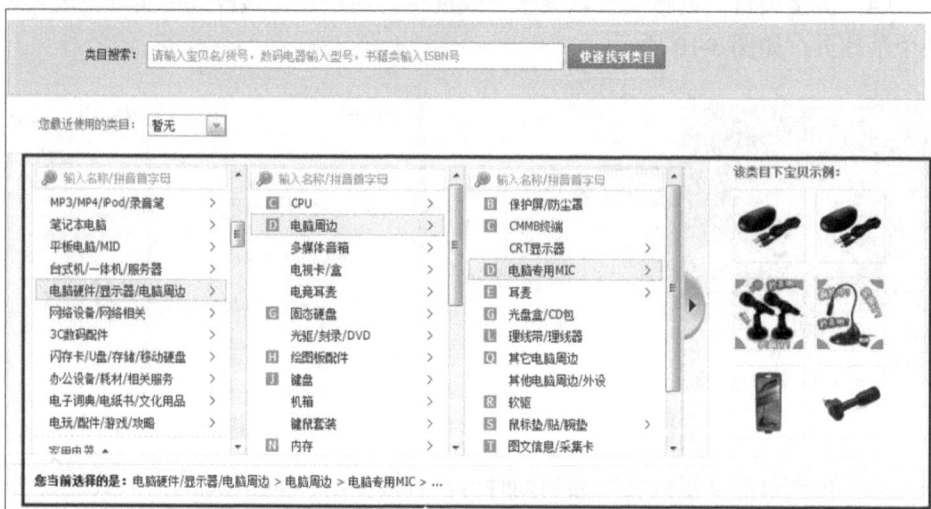

图 3-11

后台类目树能够结出很多"果实"，包含以下几个方面：

（1）属性库。属性库表达商品和类目的特征，属性分为商品属性、子属性、公共属性和类目属性。

（2）品牌库。品牌库用于商品的品牌数据管理，品牌的基本字段组成为 Logo、中英文名称、产地等数据，在品牌下可以挂载多个类目商品。

（3）型号库。型号库为商品的基本信息，表示同一个商品的不同规格，用编码表示以达到区分的目的。

① 条码库。条码库包含条形码和二维码。在扫描条形码和二维码后，我们能够查询到商品的全部信息。

② 资质库。资质库包含商品资质、生产标准、专利、认证等材料。

③ 产品库。产品库又称为 SPU 库，是一类商品的集合。

④ 商品库。商品库是 SKU 库，是最小库存单元集合。

多方位的数据特征（如商品品种、来源、种植区域等特征）让商品变得更可信。区块链技术的产生和应用让商品从生产到上市变得更加透明，未来的类目还会有溯源码。图 3-12 为溯源码的应用场景。

图 3-12

3.1.2　商品的关键信息——属性

当商品的数据规模增大时，类目树纵向成长会变得越来越深，给用户和运营造成了的巨大困扰。仅仅通过类目树表达商品信息是不够的，仍然需要属性补充信息。

1. 属性

什么是商品属性？商品属性指的是商品的特征信息。型号、颜色、尺码、容量都是属性，属性是一类商品具有的特征。与属性相搭配的是属性值，代表属性的枚举值。例如，对于品牌（如苹果和三星）来说，品牌是属性，苹果和三星就是属性值。对于服装颜色（如红色）来说，服装颜色是属性，红色是属性值。图 3-13 为京东的商品属性图，左侧是商品的属性，右侧是属性值。

图 3-13

2. 子属性

属性有属性值，属性值还可以有属性，被称为子属性。例如，类目下有品牌，品牌是苹果，苹果下还有 iPhone 7 和 iPhone 8。其中，品牌是属性，苹果是属性值，iPhone 7 就是子属性。品牌（属性）是没有子属性的，苹果（属性值）才有子属性。图 3-14 能够直观地解释上述概念。

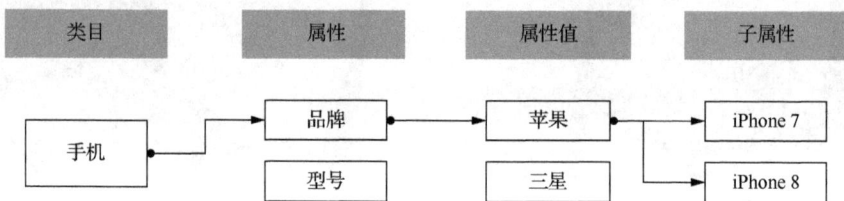

图 3-14

3. 公共属性

属性的产生解决了类目冗杂的问题，却衍生了更多问题。商品的属性库极其庞大，品牌和型号可以是属性，整洁程度也可以是属性，导致商品属性错乱、繁杂，运营的"主观性"属性让商品更加难以管理。随后，属性逐渐变得标准化，通用的公共属性对类目管理更加有效。

什么是公共属性？商品的很多属性是固定不变的，无论外界如何变化，这些属性都不会发生变化。比如，对于颜色来说标准色是固定不变的，尺码属性也是固定不变的。公共属性能够应用在不同类目下，形成一套通用的属性模板。商家在创建类目商品时，可以直接选择属性模板，挂载公共属性。

4. 类目属性

不同的类目根据特色能够抽离出该类目下所有商品的共同属性，这部分公共属性称为类目属性。例如，手机品类都具有品牌、屏幕尺寸、分辨率、内存等属性，这些属性可以作为手机的类目属性。商家在创建商品时，这些作为必填的属性项。同时，类目属性还能够在前台友好地支持搜索和商品筛选。

后台的类目属性按照类型可以分为以下五种，如图 3-15 所示。

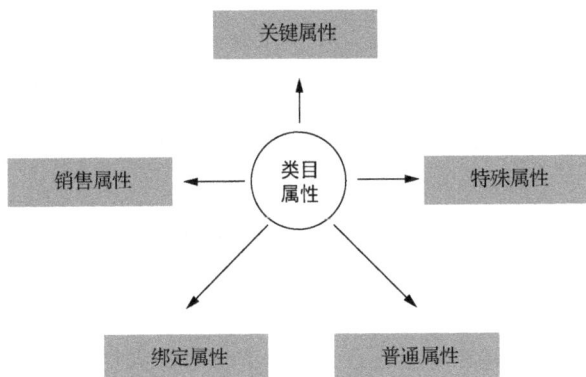

图 3-15

（1）关键属性。关键属性是能够约束商品集合特征的属性。关键属性能够确定商品集合，而不是单独的商品。在电脑类目下，品牌和型号是关键属性，两者在结合之后你就能确认这款商品了。例如，在笔记本类目下，苹果笔记本的 MacBook Air 是一个商品集合，具体的商品信息还是无法确定的。MacBook Air 还包含很多商品，比如 I7 和 I5 处理器的 MacBook Air、不同日期生产的 MacBook Air。

（2）销售属性。销售属性是能够约束商品 SKU 特征的属性。简单来说，销售属性是能够定义商品的属性。用户在网站上挑选手机时，只有选择了内存、颜色、版本，才能显示价格和库存量，并生成订单。关键属性+销售属性可以唯一指定一款商品，销售属性一般是多选的。我们无法穷举商品的所有销售属性，在很多情况下商品是以套装形式售出的，商家通过自定义属性设置了多个套餐，如套餐 1、套餐 2、套餐 3 等。自定义属性的弊端是，用户只有在看到商品详情页后才知道

99

具体的套餐内容，这不具备公信力，毕竟商品详情页的介绍可以随时更换。图 3-16 为京东商品的销售属性，我们可以看到，对于不同的销售属性，每项都是必选的，且可以多选。

图 3-16

（3）绑定属性。当关键属性确定以后，商品的其他属性也会被确认，这部分属性称为绑定属性。比如，如果确定了手机品牌为苹果，型号是 iPhone 7，那么手机的屏幕、内存、材质都会被确认，这部分属性被称为绑定属性。

（4）普通属性。上述三种属性之外的补充属性主要用于补充说明。该属性在创建时为非必选状态，可选可不选。

（5）特殊属性。电商平台在容量扩大后，业务越来越繁杂，为了区分各个业务的产品，需要在商品上打标签，下游业务通过业务标签判断商品和订单。比如，平台会给生鲜商品打上"生鲜"标签，订单系统在识别订单中包含的生鲜商品后，会生成生鲜订单，下游仓储系统在识别订单后，会进行冷藏等操作。特殊属性还有其他使用场景，如一些系统可以根据标签走财务流程或配送流程等。特殊属性仅在特殊业务场景中才会需要，一般是不需要填写的。

类目属性补充了类目特性，让复杂的类目系统变得简洁，让用户在前台可以体验更优质的商品搜索服务和导购服务。类目属性不是终点，未来可能会出现更简洁的表达方式、更高效的商品创建流程和更清晰的类目结构。

3.1.3　SPU 和 SKU 模型

标准化产品单元（Standard Product Unit，SPU）是一组可复用、易检索的标准化信息的集合。该集合描述了一个"产品"的特性。

同一类商品的集合称为产品，上文我们提到了关键属性的概念，一个或多个关键属性能够确定 SPU。例如，手机品牌是苹果，型号是 iPhone 7，那么这个 SPU 就确定了，它由两个关键属性组成，分别是苹果和 iPhone 7，绑定属性是屏幕大小、内存、分辨率等。

属性确定的标类产品相对比较容易定义出 SPU，例如 3C 产品的品牌、型号、产地、尺寸、分辨率等都是标准的，汽车品牌和型号也是标准的。属性不容易确定的非标类产品，则比较难定义 SPU，国家或电商公司很难抽象出一套通用的模型规范非标类产品，如手工艺品类型和型号等，所以商家就自定义了一套符合场景的 SPU，即 SKU（Stock Keeping Unit，库存量单位）。

SKU 即库存进出计量的基本单元，可以以件、盒、托盘等为单位。SPU 包含多个 SKU，SKU 是 SPU 的子集。例如，SPU 是 iPhone 7，SKU 就是银色的 iPhone 7、土豪金的 iPhone 7、黑色的 iPhone 7。SPU 能代表一款鞋，SKU 则是这款鞋的其中一双。

SKU/SPU 与属性的关系如图 3-17 所示。

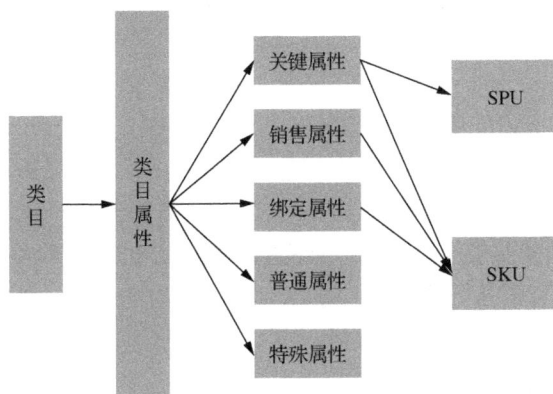

图 3-17

商品系统还有一种商品类型叫套装，这是复杂一点儿的场景。套装由多个 SKU 组成，不同的 SKU 需要在创建时进行关联，然后会生成一个新的 SKU，叫虚拟组套，如图 3-18 所示。

SKU 之间的关系是在空间上进行关联的。在列表页和商品详情页中，如果不用文字和图片就无法区分是单个 SKU 还是虚拟组套。

图 3-18

如果用户将虚拟组套加入购物车后，购物车会自动将组套内的商品拆分展示，看起来是不同的 SKU，但是库存量和价格都会遵循虚拟组套的规则。

当然，如果按照京东自营的模式，虚拟组套的 SKU 分布在不同的仓中，这时系统会将订单内的商品进行拆单操作，由相应的仓分拣发货。一般来说，为了节约成本、提高效率和避免发生套赠品的行为，虚拟组套内的商品都会放到同一个仓里。

3.1.4　一品多商的前生后世

在业务逻辑简单的时候，同一款商品 SKU 只需要创建一次，只要能够在前台全部展示这款商品就足够了。例如，黑色的 iPhone 7 的全网价格为 5688 元，总库存量为 30 件，所有销售渠道可以共享库存，直到售完为止。图 3-19 表达了商品的多个销售渠道需要共享库存和价格。

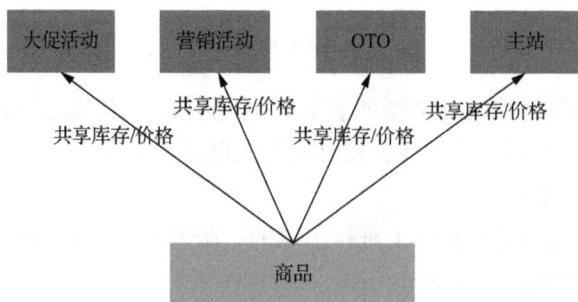

图 3-19

当业务逐渐扩展时，一款商品的售卖规则和营销玩法会有较大的区别。如果仍然使用同一套规则，那么会对业务造成阻碍。如果想要支持其他业务，那么需要给商品新增一个业务渠道，在这个业务渠道下，再次创建商品。

比如，日常营销活动需要 10 部黑色的 iPhone 7，每部的价格为 5588 元，主站业务需要 50 部银色的 iPhone 7，每部的价格为 5688 元，所以运营或商家需要创建两次该商品。对于多个商品和多个业务，运营或商家就需要做大量的、无效率的重复性工作，还是很浪费时间的。

因此，电商商品形态衍生出新的模式，即一品多商。一品多商可以简单地被理解为同一款商品只需要被创建一次，然后我们就能够根据不同业务的需求，设定相应的商品规则。

例如，还以黑色的 iPhone 7 为例，大促活动和日常营销活动分别需要 5388 元和 5488 元两种价格，库存量分别为 50 部和 10 部。运营的操作可以变成创建黑色的 iPhone 7 商品，选择投放渠道为大促活动和日常营销活动，设定规则为在大促活动中 iPhone 7 的价格为 5388 元，库存量为 50 部，在日常营销活动中 iPhone 7 的价格为 5488 元，库存量为 10 部，确认投放，结束。简单几步即可完成渠道对接，投放流程如图 3-20 所示。

创建商品 ▶ 设定规则 ▶ 投放渠道 ▶ 提交投放

图 3-20

电商业务渠道多的难以计数，如果每个渠道都要单独对接一次，那么成本很高。所以，商品管理系统需要提供一套通用的共享商品模型，下游业务根据这套标准对接。

渠道标签仍然需要申请，这里同样需要管控，并不是所有业务都可以创建渠道标签，否则商品体系会越来越乱。

前文已经详细地介绍了货在电商领域中的价值、整个商品系统的搭建流程，包含前端和后端类目分离、属性和属性值、SPU 和 SKU 模型以及一品多商业务的产品设计思路。在学会这些内容后，你可以结合自己的业务场景搭建一套通用的商品体系。

商品是电商最基本的业务模块，只有有了强大的商品管理体系，才能更好地达到营销的目的。在介绍完商品的基础之后，下面介绍一下如何将这些商品卖出去，即货的流转过程。

3.2　购物车没有你想象的那么简单

线上的购物车概念源于线下超市的实体购物车，其主要作用是方便用户在网站上购物，易于商品结算和用户抉择意向商品。购物车是商品交易的中转站，每天全网有上亿个用户在向购物车内添加中意的商品，顷刻间就能产生过亿元的销售额。

线下超市属于综合型商品集合地，有统一的货架管理和结算中心，也很会玩套路。用户在进入超市时，本来只有购买水果的需求，当看到旁边摊位促销的牛肉和饮料时，可能会产生"额外"的需求。购物车承载了这些需求，一来方便了用户采购和携带，二来诱导用户加入更多的商品。

线上电商继承了线下的思路，又进行了互联网化的语言表达。明确的价格提示、显眼的促销建议和大数据的营销方式能够进一步地促进用户购买。电商环境与封闭的超市相比更加开放，用户可以随时看随时买，这就可能出现用户跳失的情况。所以，留住用户和促进转化，是线上购物车的最终使命。

3.2.1　购物车产品的设计思路

在本节中，我介绍一下在购物车的产品设计上，有哪些可以借鉴的思路。按照用户路径，我把购物车模块分为基本逻辑、价格计算器、离线购物车、立即购买、异常处理和其他逻辑，如图 3-21 所示。

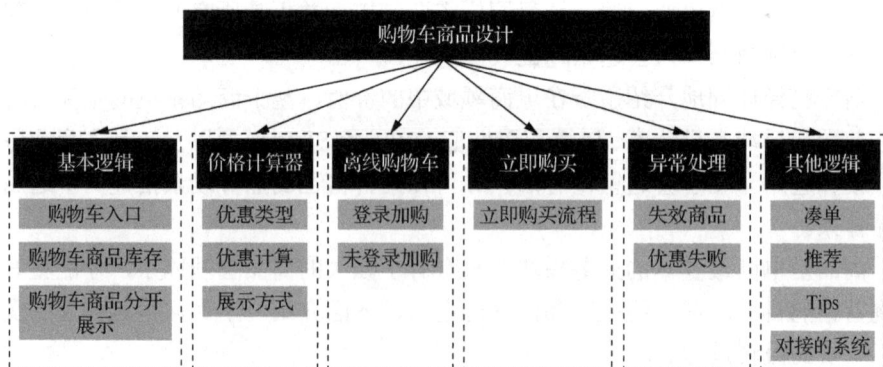

图 3-21

1. 基本逻辑

1）购物车入口

购物车入口能够让用户迅速定位到曾经加入购物车的商品，并且用户还可以在购物过程中，随时进行加购操作。考虑到转化的因素，再融合用户的使用场景，我们一般会将购物车入口放到最显眼的位置。比如，京东和淘宝在 App 的第四个 Tab 中加入了购物车 Tab。

不过，并不是所有的产品都需要购物车。以拼团模式为主要业务的拼多多就不需要购物车，如图 3-22 所示。目前，我还没有看到类似于团拼的模式，即同时发起多个商家的拼团订单，由统一的收银台结算，再根据商家进行订单的拆单操作。团拼模式需要购物车。

图 3-22

另外，在一些用户经常逛的路径上（如商品列表页、商品详情页、做活动的商品页面、收藏夹等），会展现购物车入口。这样做的目的是快速将用户的购买需求转化为订单，减少用户的浏览路径，以免用户跳失。

2）购物车商品库存

在购物车中，如何显示库存量也是一门艺术。前端的商品库存量展示的是购物车调用的库存系统的数据，但调用的不是完全透传的数据（数据不做加工），而是经过网关处理的数据。

库存状态分为不展示库存、库存紧张和剩余 n 件三种。不展示库存表示商品库存量较大，用户可以放心购买。库存紧张和不展示库存之间存在阈值，阈值根据业务场景而定。京东 B2B 业务的阈值是 50，当阈值为 50 以上时不展示库存，当阈值为 50 以下时展示库存紧张。

库存的展示形态会给用户带来紧张感，促使用户下单。库存的展示有两种方式，一是实时展示，二是离线展示。实时展示会计算用户的加购数量，并根据库存量返回结果。离线展示则不根据加购行为变化库存量，只有当用户下单时，才会返回具体的库存量。与后者相比，前者的体验更好，用户可以提前知道是否可以购买到相应库存量的商品。

3）购物车商品分开展示

假设用户添加到购物车的商品是同一款商品，比如添加的都是 iPhone X 黑色版，但并不一定在原有购物车 iPhone X 数量的基础上加 1，很可能会出现商品分开展示的情况。

一般会按照以下的逻辑分开展示：

（1）商品来源于不同的店铺，会做分开展示。

（2）商品属于一品多商的情况，并且参加了不同的营销活动。例如，商品分别参加了预售和满减活动，就需要分开展示。

（3）对不同业务类型，要做分包裹操作。如图 3-23 所示，其中一个商品是商家的店铺商品，而另一个是全球购商品。

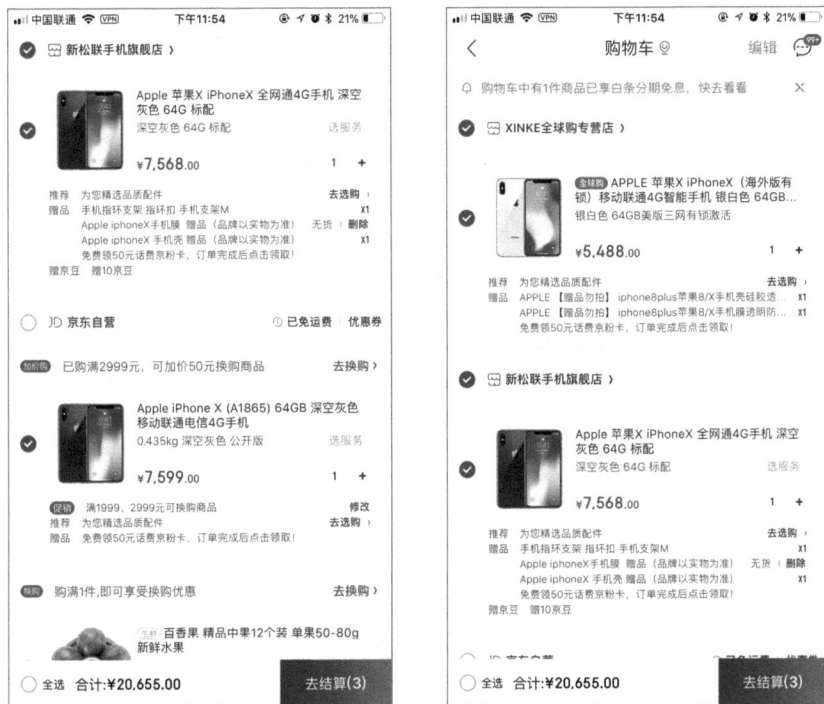

图 3-23

2. 价格计算器

线上购物车与线下购物车相比,体验更优。前者能够清晰地显示在购物车中已选商品的价格,用户可以随时删减商品。价格的展示需要购物车进行优惠的动态计算,即计算所选商品价格和优惠之间的关系。我们应该考虑有哪些优惠类型,再计算促销价格,最后展示给用户。

1)优惠类型

优惠类型分为单品优惠、店铺优惠和平台优惠。

单品优惠是以单一商品维度进行的优惠,如秒杀、预售、直降、定向优惠等。

店铺优惠是以店铺维度进行的优惠模式。该类型的优惠能够涵盖店铺所有商品(也可能是部分商品),并可以叠加。该类型的种类较多、较复杂,包含买 n 件送 m 件、满 n 件减 m 元、满 n 件赠商品、买 n 件返 m 元、满 n 件打折、n 元任选 m 件等。购物车满减和满折示例如图 3-24 所示。

图 3-24

平台优惠即以平台的视角进行的优惠，涵盖的范围最广、受众面最全，包含跨店铺满减/赠、品类券、品类满减、品类折扣、业务满减/赠等。

2）优惠计算

不同的优惠类型需要用不同的计算模型。例如，跨店铺满 100 元减 10 元的优惠类型与满 100 元打 8 折的计算模型不同。具体的计算模型如下：

首先，当商品被加入购物车时，我们要查询该商品对应的促销接口是否有返回数据。如果有返回数据，就记录返回的数据，并获取关联商品的优惠类型。

其次，根据已选的商品，统计总价格。

最后，根据不同优惠类型的优先级（优先级由促销系统指定），计算购物车中已选商品的叠加优惠价格。

例如，首先，查询到该商品支持满 100 元减 10 元优惠类型，并且该优惠是店铺优惠。然后，根据用户已经选择的购物车商品计算该店铺商品的总价格，如果价格超过 100 元，用户就可以享受该优惠。

3）展示方式

优惠信息一般都会在比较显眼的地方展示，目的是让用户能够明确该商品在该时间段有哪些优惠。我们要考虑优惠信息的透出会直接影响用户的下单转化。

淘宝和京东的优惠信息表达格式都为 ICON+文案的形式，前者将优惠信息放到商品的下方，后者将优惠信息放到商品的最顶部。因为没有两者的相关数据，所以没有办法做直接对比，我猜测优惠信息在上方展示可能会更加显眼。购物车优惠信息的展示方式如图 3-25 所示。

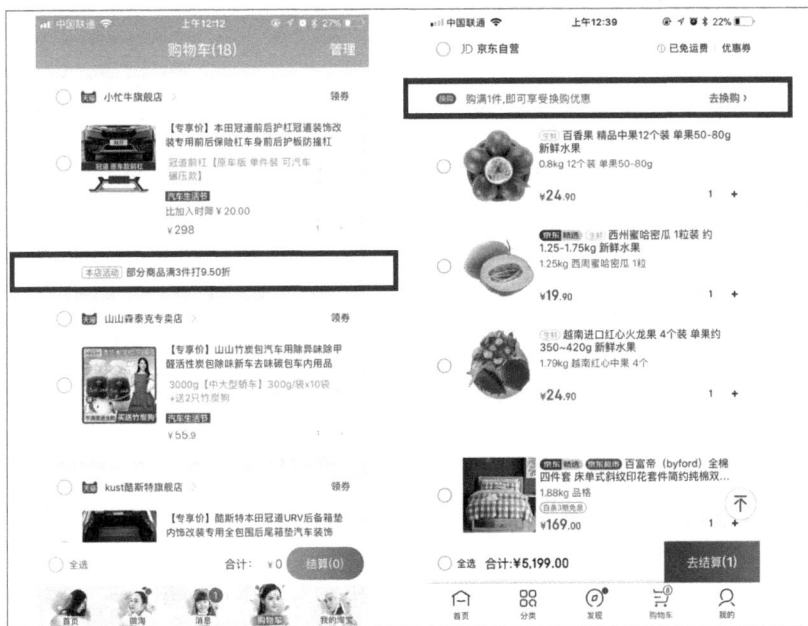

图 3-25

3. 离线购物车

小明在逛淘宝时，看到了喜欢的商品，他下意识地将商品加入了购物车，此时，可能并没有登录。但是平台不能阻止他加购的行为，这会将小明拒之门外。小明仍可以将商品加到购物车里，不过，平台需要保留这部分数据，如果他在下次进行了登录，平台就会把数据合并。

我们把未登录状态的购物车称为离线购物车。"离"即用户未登录，平台记录的是用户使用的设备号。用户在同一个设备上登录的账户数据会与之前加购的商品数据合并。

例如，离线购物车内有大号水杯 2 个、牛仔衣 1 件，如果用户登录账户，平台就将大号水杯 2 个、牛仔衣 1 件合并到登录的账户上。如果用户退出，那么原来的数据就不存在了。

离线购物车的数据比较离散,容易丢失,电商产品一般都会引导用户进行登录。用户只有在登录后,平台才能积累他的数据,获取他的行为,以备后续做人群分析。

目前在各个电商平台上,用户要想购买商品都需要登录账户,以区分用户具体的信息。但是实际上,产品经理可以做产品选择,第一是必须登录,第二是不必登录。

如何实现离线购买呢?有的人可能认为依靠读取设备号。很显然这是不可取的,设备号代表的数据是所有使用过这部手机的数据,而不是单一个体的行为。

如果从结果倒推,就会得到答案。用户在填写订单时,需要填写用户信息,包含名称、地址、电话号码。

没错,就是电话号!用户在把电话号码填写完,提交订单时,我们让系统多做几件事,就能够满足离线购物车的诉求。用户用购物车离线购买如图 3-26 所示。

(1)校验电话号码是否在平台注册过,这比较简单,每个账户都会有电话号码绑定。现在很少有不绑定电话号码的账户了,只有第一批很老的用户可能没有绑定电话号码。

(2)如果该用户注册过,离线购买实现起来就比较容易了。当用户下单时,订单数据直接转移到该电话号码对应的账户上。当用户再次登录这个账户时,他就会看到订单信息。

(3)如果该账户没被注册过,那么用户也有办法下单。用户可以用该电话号码立即注册账户,账户资料填写为订单填写的昵称,也可以是随机生成的。当用户登录新注册的账户时,他就会看到订单信息了。

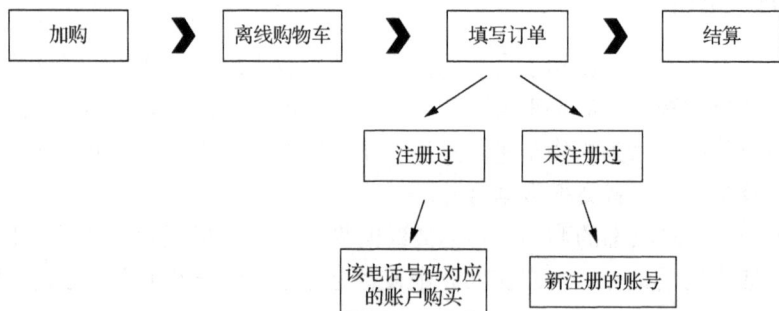

图 3-26

离线购买策略如果设计得比较巧妙,那么可以减少用户登录的方案,降低购物车的跳失率,甚至也可以拉新。

4. 立即购买

在商品详情页底部，一般都会有两个最显眼的按钮，分别是加入购物车和立即购买（也可能是其他按钮，如马上抢或秒杀）。加入购物车的商品是接下来可能转化的商品，立即购买则跳过了购物车的环节，直接进行订单填写。购物车立即购买的产品链路如图 3-27 所示。

图 3-27

为什么会同时存在立即购买？这与用户的购物场景和业务场景息息相关。

（1）如果电商平台不存在购物车，如拼多多的拼团，用户就只能立即购买当前商家的商品。

（2）用户在逛的时候看上了某件商品，这时我们需要给他快速下单的途径，让他直接下单。立即购买就显得特别重要了。

（3）营销玩法（如秒杀、预售等）只能以单品维度进行，不能和其他商品共同享有优惠，所以必须存在仅可购买单品的立即购买流程，以支撑上述玩法。

立即购买还有其他玩法，如一键购。简而言之，用户只要点击一键购，订单就会生成，后台商品就开始进入库房生产，打包给物流。

实际上，一键购根据用户曾经设置的资料下单，比如用户预先填写好的收货地址、手机号码、支付方式等订单必需的资料。用户在前台点击一键购时，平台就按照这些资料生成订单。其实，很多 AI 产品也是基于这个原理的，所谓的智能也是需要数据输入的。

5. 异常处理

在购物车中的商品并不是都可以下单结算的，实际上还会碰到很多异常流，如商品失效。

可能在某个瞬间，用户将商品加入了购物车，但是并没有下单。时间久了，用户就忘记了这件事。商品的库存和商品的上下架情况会随着季节、政策等发生变化。当用户再次进入购物车时，他可能就会发现商品已经失效了，如图 3-28 所示。

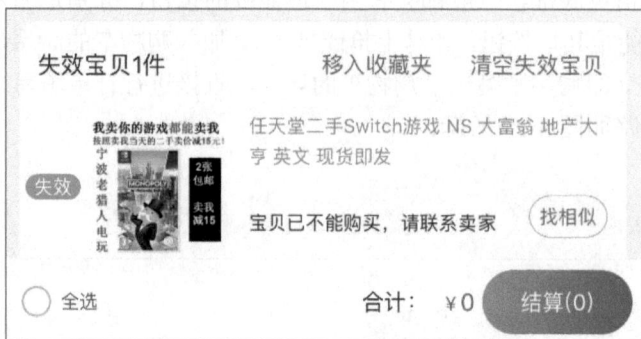

图 3-28

商品在失效后，会被贴上"失效"的标签。我们需要统计失效商品的数量，并提供批量清除失效商品的功能，毕竟这些失效商品对用户是没有任何意义的。

即使商品失效了，平台也不会自动清除这些失效商品。平台是不能对用户的购物车数据轻易操作的，否则会造成用户大量投诉。

6. 其他逻辑

购物车最主要的目标是转化率，将商品转化为订单。所以在很多时候，产品方向都偏向于转化。

业务方曾经向我提了一个需求，当我仔细听完之后，我委婉地拒绝了他。他希望把购物车当成资源位，把流量引入其他业务。很明显，这个诉求是不合理的。

购物车还有很多能玩的功能待开发，下面举几个简单的例子。

1）凑单

凑单强调"凑"，凑的是优惠。比如，用户如果有一张满 200 元减 50 元的优惠券，但是在购物车内仅有 100 元的商品，还有 100 元的优惠缺口，那么他应该怎么办？

在一般情况下，用户会返回营销页面继续寻找符合优惠条件的商品。仔细想想，用户返回页面，查找商品，加购，再返回购物车，需要经过太多的步骤，很容易流失。

凑单就是为了解决这个场景的问题，在购物车上提示凑单的入口。用户如果需要优惠凑单，就可以通过这个入口寻找相关优惠的商品，如图 3-29 所示。具体产品的设计思路如下：

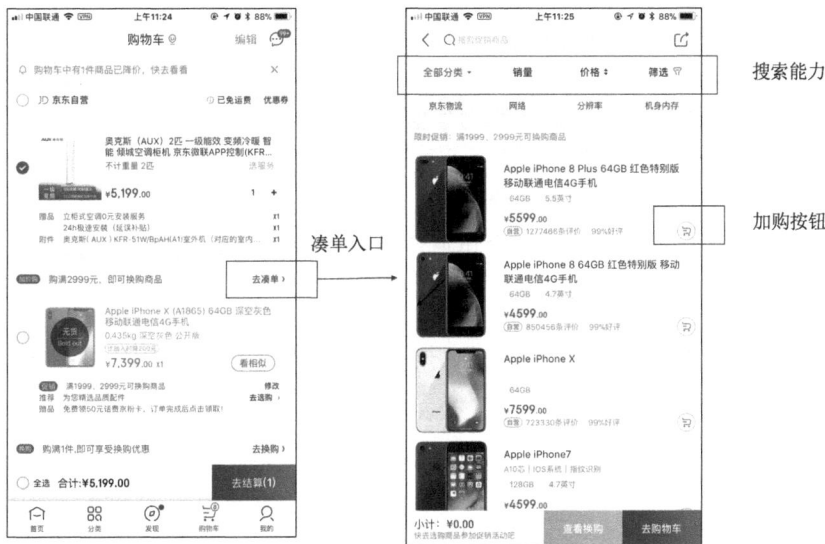

搜索能力

加购按钮

凑单入口

图 3-29

（1）如果相关优惠的商品不多，那么我们可以考虑在购物车中弹窗展示相关的商品。然后，我们还要提供快速加购的按钮，以减少用户的操作。

（2）如果有大量的商品符合优惠场景，那么我们要有新的承接页展示优惠商品，而且还需要融合搜索的能力。凑单是为了凑数而已，按价格筛选是最直接的方式。

（3）交互体验需要一致性。切记要在商品列表中添加购物车入口按钮。在很多情况下，用户只是为了凑数，不在乎商品是什么或者质量如何。我们要让用户快捷加购，迅速达成交易。

2）推荐

购物车是商品和订单之间的纽带，承载着巨大的流量。我们要继续挖掘购物车的潜力，商品推荐就是一个不错的方向。

在早期时，公司一般使用亚马逊的关联规则推荐商品，根据用户的购买习惯、浏览区间进行推荐。采用这种方式要有一定的行为数据，否则是不精准的。

后来的推荐逻辑基于协同规则，今日头条对这个算法应用得比较成熟。如果西瓜被 A、B、C 买过，香蕉被 A、B、G 买过，那么西瓜和香蕉的购买人群相似度比较高。所以，我们可以向 C 推荐香蕉，向 G 推荐西瓜。

再后来，各个电商平台结合各种算法模型进行商品推荐，但是这些数据都是离线数据，平台基于用户以往的电商数据，进行商品推荐。一些实力强劲的公司还会计算实时的推荐逻辑，在用户访问购物车的时候，随时透出商品信息。

3）Tips

Tips 也称为提示。当商品在购物车里待的时间过长时，如果我们不主动触达用户，商品就可能逐渐被用户遗忘。有效的方案是在 Tips 上显示××商品正在打折、正在降价等文案，如图 3-30 所示。

当用户点击 Tips 时，购物车会迅速定位到该商品位置，并默认勾选该商品。

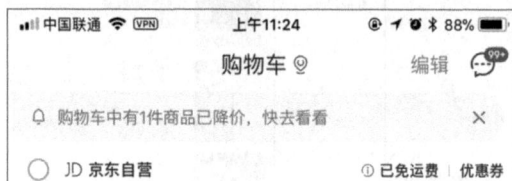

图 3-30

4）对接的系统

购物车展示的商品内容需要与多个电商后台系统打通。当然，除了下面列举的部分系统，还有很多系统，无法穷举。

（1）商品系统。商品系统主要用于查询商品的基本信息，包含图片、名称、属性、类目等。

（2）促销系统。促销系统用于查询与商品相关的促销是什么，并在前台做强展示。

（3）库存系统。我们可以实时调用库存系统，查询商品的具体库存量、在某个地区是否有货。

（4）搜索服务。如猜你喜欢和凑单等产品的搜索服务。

（5）虚拟保险类系统。系统可以查询商品支持的保险类型，用户可以直接进行购买操作。

购物车的产品设计思路大体如上文所述，下面将介绍购物车的营销。

3.2.2　基于购物车的营销

如果在购物车中加入人工智能的算法模型，那么会有什么新的营销方式呢？

购物车承载着巨大的流量。以往基于大数据的购物车营销主要的产品形式为猜你喜欢和为你推荐。这两者都围绕用户的购物行为、用户的商品爱好和用户画像展开，在经过大数据分析后，系统智能地推荐符合用户口味的商品。

但是，这种营销方式是围绕购物车的商品或者用户画像推荐的其他商品，并不是对购物车内的商品制定营销策略，所以这种手段有点本末倒置了。

接下来，我结合工作经历，讲述如何基于购物车内的商品，利用 AI 技术，设计一个购物车营销产品。购物车的营销流程如图 3-31 所示。

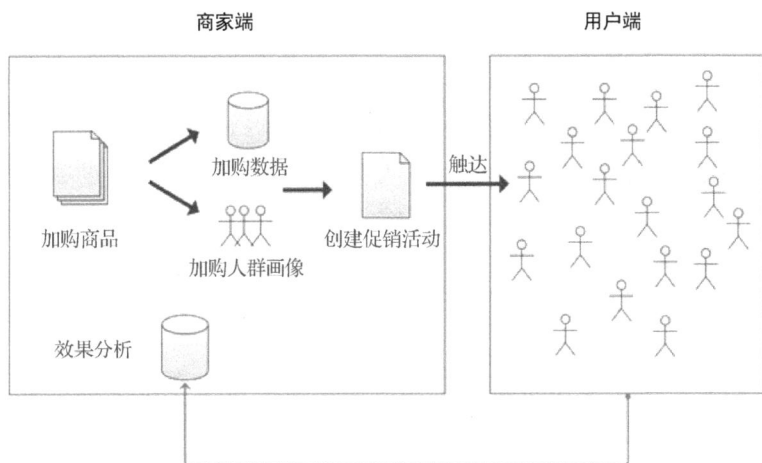

图 3-31

（1）商家查看加购数据，如加购人数、加购件数，系统自动分析这部分加购人群画像，人群可以标签化。

（2）商家根据自身需求，创建针对不同标签人群的促销活动。例如，商家可以给新客户、老客户或 15～25 岁的用户群体提供降价 40 元的服务。

（3）在促销活动被创建后，会触达对应的覆盖人群。

（4）第二天，商家可以查看对应的营销数据。同时，能够对比自然转化率与促销后的转化率。

对于具体的系统实现，我们可以参考以下两点。

1. 商家洞察购物车数据

购物车承载了所有的商品信息，包含商品名称、价格、来源店铺、促销、凑单和优惠券等。在进行大数据分析时，我们需要把这些数据精分、拆解、清洗，提取有价值的部分。

购物车中的每个商品都可以看成一个实体，可能在不同的地点、不同的时间，有些人把同一个商品加进了购物车。这就说明这些人对这个商品感兴趣，可能会下单，但成交的概率不明确。也有些人很早就将商品加进了购物车，但却一直没有下单。

利用大数据技术，我们可以把加购人群标签化，对不同标签的人群实施精准的营销策略，在一定程度上，能够提高购物车的转化率。营销策略可以按照以下步骤实施。

1）商家加购数据盘点

产品需要考虑商家端和用户端。首先，商家需要了解自家的产品状况、销售情况、加购数据等，这样才能有针对性地制定营销策略。

商家可以看到其店铺内加购商品的人数、某件商品在多少人的购物车内、实时加购总件数、实时库存。商家还能够查询到这些商品在未做干预的情况下的数据和在自然转化情况下的数据（如过去 15 天内加购该商品的用户在昨日的转化率）。购物车数据如图 3-32 所示。

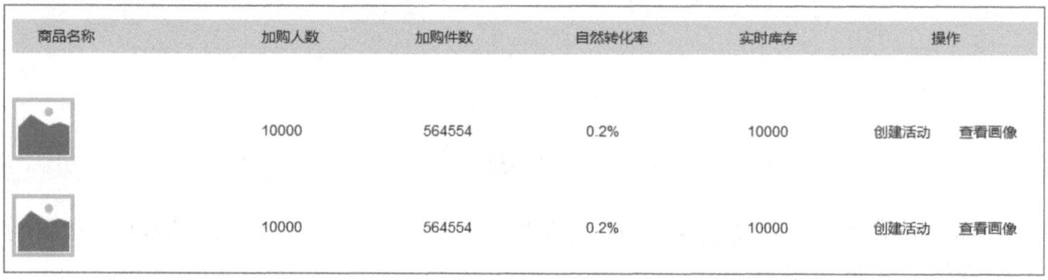

商品名称	加购人数	加购件数	自然转化率	实时库存	操作
	10000	564554	0.2%	10000	创建活动　查看画像
	10000	564554	0.2%	10000	创建活动　查看画像

图 3-32

其中，商家还可以看到人群画像数据，它汇总了所有用户的账户信息、画像纬度，提供了新客户、性别、消费层级、淘宝等级、地域 5 个纬度的数据。人群画像将用户进行了标签化，利用这些标签，商家可以对其进行不同的营销动作。

商家可以单独对每个商品进行营销，根据自身品牌情况，投放给特定的人群，并进行低价的促销干预，图 3-33 为人群促销的创建页面。

根据标签的选择，系统会根据用户在网站上的行为数据，提前预知已加购人群的转化比例，通过机器学习，能够自动过滤转化概率低的那部分用户群体。这里的计算规则是根据用户是否曾经购买过相同商品，或者加入购物车是否为了比价。

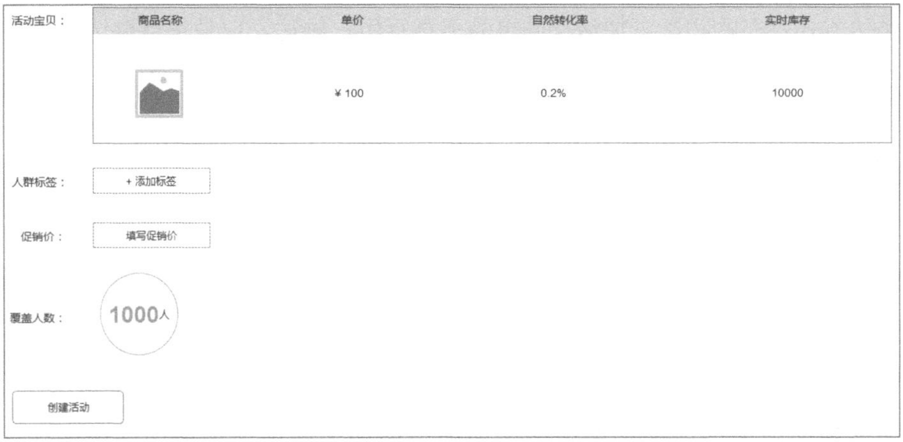

活动宝贝：	商品名称	单价	自然转化率	实时库存
		￥100	0.2%	10000

人群标签：	+ 添加标签
促销价：	填写促销价
覆盖人数：	1000人

创建活动

图 3-33

2）营销效果数据分析

通过用户分群，我们能够了解客户群体的特征，了解到底是什么样的人购买了我们的商品或者对我们的商品有购买意向。我们使用精准营销能够将这部分客户牢牢地抓在手里，用手段干预他们。商家还需要对效果进行数据分析。购物车的营销效果数据如图 3-34 所示。

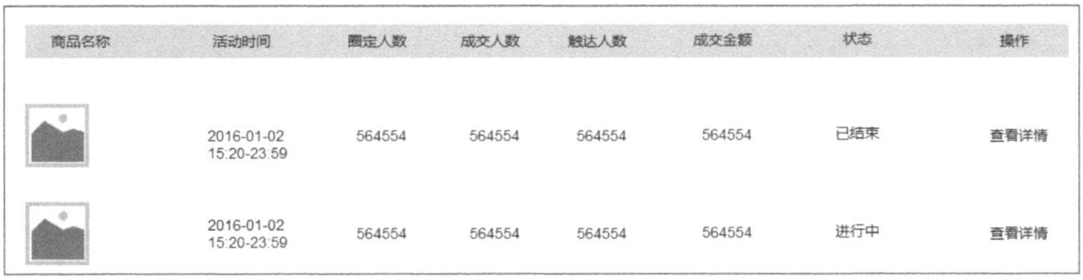

商品名称	活动时间	圈定人数	成交人数	触达人数	成交金额	状态	操作
	2016-01-02 15:20-23:59	564554	564554	564554	564554	已结束	查看详情
	2016-01-02 15:20-23:59	564554	564554	564554	564554	进行中	查看详情

图 3-34

（1）圈定人数：活动覆盖的人群。系统能够计算出符合活动标签和促销价格触达的人群信息。

（2）成交人数：在活动开启后，提交订单的人数。

（3）触达人数：通过 Push 和消息中心最终触达的人群数量。

（4）成交金额：成交订单的总金额。

2. 用户端触达的逻辑

当然，商家举办的所有活动都需要最终触达用户。基于购物车的营销，最优的触达方式是在购物车参加活动的单品上进行用户触达，但是只会触达覆盖的用户。触达方式分为以下几种：

（1）购物车 ICON 触达。购物车展示限时 ICON 提醒、实时倒计时提醒，如图 3-35 所示。时间的提醒能够增强用户购物的紧迫感。

购物车透出：
会有限时 ICON 提醒和实时倒计时提醒。

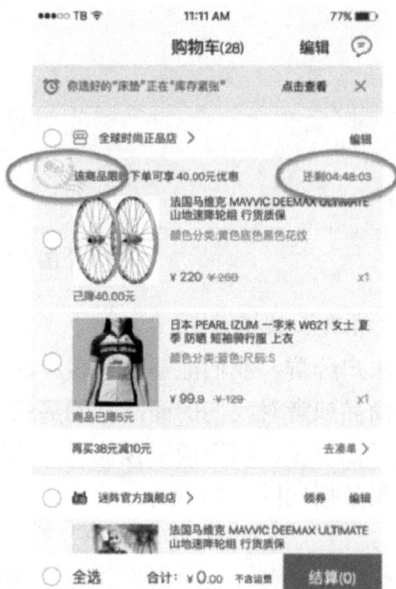

图 3-35

（2）降价提示。具体降价金额用红字展示，对用户着重提醒。

（3）消息中心触达。当活动开启时，用户的消息中心会收到 Push 的营销内容，该内容实时发送给已覆盖的人群。用户点击消息内容会跳转至购物车。这种触达方式效果并不好，用户点开率较低。消息中心的交互流程如图 3-36 所示。

（4）短信通知。淘宝提供了内部优质的短信渠道，商家可以申请短信资源，再通过算法模型筛选不同标签的用户进行短信营销推送，并对触达人群进行全链路的监控，识别哪些人进行了回店浏览、加购、收藏及成交。

但是，短信通道限制了商家的发送数量，以免造成用户的体验问题。商家在创建了短信任务模板后，点击发送就可以进行相应的短信营销了，如图 3-37 所示。

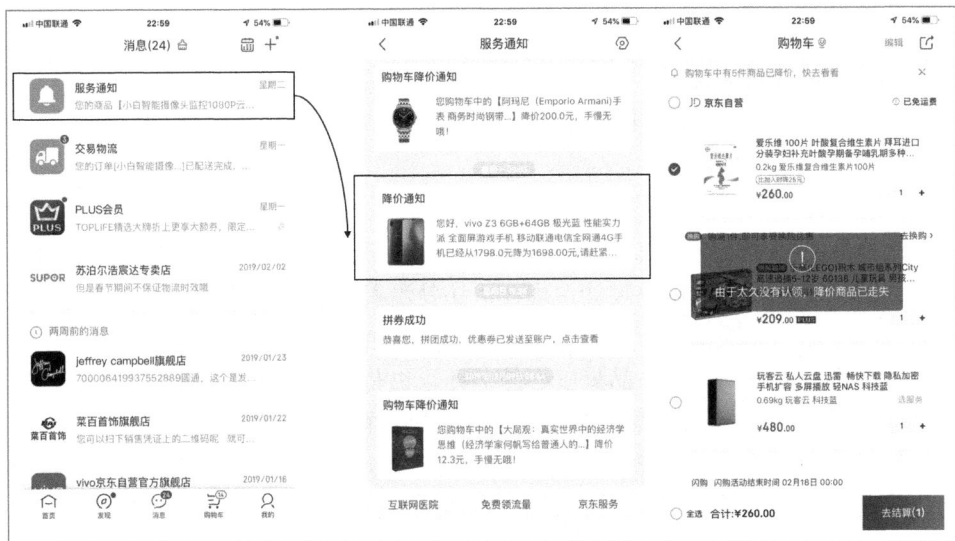

图 3-36

图 3-37

（5）EDM 营销。EDM（Email Direct Marketing）营销也叫 E-mail 营销、电子邮件营销，是指企业向目标客户发送 EDM 邮件，建立与目标顾客的沟通渠道，向其直接传达相关信息，用来促进销售的一种营销手段。EDM 营销就是通过发送邮件的方式，触达 ROI 高的用户群体。不过，在市场上这种方法过于浮躁，各种垃圾邮件满天飞，也导致这类触达方式的效果并不让人满意。

3.3 电商域订单如何生成和流转

前面我介绍了商品是怎么来的，详细地描述了商品最基础的底层设计逻辑，然后，讨论了购物车的产品设计。现在，还是沿着货的交易链路，我介绍一下订单系统的产品设计逻辑。

订单系统是电商后台产品最核心的一环，也是衡量电商公司业务能力的重要维度。根据订单情况，我们能够从订单信息中拆解出不同纬度的数据指标。

比如，2018 年，拼多多、淘宝、京东的年人均消费频次分别为 17.6 次、85 次、8 次，拼多多、淘宝、京东的人均每单商品价格分别为 32.8 元、103.5 元、374 元。如图 3-38 所示为拆解出来的不同纬度的数据指标。

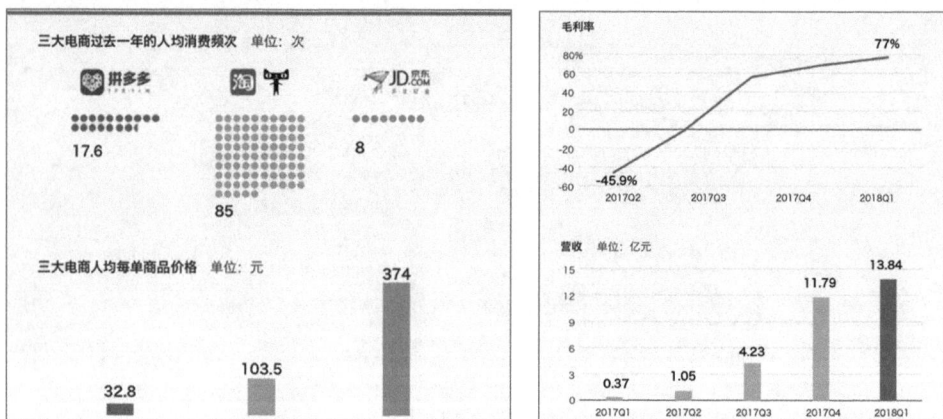

图 3-38

我建议每个正在从事或即将从事电商工作的产品经理都应该透彻地了解电商订单的逻辑。电商为了销售的目标本质不改变，所以任何业务都不可能完全脱离订单交易域。

订单在任何业务场景中都会存在，比如，你负责的是内容推荐流、直播、视频或帖子等产品，即使主要目标是阅读量、分发渠道等，但最后也还是会和购物场结合，比如用直播推荐商品、用帖子推荐商品。

比如，互动营销型产品天猫"618"的养猫游戏，虽然表面上与销售无关，只是让用户玩游戏，但是实质上用户掉入了优惠的"套路"中。在互动过程中，用户得到的权益（红包、优惠券等）最终都会被使用。红包的使用率高得离谱，红包最终转化为订单。

比如，京东 2018 年 6 月上线的拼豆游戏，拼豆成团的条件是凑满 20 人开团，然后可以瓜分 690 京豆，如图 3-39 所示。其中，团长可以得到 500 京豆，团员可以得到 10 京豆，团长的收益最大，团员同样可以得到收益。我们在前面讲过，京豆可以抵现，具有高价值。对于这样的优惠，用户在下单时如果有京豆就可以抵现，最终京豆全部转化为订单。

图 3-39

无论如何，产品都逃不出订单域。下面我逐步拆解订单系统。

3.3.1 最基本的订单知识

订单管理中心（Order Center，OC）保存了交易记录，里面包含了所有的交易信息。订单内的各种字段都是用户在下单前在结算页内选择或输入的内容。

用户究竟进行了哪些操作才生成了订单呢？以我为例，我一般在有购买需求时才会打开购物 App。当然，要排除工作时的使用情况。

我首先要搜索商品。据说搜索可以贡献 60% 的销售额，搜索包含关键字搜索和类目搜索。在搜索商品后，紧接着选择商品，进入商品详情页，查看商品信息、评价和问答。把商品加入购物车，勾选商品，结算。在结算页中输入地址、联系方式，选择支付方式、配送方式、权益资产、发票类型。在检查无误后，提交订单。系统生成订单信息，并提示物流状态。

用户下订单路径如图 3-40 所示。

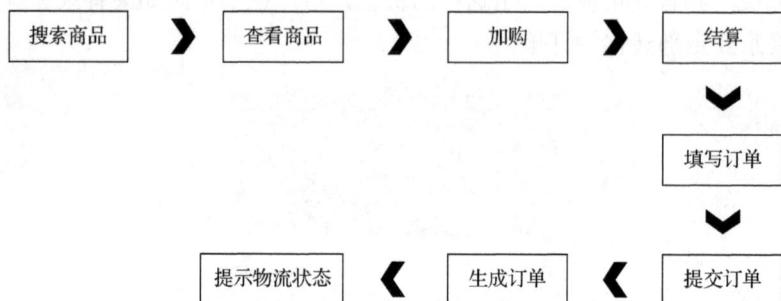

图 3-40

这看似是一条很漫长的路径，但是每一步都必不可少。在未来，用户下单可能只需要一步。下面讲解订单的所有知识。

1. 订单字段

根据上述的下单路径，我们能够拆解出各项订单的字段，如图 3-41 所示。

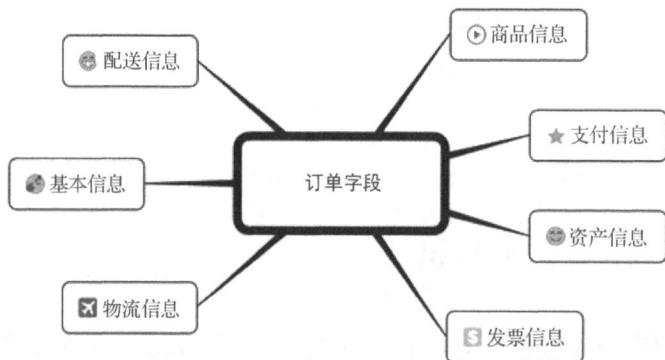

图 3-41

（1）基本信息。包含订单号、订单时间、订单状态等信息。

（2）商品信息。包含商品价格、商品名称、商品链接等信息。

（3）支付信息。包含支付方式、支付状态、支付时间、支付单号等信息。

（4）配送信息。包含是否包邮、不包邮时配送公司是哪个等信息。

（5）资产信息。包含红包、卡券、积分、京豆等虚拟资产等信息。

（6）发票信息。包含发票类型选择，是增值税普通发票还是增值税专用发票，是开电子发票还是不开发票等。

（7）物流信息。包含具体的物流状态，即在哪个时间点位于哪个站点/仓、由哪位配送员配送、是否签收、节点时间等信息。

订单包含如此多的字段，需要和下游多个系统对接。商品信息从商品系统中获取，促销信息从促销系统中获取，库存信息从库存系统中获取，支付信息从支付系统中获取，发票信息从发票系统中获取，其他信息需要从其他系统中获取，订单的生成流程如图 3-42 所示。在生成订单后，订单系统还要进行拆分流程，包含优惠拆分和订单拆分，紧接着订单进入 WMS，最后进入财务开票流程。

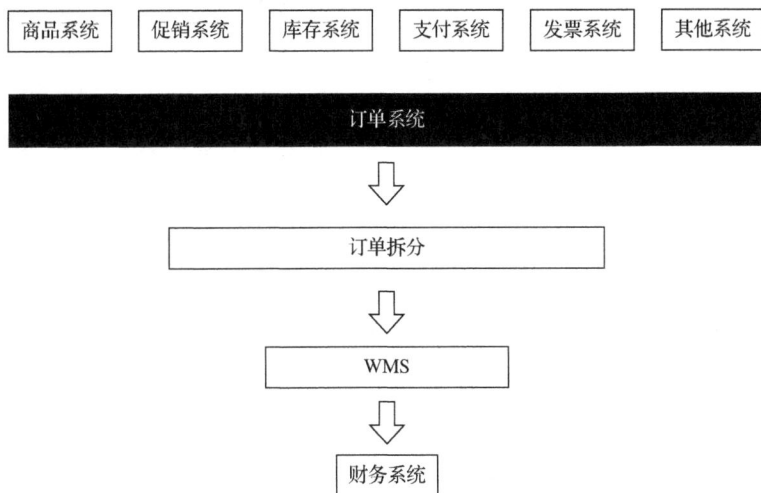

图 3-42

2. 订单类型

根据订单中商品的类型，我们可以将订单分为实物订单和虚拟订单。

实物订单是指订单中为实物商品，发货需要物流的一些商品订单（比如，订单中有冰箱、笔记本、手表）就是实物订单。如果客户购买的商品是苹果、香蕉等，那么该订单就是生鲜订单。用户在京东夺宝岛下的订单，被称为夺宝岛订单。把实物订单划分为不同的业务订单，主要是为了划分不同的业务，便于拆分业绩统计。

虚拟订单是指不需要物流发货，商品是虚拟物品的订单。商品可以是 Q 币、充值卡、点卡、礼品卡等。因为虚拟订单没有物流状态，所以订单流转和结算流程比实物订单相对简单。

3. 订单状态

订单也有生命周期，在不同的节点展示不同的状态信息。由于不同公司的业务模式不同，订单状态的划分可能也不同。以京东为例，下面介绍具体的订单状态是如何流转变化的（如图 3-43 所示）。

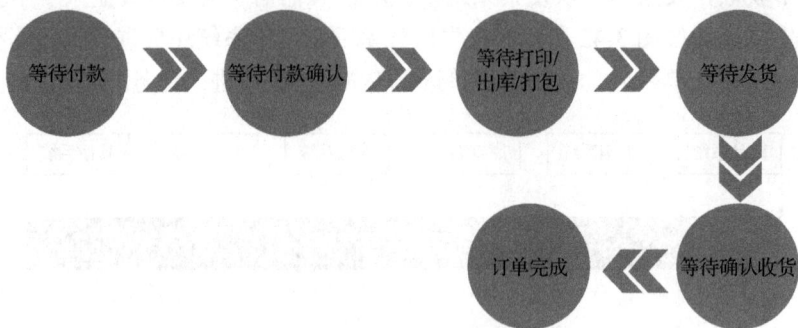

图 3-43

（1）等待付款。如果是先款订单，那么用户需要在提交订单后支付订单金额。如果是未付款状态或者财务还没有对账完成，那么订单状态为等待付款。在一般情况下，等待付款的订单可以保留 24 小时，而大促期间的订单可能不到半小时就会被释放。不过，也有另类的需求场景，如企业客户的订单期限可以达到最长 15 天。

（2）等待付款确认。该状态为后台状态，用户在前台是无法看到的。等待付款确认指的是在用户付款之后财务系统需要进行财务对账。财务人员要对比台账进出时是否有变化，如果没有问题，这个状态就会发生改变。

（3）等待打印/出库/打包。订单在对账后，会迅速进入库房生产。为了保证时效，上述操作最短可以在 1 分钟内完成，这可能是因为该订单包含的商品就在离出库机器非常近的位置。随后，库房工作人员将订单商品打包整理。

（4）等待发货。订单商品在打包后，配送卡车会将订单商品配送到站点，在未装车前的订单状态是等待发货。这段时间可长可短，与订单时效有关，如果在晚上或者未到用户选择的发货时间，那么这个状态会一直持续。

（5）等待确认收货。订单商品在发货后，订单状态即更新为等待确认收货。当用户收到货物之后，在第 7 天或第 10 天（用户可能会手动延长确认收货的时间），订单会自动确认。如果是商家与用户的交易，那么此时系统会将订单金额全部打给商家。

（6）订单完成。用户主动确认收货或者在第 7 天或第 10 天后订单自动确认，状态即变为订单完成。

虚拟订单的状态比较简单，返回给用户的状态只有两种，即等待付款和完成。假设虚拟订单必须立即支付，订单则只有一种状态，即订单完成状态。

4. 订单的业务语言

除了上游商品、订单、支付、结算系统之外，上下游系统繁杂的电商平台还需要客服、台账、WMS、配送等系统。如果业务类型更复杂，平台还可能包含生鲜、OTO、金融、企业购、全球购等业务，如此一来，我们就需要在订单上做明确的标记。

在京东订单系统中，有一串神奇的编码叫 Sendpay。它是一段包含 120 个数字的字符串，为什么是 120 个数字？可能是为了扩展性。它能够唯一代表某个业务线、某个类型的真实订单。

从 0 到 9、位于不同位数的数字，能够代表业务对应的订单类型。Sendpay 中第 9 位为 8 代表生鲜订单，如 1000000080002111111。第 20 位为 3 代表 B2B 订单，如 10000000000021111113。

什么时候生成 Sendpay 呢？一般在用户提交订单之后，订单系统会调用管道服务，在管道内根据业务类型在 Sendpay 对应的位置打标识。上游业务在下单时就会通知订单系统把业务类型写入 Sendpay 中。我们在 3.1 节讲了商品属性，可以通过属性判断订单归属。假设商品属性是生鲜，那么订单系统会在 Sendpay 的第 9 位打上 8。

在特殊情况下，订单系统也会授权各个业务方自行打标识，比如在用户提交订单时打上业务标签。这样做的目的是一来可以减少订单系统的负载量，二来可以让各个业务方有权力控制订单。缺点是订单系统没办法完全管控所有的订单业务，因为放了一定的权利给不同的业务方。虚拟订单业务和 B2B 业务都是自行控制订单类型的。

3.3.2　订单正逆向流程

订单状态的变更实际上是订单系统内部流转的过程，遍历了电商内部各个后台系统。与商家订单相比，自营型订单更加复杂。

1. 订单的正向流程

自营订单从生产到配送至用户手里，经历了极其复杂的流程。订单的正向流程简化版一般如图 3-44 所示。

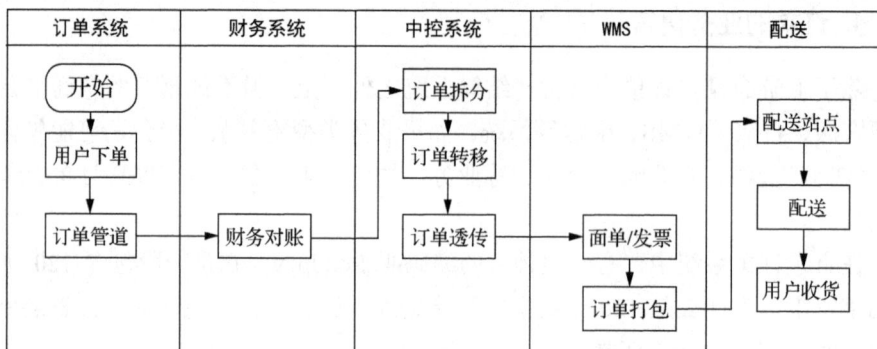

图 3-44

（1）订单系统。用户提交订单，订单系统接单，开始检查订单的合法性。然后，订单系统存储订单信息任务，并通过订单管道服务写订单业务标识。最后，订单系统通过状态机向上、下游业务同步订单状态信息。

（2）财务系统。在用户提交订单时，订单系统还会调用台账服务写一笔台账，即在虚拟的账本上记一笔账，并记录在财务系统数据库中。如果订单为 10 元，台账就记录这笔账是 10 元。财务系统需要确认用户是否付款，并且要进行对账，确认写的台账和用户支付的金额是否能够匹配。

（3）中控系统。京东把这个系统叫订单履约系统（OFC）。中控系统主要负责订单拆分、订单转移和订单透传。关于订单拆分，下面会详细说明。

（4）WMS。WMS 负责面单和发票打印（随货发的发票打印），打包商品，完成进出库任务。

（5）配送。如果是自营仓模式，那么配送中心一般会将商品发送到各个地区的站点，再由站点的配送员送货。

货到付款的逻辑与在线支付的逻辑是完全不同的，前者是先把货送到用户手里，用户再付款，只要用户提交了订单，库房就进行订单生产；后者是只有用户付款了，库房才能生产订单，用户在收货后订单自动设置为已完成。

这是两者最大的区别，不过在售后退款时，在线支付的款项可以以原支付方式返回。货到付款的支付方式为刷卡和现金支付。对于支付方式为刷卡方式的订单，款项能够返回原卡；对于支付方式为现金支付的订单，款项只能退回到平台的虚拟资产。

2. 订单的逆向流程

任何产品都无法保证不产生售后问题。其实，用户选择你的产品可能是因为你的产品质量好、性价比高，也可能是因为对售后服务比较放心。

订单的逆向流程如图 3-45 所示。

目前，逆向流程指的是单 SKU 维度的逆向流程。因为订单中可能有多款商品，但用户只需要退部分商品，所以不能够采用整个订单维度的逆向流程。

每次在逆向流程发起后，系统都会生成服务单。每个订单可能会产生多个服务单，并且单个 SKU 其实可以发起多次逆向服务。订单与服务单对应关系如图 3-46 所示。

我们对不同的订单取消场景需要采取不同的产品策略。

1）按订单取消类型

订单取消可以分为用户取消和系统取消，下面主要介绍系统取消。系统取消包含订单逾期取消、风控取消、客服取消等。订单取消和售后都属于逆向流程，但是产品动作是不一样的。未付款的订单取消逆向流程叫取消订单，已付款的订单取消逆向流程叫返修或退款。

（1）订单逾期取消。在 to C 的订单中，在一般情况下如果用户 24 小时未付款，系统就会触发取消任务。在"双 11"大促时，订单取消的时间可能会缩短为半小时或 1 小时，订单逾期则取消。在 to B 的订单中，订单取消的时间比较长，而且可以延期。

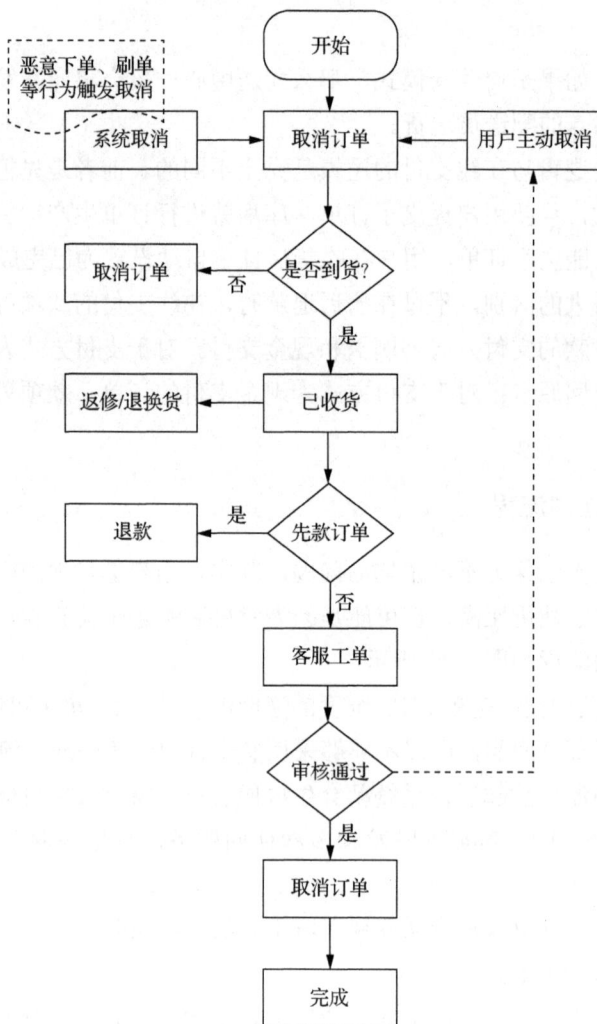

图 3-45

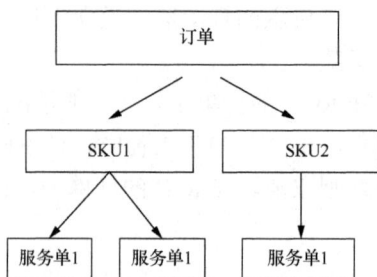

图 3-46

（2）风控取消。风控取消是指系统如果判断用户进行了刷单、黄牛下单或者恶意下单，就会拦截该订单，并进行取消处理。系统可以通过下单频率、下单地址、下单账户判断，如果某些账户多次通过同一个地址下单，再取消订单，或者发空盒快递等，系统就会自动拦截有这些行为的订单。

任何一家公司都没有办法避免恶意下单的行为，用户的恶意下单属于违规操作，平台需要了解每个用户的下单行为情况，然后再设定黑名单和白名单。

（3）客服取消。客服每天需要处理大量的用户订单问题，所以需要被赋予超级权限，包含可以对订单进行增、删、改、查的能力。当遇到用户要求取消订单时，客服需要按需确定是否帮忙处理订单问题。当客服进行取消订单操作后，客户可以实时看到订单的状态，并且在订单的操作日志里能够查到具体的订单取消原因和操作人员。客服取消订单的流程如图 3-47 所示。

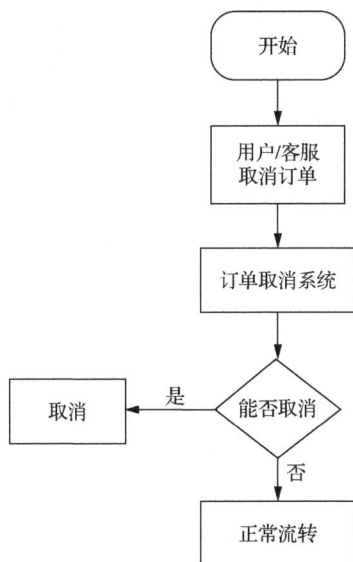

图 3-47

2）按不同物流状态

在不同的物流状态下，订单的逆向流程需要不同的产品设计方案。

（1）未到货。对于用户在个体商家处购买的商品，订单商品未到货，且物流没有发出，那么此时用户可以直接取消订单；如果订单商品已经发货，且物流公司配合，用户就可以取消订单，否则用户不能取消订单，只能拒收。

对于用户在平台自营购买的商品，订单逆向就需要层层审核，需要客服审核、订单系统审核、财务审核等。在订单创建后的 10 分钟内，用户有机会取消订单。

（2）已到货。如果订单商品已经在配送流程中，那么用户只能进行返修或退换货操作。用户需要在收到商品后，将物品返回平台，在平台确认商品无误后，财务才能审核，然后由客服操作退款。这部分内容在后面会详细说明。

3）按订单支付情况

订单分为先款订单和后款订单，先款订单由用户通过在线支付付款，后款订单一般由用户通过快递员货到付款。当先款订单取消时，售后系统会判断是否可退，如果可退，那么财务系统需要返回用户支付的款项，图 3-48 为先款订单的退款流程。在后款订单取消后，订单会直接被订单系统设置为取消状态。

发起取消 ➤➤ 售后系统判断 ➤➤ 财务系统退款 ➤➤ 退款完成

图 3-48

无论是先款订单还是后款订单，如果用户使用了虚拟资产，如红包、优惠券、京豆、积分、礼品卡等，那么财务系统需要审核并返回给用户。

3.3.3　订单拆分设计

订单拆分是一把双刃剑，好处是有利于自身业务场景的拓展，坏处是极大增加了用户的理解成本。很多时候，用户在前台下单结束后，进入订单页面，映入眼帘的不是一个订单，而是多个订单，这其实增加了用户的理解成本。而且订单的金额和详情页的金额是不同的。为什么会出现这种情况？其实订单拆分不只是拆分订单，也会把优惠拆分到订单上，所以会出现金额不一致的情况。

1. 订单拆分

1）商家订单

淘宝模式的订单拆分相对比较简单，主要按照商家和库房拆分。

（1）按照商家拆分。按照商家拆分是指按照店铺进行拆分。购物车也是以店铺维度进行商品展示的。如果用户在下单时勾选了属于不同店铺的商品，即使在付款时展示的是一个订单，那么在付款完成后该订单也会被拆分为不同订单。

（2）按照库房拆分。对于同一个商家的商品生成的订单，如果订单中的商品归属于不同库房，那么系统需要根据不同库房的属性进行订单拆分。因为不同库房的商品库存量和发货时间不同，所以订单拆分会更加容易被理解。

2）自营订单

在自营模式下，订单拆分的情况会更多，除了按照商家和库房拆分之外，订单还可以按照商品属性和任务类型拆分，如图 3-49 所示。

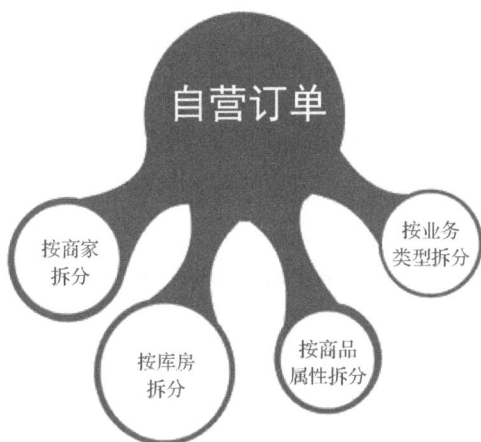

图 3-49

（1）按照商家拆分。平台和自营的区别是物权的归属，自营有商品的所属权，平台商品的所属权归商家。

在自营的订单中，如果含有第三方商家的商品，这个订单就会发生拆单行为，原订单称为父订单，拆分后的订单称为子订单。父订单可以拆分为多个子订单，子订单也可以继续拆分，拆分后的订单也叫子订单，但是父订单只有 1 个，即最原始的订单。父子订单模型如图 3-50 所示。

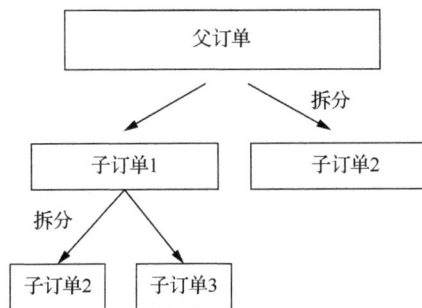

图 3-50

131

（2）按照库房拆分。无论是自营还是平台都会遇到按照库房拆分订单，拆分形式相似。

（3）按照商品属性拆分。对于不同属性的商品，发货的形式可能不相同，如奢侈品发货需要层层校验，并且需要独立包装、专业的配送人员身穿西服进行配送。因为生鲜需要冷链运输，所以对生鲜订单的要求更加严格，有些电商平台会将生鲜和普通商品分开配送。

如果商品内有全球购的商品，它们属于不同的业务类型，那么也要拆分订单。

（4）按照任务类型拆分。如果订单含有预订状态的商品，那么该商品是无法立即发货的。如果用户仍然要购买，就需要拆分订单，把有货的商品和预订的商品分为不同的子订单，有货的商品先发货，无货的商品到货后发货。

开发人员在后台设置 worker，不间断地轮询是否到货，一旦返回结果为有货，系统就自动进入生产流程。

如果父订单含有以下 6 件商品，那么请你考虑应该如何拆分，并且拆分为几个订单。

① 香蕉，位于平台自营的廊坊仓。

② 显卡，位于平台自营的沈阳仓。

③ 冰箱，属于商家 A。

④ 空调，属于商家 A。

⑤ 拖把，属于商家 B。

2. 优惠拆分

用户选择电商平台除了便利之外，还可以得到各种各样的折扣或奖品，如商家提供的优惠券和红包、平台售卖的折扣礼品卡、积分或其他虚拟货币等。

在下单时，用户可以用这些虚拟资产抵扣订单相应的金额，比如订单总金额是 100 元，用户有 1000 京豆、1 张 100 元减 10 元优惠券，假设用户在下单时全部使用，最终还需要支付多少钱呢？答案是 80 元。

关于优惠拆分，请记住下面两个公式：

公式一：订单总金额=订单金额+运费−总优惠金额。

公式二：单个商品优惠后的价格=商品价格−总优惠金额×（商品价格/订单总金额）。

上述例子直接套用公式一，订单总金额为 100 元，总优惠金额为 20 元，运费为 0 元，所以用户需要额外支付 80 元。

再举几个例子，假设用户的订单包含两件商品，订单总金额为 1000 元，其中商品 A 的价格为 200 元，商品 B 的价格为 800 元。用户使用了 1 张满 200 元减 100 元的优惠券，额外使用了 2000 京豆，如果用户退了 A 商品，那么他会收到多少钱的退款呢？

我们可以套用公式二，算法如下：

商品 A 优惠后的价格 ＝ 200–120×（200/1000)=176 元，用户会收到 176 元的退款。

如果用户整单全退，那么系统还会退还整张优惠券。如果用户选择单个商品退货，那么系统一般不会返还这个优惠券。否则，就会出现刷优惠券的情况。

我们要用专门的 worker 处理优惠，这样可以排除人工操作带来的失误。如果订单金额超过 10 万元，那么为了安全起见，还需要人工介入。

本节详细描述了订单的基础信息、订单流程设计和订单拆分的相关内容，通过本节的学习，你应该可以理解大多数订单系统了。订单系统主要考虑底层逻辑和上下游如何配合运转。作为电商的中枢环节，订单系统值得每位产品经理学习。下节我将讲解货的链路——支付，包括电商支付流程是什么样的、如何收款和付款、如何管理账本、如何在线支付等。

3.4　钱从哪里来到哪里去，支付和订单台账

前面我用三节介绍了货在电商系统中的流转过程和订单系统的产品设计。接下来，我将介绍如何进行订单的支付。

3.4.1　常见的支付方式

我们先回顾一下中国的支付变迁历史。在计划经济时期，物料资源极其短缺，人们省吃俭用，把粮票当作货币使用，出远门必须带足粮票，要把地方粮票换成全国粮票。有钱不一定能吃饱，要有粮票才行。

20 世纪 80 年代，中国出现了第一张储蓄卡和信用卡。从此，人们可以将钱存入卡内，在出门时不需要带太多纸币，可以使用刷卡的方式购物消费。

20 世纪 90 年代末期，中国第一家网上银行成立，但电子支付强依赖于互联网，虽然当时已经有成功的案例，但是并没有过多地吸引人们的注意力。

21 世纪后，中国银联成立，重新建立了支付行业的格局。

随着电子商务的发展，整个支付行业进步飞速。为了提高支付效率，免除陌生人交易障碍，马云创办了支付宝。在当时，支付宝仅仅是淘宝的一个支付模块，后来进化为市值百亿美元的独角兽企业。

2013 年，微信发布 5.0 版本，正式进入移动支付的浪潮。

为了快速达成交易，提高订单转化率，电商平台必须要接入多种类型的支付方式，支付方式可以划分为以下几种，如图 3-51 所示。

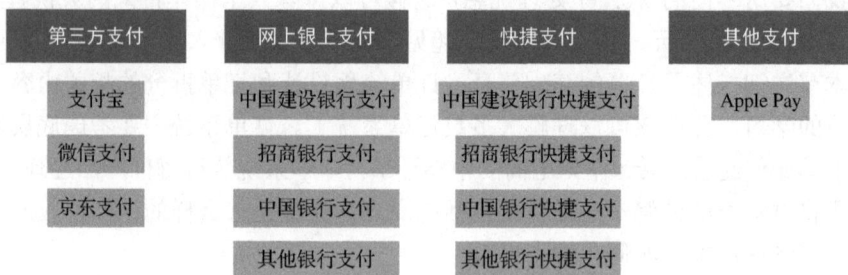

第三方支付	网上银上支付	快捷支付	其他支付
支付宝	中国建设银行支付	中国建设银行快捷支付	Apple Pay
微信支付	招商银行支付	招商银行快捷支付	
京东支付	中国银行支付	中国银行快捷支付	
	其他银行支付	其他银行快捷支付	

图 3-51

1. 第三方支付

支付宝支付、微信支付、京东支付等都是第三方支付方式。这些支付公司与银行签约，完成资金流转结算流程。目前，支付宝支付和微信支付已经占据了第三方支付的 90%。很多城市已经进入了无现金时代，例如，在杭州，人们交停车费、去超市和商场购物全部可以采用支付宝支付。

2. 网上银行支付

网上银行又称为网络银行，用户如果想申请开通网上银行服务，那么需要本人去银行柜台办理手续，如中国建设银行、招商银行或中国银行等。目前，用户已经可以在各银行 App 内申请开通网上银行服务，但是手续非常繁杂。

在用户申请开通网上银行服务后，银行会给用户一个可插式的 U 盾，用于支付证书验签。用户在订单的收银台选择对应的银行，在页面跳转至第三方银行网站的支付页面后，填写银行卡号、身份证号、手机号等信息，确认支付。在支付成功后，用户可以点击弹窗按钮返回订单页面。

在支付完成后，用户卡里的钱会流向卖家的银行卡或者第三方支付平台的账户。网上银行支付一直被诟病，支付成功率仅为 65%，极容易造成用户流失，并且经常会有重定向的钓鱼网站泄露用户的银行卡号和密码。

3. 快捷支付

快捷支付是指用户在电商平台上发起支付时，只需要提供银行卡号和手机号，银行会发送验证码给平台账户绑定的手机号，用户凭短信验证码即可完成支付。

与网上银行支付相比，快捷支付的支付成功率高。用户仅需两步即可完成订单的支付流程，无须 U 盾，降低了操作门槛，并减少了被"钓鱼"的巨大风险。

用户在首次进行快捷支付时，需要进行绑卡、签约操作。这些操作只需要进行一次，无须重复，以后无须绑卡就可支付。常用的快捷支付有中国建设银行快捷支付、招商银行快捷支付和中国银行快捷支付等。

4. 其他支付

有些手机厂商生产的手机会自带支付方式，如 Apple Pay（目前在国内的市场份额很小）。另外，还有代扣、收单等类型，由于在 C 端不常见，这里就不展开描述了。

3.4.2 对支付的基本保证

用户对在线支付从开始的恐慌到现在的信任，这凝聚了几代产品经理的努力。目前，在线支付的应用场景在人们的生活中随处可见，但是产品经理仍需要对支付进行支付保障并保证支付的用户体验。

1. 支付保障

1）保证支付的安全性

支付涉及钱款，可能会被不法分子盯上。我在网上经常能看到某人踏入钓鱼网站陷阱的新闻。不法分子通过重定向银行网址，伪造支付场景，导致用户泄露了银行卡号和密码。

网上银行通过 U 盾、动态密码锁等防止用户银行卡信息泄露，但是如果用户的电脑中毒，那么病毒很可能被植入 U 盾中，这样用户就可能损失惨重了。而且用户每次在使用网上银行时都需要找到 U 盾，还需要安装证书，这使得操作和学习成本太高。

因为第三方支付（如支付宝支付和微信支付）公司的技术手段高超，所以一般病毒很难攻破，你可能想象不到支付宝每天会受到多少莫名其妙的网络入侵！

2）保证支付的成功率

我在网上找到了一份数据，人们使用网上银行支付的成功率为65%，使用银行卡直联支付的成功率可以提升到70%左右。不论怎样，至少有30%的掉单率。

如果在"双11"期间出现如此大的掉单率，在顷刻间就可能损失几十亿元的交易订单。在一定的规模效应下，小的故障会被无限放大到平台无法承受的境地。

2. 保证支付的用户体验

用户体验在支付场景中可以被理解为产品流程要尽量短，能一步解决的问题就不要分三步完成，能不跳转网站就不要跳转，要给支付结果反馈的位置，不要惜字如金，用户有权利被强力通知。

电商支付的内部流程较短，因为它毕竟对接的是其他团队的产品。如果你是产品经理，想要自己动手丰衣足食，那么就往下看具体的对接方法。

3.4.3 典型支付方式的对接方法

在互联网时代，产品经理要追求极致效率和优质的用户体验，不符合用户需求的传统支付方式都可能会被淘汰。目前，在电商平台中用户使用得最多的支付方式无非是微信支付、支付宝支付、快捷支付和网上银行支付。

电商支付系统涉及面很广，做交易侧的人员不需要对整个支付系统了如指掌，只需要掌握流程和系统交互。例如，在用户侧是如何展现的、交互流程如何、系统如何授权和验签、钱款走向如何、台账怎么结算等。

稍具规模的电商公司都会有完整的支付对接解决方案，交易侧的人员不需要和中国银联或者第三方支付公司单独对接，只需要内部对接收银台即可。支付产品经理为了支付产品的扩展性和延展性，会把市面上常见的支付类型配置成表单，对接方只需要申请对应的商户号即可完成支付功能。下面我介绍一下典型支付方式的产品对接流程。

1. 网上银行支付的对接流程

一些稍具规模的公司很容易患"大公司病"，认为世界应该以它为中心，一切资源要围着它转。当多个大公司在市场上共同竞争时，必然有优胜劣汰的情况。

"大公司病"的典型标签是通用化、组件化。怎么理解呢？就是各种产品能力都需要做成平台化的产品，平台提供一套通用的解决方案。任何公司想使用产品的功能，必须按照平台的要求对接，这款产品完全按照中心化的思路设计。

当然，这里的"大公司病"并不是贬义词，可能为了公司的利益和未来，有些公司需要做类似的事情。网上银行支付的对接采用的就是这个思路。首先，具有支付能力的公司需要与银行签订电子支付协议，并按照银行的接口形式对接支付。

在对接前，产品经理要理解整个支付流程，提前申请商户号，并准备预算，因为各家银行对公和对私都要收取一定的服务费。以中国工商银行为例，B2C 的标准报价为交易金额的 1%，500 万元以下为 0.7%，500 万～1000 万元为 0.6%，1000 万元以上为 0.5%；B2B 的标准报价为交易金额的 0.5%，最低为 5 元/笔，最高为 50 元/笔。银行对借记卡和信用卡收取的服务费费率也有差别。下面介绍一下整体的对接流程：

（1）用户在选购商品后，在购物车内勾选预下单的商品，填写订单内容，提交订单。

（2）电商平台的订单系统接单，并生成加密的订单号。随后，根据 App ID、App Key 获取跳转移动收银台首页的链接地址，页面会立即跳转到这个收银台的地址。此时，收银台通过传参过来的信息获取到订单信息，包括订单号、订单时间等。用户在订单中心也可以看到这笔订单。

（3）用户可以在收银台选择银行，收银台会把一些银行列在上边。用户在选择其中一个银行后，点击"到网上银行支付"按钮（如图 5-52 所示），页面会跳转到对应的网上银行界面（以中国银行网上银行页面为例，如图 3-53 所示）。电商收银台生成的支付单需要向银行传递商户号、订单信息、客户端信息等参数，银行接收并展示在银行界面上。然后，用户需要登录银行账号，选择支付的银行卡，发起支付，获取验证码，确认支付操作。

图 3-52

图 3-53

（4）为了支付的安全性，传到银行的参数都是经过 RSA 加密的，分为公钥和私钥两个部分，银行需要通过私钥解密公钥获取相应参数。

（5）用户在支付后会看到支付结果。如果银行有通知的接口，那么接入方可以做通知的功能。如果银行没有此类接口，接入方就只能使用弹窗提示，按照图 3-54 的方式确认。

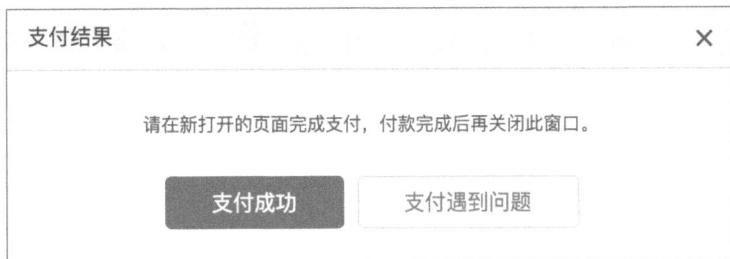

图 3-54

（6）支付完成是异步流程，一方面要通知用户支付结果，另一方面要通知台账核对订单的实收和应收。

从上面的流程中我们可以看出，网上银行的对接流程和用户操作流程都是比较烦琐的，加之支付成功率低等原因，很多平台都把网上银行当成备选的支付方式，在收银台展示的位置优先级也相对很低。毕竟平台不想因为支付问题而流失掉一个用户。

2. 微信支付的对接流程

微信支付有一套完整的对接流程，在开发产品前，我们首先要明确自己所在的业务有哪些应用场景，比如 H5 商城就要用公众号支付。如果是 App 商城，那么我们需要集成微信支付的 SDK。微信支付有四种支付模式，对应四个场景业务。

（1）App 内的微信支付。如果需求方的产品是一款电商 App，有交易场景和使用微信支付的需求，那么我们需要在 App 内集成微信支付的 SDK，需要提前下载最新版的支持 iOS 和 Android 版本的 SDK。

（2）微信公众号支付。如果需求方的产品是 H5 页面，要接入微信支付，那么我们需要调用 JSAPI 接口，唤起微信支付模块，发起支付请求。

（3）扫码支付。扫码支付是商户系统按微信支付协议生成支付二维码，用户再用微信"扫一扫"完成支付的模式。该模式适用于 PC 网站支付、实体店单品或订单支付、媒体广告支付等场景。此模式必须有特定的载体（如订单、单品价格）才能生成支付链接。

（4）刷卡支付。刷卡支付主要用于线下实体店面对面收银的情况，用户展示微信支付的二维码，商家用扫描枪扫码后扣除款项，完成支付。

电商平台主要的对接方案是前三种，App 内的微信支付面向移动端产品，微信公众号支付面向 H5 产品，扫码支付面向 PC 端产品。应用最广的对接方式为 App 内的微信支付，即我们主要介绍的内容。

与网上银行支付不同的是，App 内的微信支付模式对接微信开放平台，集成了微信强大的技术能力，简单高效，体验优质，我们对照 demo 示例 1 天即可完成对接。

大多数第三方支付的对接流程都是比较相似的，产品经理虽然不需要懂具体实现技术，但是对每一步的实现流程还是需要了解的。App 内的微信支付时序图如图 3-55 所示。

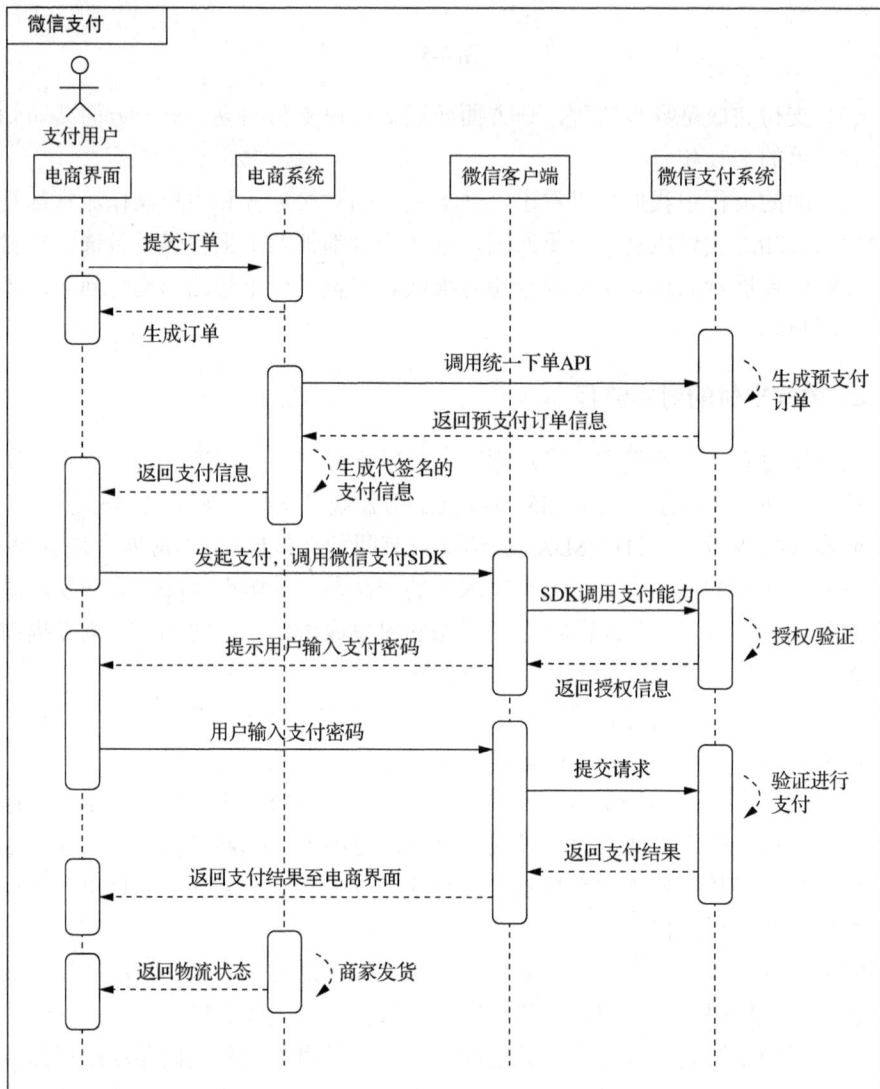

图 3-55

App 内的微信支付对接流程如下：

（1）用户在电商 App 内进行下单操作，订单系统生成订单。

（2）后台调用微信支付的统一下单 API，微信支付系统在验证后生成预支付订单。

（3）预支付订单可以被理解为在微信中的支付单，用于交易和对账。微信支付系统在创建完预支付订单后，需要把信息返回电商系统。返回的信息包含了订单信息、商户信息等。

（4）用户在点击支付后，微信客户端调用微信支付 SDK，向微信支付系统发起支付请求，待授权之后，微信支付系统返回授权信息给微信客户端。

（5）若授权成功，微信客户端则提示用户输入支付密码。用户在输入支付密码后，密码信息被提交给微信客户端。微信客户端在识别成功后发起支付，微信支付系统将支付结果返回微信客户端，然后返回支付结果至电商产品的界面。

（6）在支付成功后，微信客户端会将支付信息收到统一的聊天框内，以便用户查看支付信息。

（7）用户在支付完成后，商家开始发货。电商系统查询订单，并将物流状态展示在电商产品的界面上。

微信支付的后台逻辑比较复杂，但是前台的用户流程比较简洁，用户支付订单，输入支付密码，查看支付结果，收到支付通知。微信支付的用户界面如图 3-56 所示。

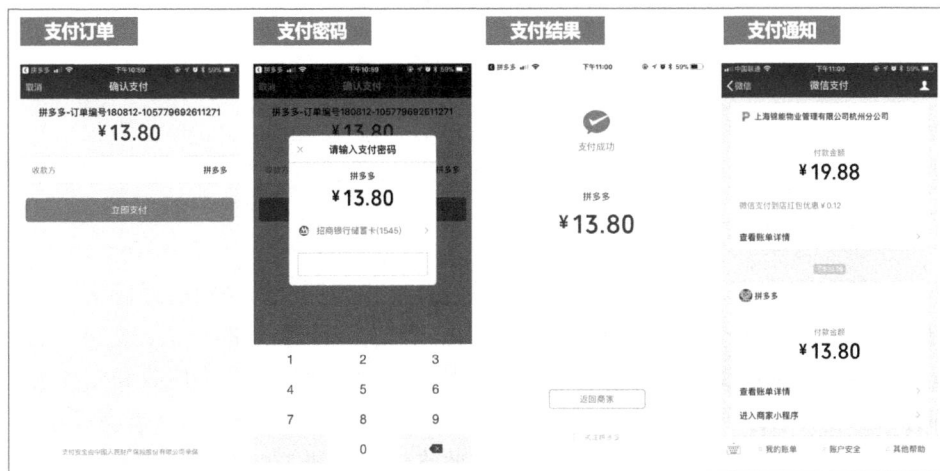

图 3-56

3.4.4 钱款的流向，支付台账是怎么回事

本节应该在 3.3 节中介绍，但是考虑到台账的复杂性，所以放在支付后面介绍。产品经理需要先理解订单的流程，再了解在支付场景中的台账流程。

台账这个词让人感觉比较晦涩。其实，台账早在古代就有。古代市场的门店没有电脑，也没有互联网，只能靠账簿记录每天的钱款收支。商家买材料花了 100 两白银，就记录支出 100 两白银。如果当天赚了 10 两黄金，就记录收入 10 两黄金。

账簿作为生意场必备的物品被人们熟知，就延续了下来，因为账簿一般是放在桌子上的，又称为台账。在互联网普及之后，这样的记账形式还是存在的，所以台账一词在互联网上被原汁原味地保留了下来。后来，凡是可以记账的系统都会在台账前面加上定语，比如订单台账、支付台账等。

3.4.5 台账业务的基础架构

在生意场上我们经常可以听到这样一句话："一手交钱，一手交货。"订单的生命过程也同样伴随着钱和货的交易，也就是钱款的转移和商品的交付。台账主要处理与财务相关的业务。台账的职责是保障交易的收支平衡，使交易公平、透明。台账一般会记录订单交易的应收和实收、对账。台账业务框架如图 3-57 所示。

图 3-57

1. 应收和实收

在做账的时候，我们要看账簿流水情况，流水能够反映公司的经营状况。我们还要看公司的收支是否达到了一个平衡点。"支"代表公司的开销、支出，这里我们不展开介绍，我们主要介绍"收"。实际上"收"可以拆解为应收和实收两个部分。前者表示订单必须要收的金额，后者表示实际收到的金额。两者必须相等，账才是好账，否则会触发异常流程。台账收支情况如图 3-58 所示。

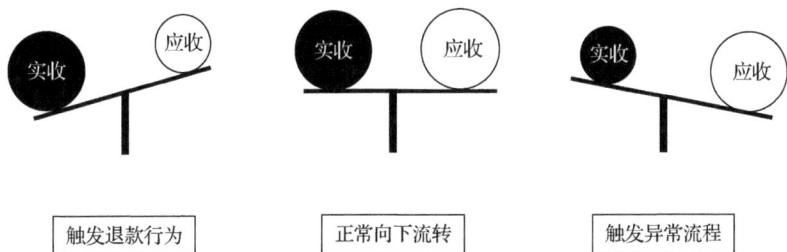

图 3-58

实收大于应收可能是由于用户支付的次数过多或者支付发生错误导致支付按钮报错等。此时，因为台账不平衡，自然会触发退款行为，系统会将用户多支付的金额退还到原支付账户。

当实收等于应收时，订单正常向下流转。

实收小于应收就会触发异常流程。

台账应收以订单维度统计，计算的是订单金额，根据订单金额统计台账的待收款信息。假设订单金额是 100 元，台账就记一笔应收账单为待收款 100 元。

订单在生成后，此时用户还没有支付，订单状态为未付款。对于这笔订单，台账需要由订单系统调用台账服务接口，写入订单台账。

我们在 3.2 节中介绍了订单拆分的场景，如果订单拆分，那么台账会怎么运转呢？订单在拆分后，父订单会被拆分为多个子订单。订单在生成时写入的应收实际上是父订单的实收，在拆分后，父订单就不存在了，只是虚拟的订单。

此时，我们需要对每个子订单再次进行应收台账的写入，应该做原父订单应收的冲销和新子订单应收的写入。子订单的应收应该由拆分的发起者——拆分系统——写入。

综上所述，台账应收分别在订单生成时和订单拆分时创建，前者由订单系统写入应收台账，后者由拆分系统写入应收台账，如图 3-59 所示。

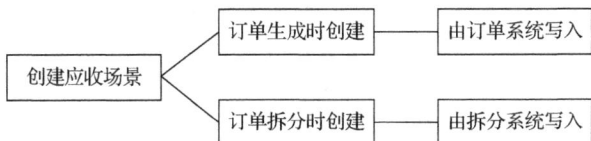

图 3-59

2. 台账金额的计算

子订单拆分后应收写多少合适呢？会不会出现问题？我们之前介绍的拆分金

额公式在此时也能用得上，即单个商品优惠后价格=商品价格–总优惠金额×（商品价格/订单总金额）。

按照这个公式我们可以计算每个订单商品的总金额，子订单拆分后写入的是订单商品价格之和。

订单实收统计的是支付流水，因为存在订单拆分的情况，一笔支付流水可能会对应多笔订单，所以以流水为颗粒度最为稳妥。

当订单创建时，订单系统写入的是实物商品金额的应收。多数订单都会涉及虚拟财产（如红包、优惠券等），这部分也需要订单系统写入台账。订单系统写的不是应收，而是实收，因为用户在提交订单时已经使用了这笔虚拟财产。

在订单支付完成后，台账第一次记录订单实收。由于使用收银台服务，收银台的交易系统保存着支付流水，所以由收银台写实收。收银台调用的接口服务都需要由台账提供。订单状态和台账节点如图 3-60 所示。

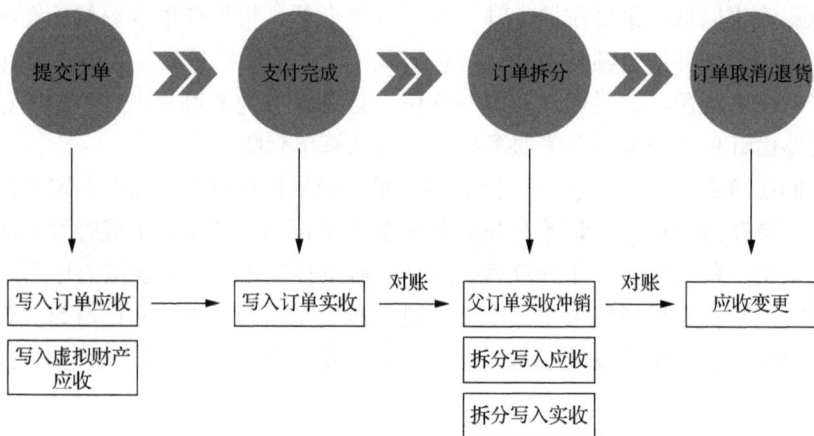

图 3-60

订单在拆分时，父订单拆分为多个子订单，此时父订单的实收就没有作用了，需要进行冲销，在台账中要划掉这笔费用，把实收全部转移到实际的子订单中。所以，对于实收来说，拆分系统需要做两件事，一是父订单实收冲销，二是记录子订单实收。创建实收场景如图 3-61 所示。

综上所述，在订单生成时，订单系统会创建虚拟财产的实收。订单在支付时，由收银台调用台账实收接口，写入实收。订单在拆分时，父订单冲销，拆分系统写入子订单实收。

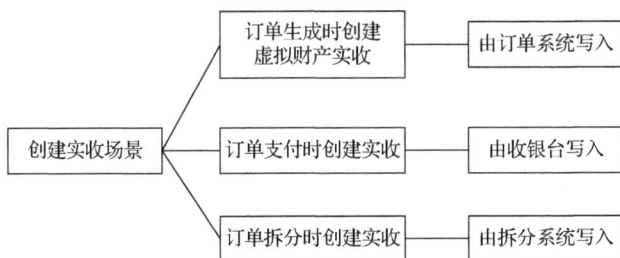

图 3-61

3. 台账的逆向流程

台账在对账后，也会出现逆向流程。比如，支付系统发生故障会导致未付款的订单用户多次支付或者订单金额计算错误；用户在下单时把地址填错或不想购买而取消了订单；用户拒收快递也会导致台账出现逆向流程。

台账的逆向流程其实指的是订单的逆向退款。大多数自营电商会遇到的异常场景有以下三种：订单取消退款、售后退款和订单多次支付退款。

1）订单取消退款

在电商平台的很多场景中都可能发生订单取消的情况，这些情况根据操作人员不同可以分为用户自己取消订单、平台系统自动取消订单、订单过期取消或客服帮忙取消订单，根据用户意愿不同可以分为多买取消订单、买错取消订单、未使用优惠取消订单等。

用户在取消订单时，可能未支付订单，也可能已经支付了订单。无论订单的支付状态如何，台账在查询到订单系统推送的取消 MQ 后，会自动进入逆向退款流程。逆向退款流程如图 3-62 所示。

对于退款操作，台账是无法独立完成的，需要调用其他后台系统的服务才能进行完整退款。订单退款按照财产属性区分，涉及两个方面的退款，分别是资金退款和虚拟资产退款。两者的退款流程完全不同，如图 3-63 所示。

如果涉及资金退款，退款系统计算具体的退款金额，台账只需要记录数据事实，然后继续调用下游的支付系统，实现退款操作。在退款时，资金一般会返还到原支付账户。

由于虚拟财产是订单系统记的实收，当涉及虚拟财产退款时，台账可以直接从订单中获取具体的虚拟财产退款，接下来的流程和资金退款一致，继续调用下游的支付系统，实现退款操作。

图 3-62

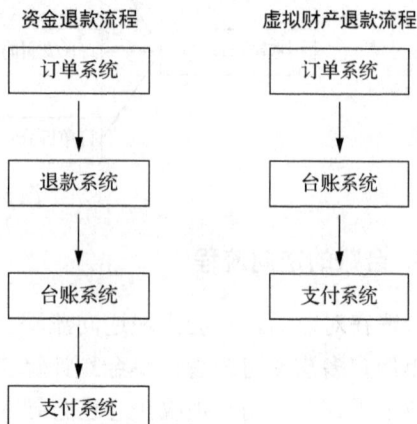

图 3-63

2）售后退款

售后流程在 3.3 节中介绍过，售后的颗粒度以服务单为准，每个订单可能对应多个服务单。同样，一个 SKU 也可以对应多个服务单。售后退款在审核通过后，退的是服务单的金额，与订单金额并没有直接关联关系。

售后退款的用户操作流程与订单取消退款的用户操作流程不同，需要用户在收到订单商品后手动触发申请操作，并且还需要三步审核过程，第一步是客服审核服务单是否有效，第二步是线下配送员核查商品是否完好，第三步是仓库检修人员仔细核查。

当全部审核通过后，接下来的流程和订单取消的退款流程比较相似，如果涉及资金退款，就由退款系统操作，如果涉及虚拟财产，那么正常流转。

3）订单多次支付退款

在"双 11"的时候，因为流量爆发，我们经常会遇到订单无法支付的情况，订单在支付后也没有支付成功的反馈。这时，用户会变得疑惑，多次点击支付按钮，导致一笔订单进行了多次付款。

应收只是订单金额，而实收则出现几倍于应收的情况。对于台账来说，应收和实收不平，需要走逆向流程。台账系统发起退款请求，在后台生成工单。

工单需要人工审核，客服人员要根据订单金额和实际的支付流水判断是否需要走退款流程。

如果情况属实，并且客服审核通过，那么这笔资金将会根据实际支付金额和订单应付金额情况返回用户的账户。此时，台账还要做一件事，把原来多支付的实收部分冲销作废，并写入新的实收。订单多次支付退款如图 3-64 所示。

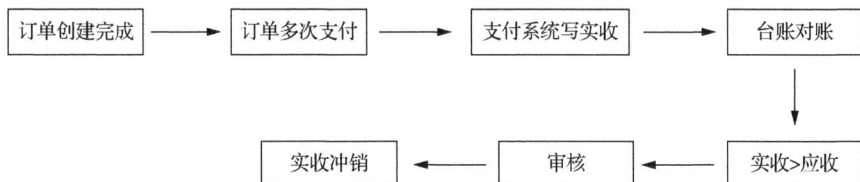

```
┌──────────┐      ┌──────────┐      ┌──────────┐      ┌──────────┐
│ 订单创建完成 │ ───> │ 订单多次支付 │ ───> │ 支付系统写实收 │ ───> │  台账对账  │
└──────────┘      └──────────┘      └──────────┘      └──────────┘
                                                            │
                                                            ▼
┌──────────┐      ┌──────────┐      ┌──────────┐
│  实收冲销  │ <─── │   审核   │ <─── │  实收>应收 │
└──────────┘      └──────────┘      └──────────┘
```

图 3-64

3.4.6 愿景，用实例分析积分虚拟支付

我曾经幻想把散落在民间的积分全部转变为具有一定价值的其他货币。这其实更像金融行为，使用的是通用货币的思路。

国内积分商城大行其道，各个 App 产品都会建立专属的积分体系，如天猫积分、京享值、UC 积分、信用卡积分、航空里程积分等。因为各自的业务具有独立性，所以这些积分只能在自己的小闭环内流通，无法跨域流通。

随之而来的是，不同积分体系就相当于一套货币体系，其价值是平台确定的，用户无感知。比如，对于招商银行的 1000 积分和天猫的 1000 积分来说，虽然数字是相等的，但是价值不一样，而且用户只能分别在招商银行和天猫内部使用积分。

国外有三大通用积分的运营商。比如，由英国巴克莱银行、森斯伯瑞超市、戴本瀚百货公司和英国石油公司共同发起的 NECTAR，后续随着影响力扩大，越来越多的公司加入，就成了积分联盟。另外两家分别是号称"积分联盟"的美国优诺和澳大利亚的 FlyBuys。

先不谈业务场景和业务实现难度，我基于一套虚拟架构，设计了产品流程，因为本节介绍积分支付，所以只拿出混合支付部分的流程图，如图 3-65 所示。

整体的产品设计思想是将不同的积分按照它在产品闭环中的价值，等价兑换通用货币。通用货币由积分商城提供，积分商城属于公共产品，第三方应用可以进行产品对接，将本身的业务融合到积分商城中。

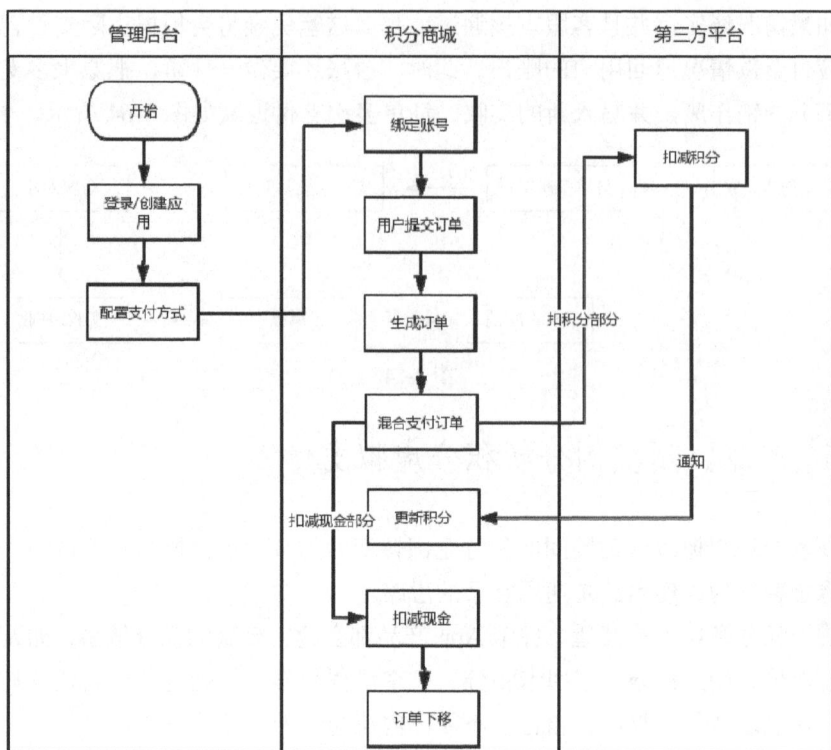

图 3-65

支付流程如下:

(1) 第三方人员在积分商城管理后台中创建应用,每个应用对应一个活动,可以创建多个应用。

(2) 管理后台继续配置商城支付方式,比如在线支付、公司转账或账期等。

(3) 用户在积分商城中绑定账号,提交订单,系统生成订单。

(4) 如果用户选择混合支付,那么需要使用积分+现金的模式支付订单,要操作两步,第一步是积分的扣减,需要传参至第三方平台的收银台地址。第二步是现金的支付,个人需要垫付部分现金。比如,需要自付 100 积分加 10 元钱的形式。在扣减积分之后,第三方平台需要通过消息告知积分商城已扣减积分,积分商城更新用户的积分。

(5) 当订单系统收到支付成功的消息后,订单会继续流转到下一步。

上面讲了正向流程,不过,这些参数要根据你所在的业务确认,不具有太多的普适性。

逆向流程是指退款流程，其实和目前的退款模式比较类似，分为退虚拟财产（如积分）和资金两个部分。

（1）支付后的订单商品配送到用户手中。用户可以选择拒收或确认收货。用户在选择拒收后订单商品会返回到仓库中。

（2）用户可以手动申请退款、打 400 电话找客服帮忙退款或者拒收货物产生退款服务单。

（3）客服人员审核该服务单是否满足退款条件，对于过了退款时间的产品，就不能发起退款了。

（4）客服人员要根据订单金额和实际的支付流水判断是否需要走退款流程。

（5）如果情况属实，且客服审核通过，那么这笔资金将会根据实际支付金额和订单应付金额情况返回用户的账户。

（6）虚拟财产直接返回用户的支付账户。

整体的正向和逆向流程如上所述，我对通用积分部分做了简单介绍。

通用积分商城需要提供金融能力和电商交易能力，不过以上全部是方案状态。我认为通用积分商城只是在原有的积分基础上做缝补，而没有真正建立通用体系。真正的体系要打破所有平台原有的积分和会员玩法，重构整套架构。

在人、货、场中，货在生成订单后的支付流程和对账流程已经介绍完了，下面请你思考几个问题：

（1）你觉得会不会出现比微信支付、支付宝支付体验更好的产品呢？

（2）为什么国外的通用积分项目可以成功，而在国内却很难复制？

3.5　电商的仓储管理系统（WMS）解析

截至 2018 年下半年，电商榜单前三名的产品分别是淘宝、京东和拼多多。三款产品各具特色，淘宝大而全，在淘宝上几乎可以买到你需要的所有商品；京东的物流效率高，商品质量好，售后服务最佳；拼多多物美价廉，性价比高。

淘宝和拼多多连接了商家和用户，构建了电商的服务平台，商业模式清晰，成本低；京东反其道而行，用最重的自营模式抢占市场，让用户可以享受包裹当日达或次日达的优质待遇。

你也许和我一样，除了在意商品质量外，更注重物流的效率和电商服务质量。电商自营模式最大的优势是企业可以把控订单商品从生产到配送的各个环节。其中，物流体系是最重要的一环，而仓储管理系统更是整个流程的关键节点。

传统行业的仓储管理仍有很多阶段需要人工记账。仓库是平面仓，入库和出库等流程烦琐、效率低下、出错率高，而且对异常订单处理无法追踪。因为电商平台（如京东和亚马逊）拥有自营业务，所以考虑自建仓储管理系统。亚马逊的仓储管理系统可以做到全程自动化、智能化管理，甚至可以做到无人化管理。传统仓库和亚马逊的仓库如图 3-66 所示。

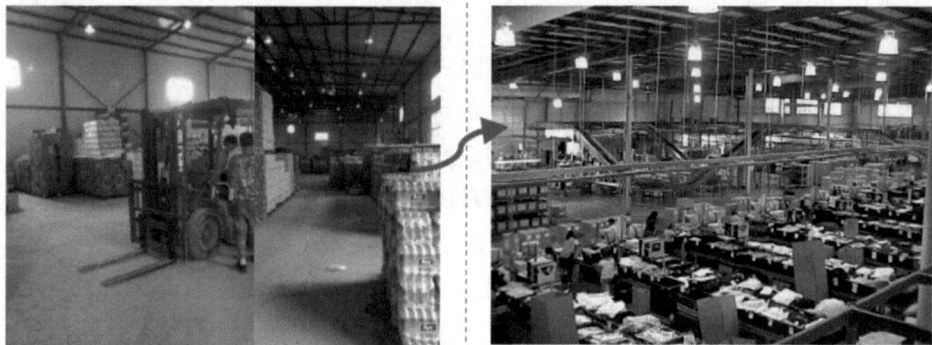

（1）传统仓库 （2）亚马逊的仓库

图 3-66

因为电商的订单量巨大，所以传统的仓储管理模式无法满足电商的业务场景。如何建立技术型的 WMS 呢？我们已经介绍过商品选购、下单、支付等，下面介绍在仓储管理环节中电商公司如何管理商品、商品怎么送到用户手里。WMS 为什么可以让一个包裹一天就到达用户手里呢？

WMS 的系统架构图如图 3-67 所示。电商产品经理只需要了解 WMS 的基础能力、数据对接能力和支撑能力三个方面的内容。基础能力是最核心的部分，由入库、库内作业、出库和库存管理四个部分组成，组成了最基础的进销管理系统，进而演化成当前先进的仓储管理体系。WMS 的生命周期流程如图 3-68 所示，下面从电商的角度介绍整体的框架。

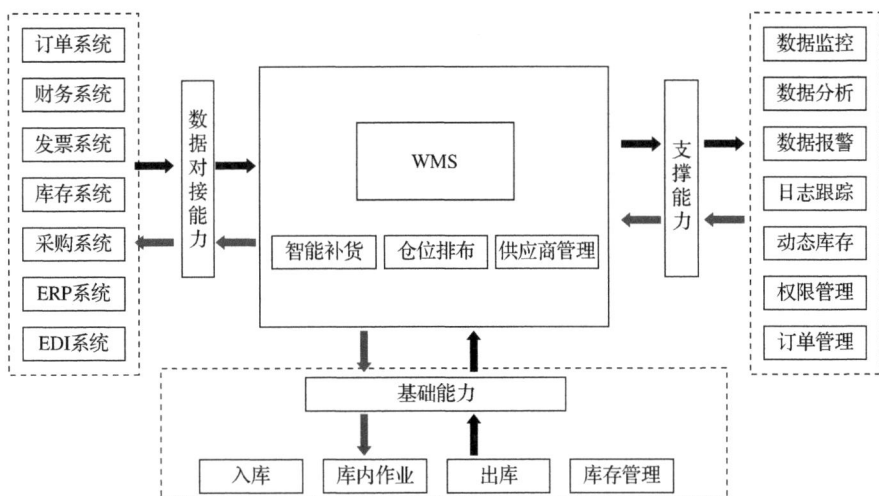

图 3-67

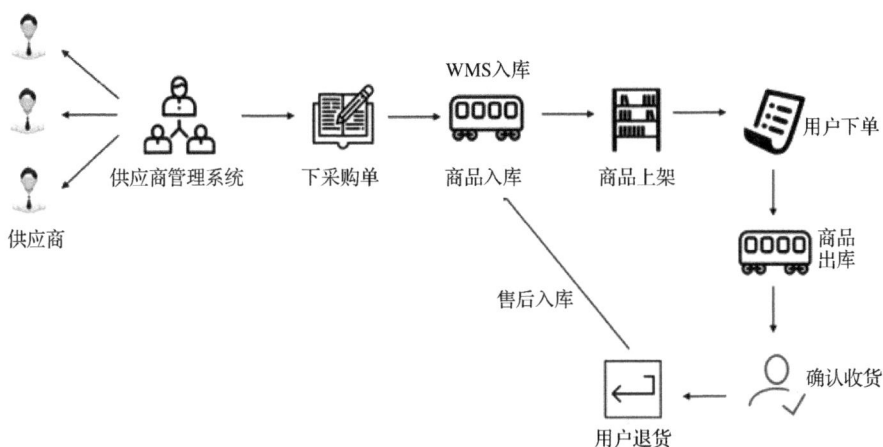

图 3-68

（1）仓储人员需要盘点仓库货物，如果有缺货或需要订货的情况，那么要通过供应商管理系统向不同的供应商发起采购申请，下采购单。其实，电商平台可以向供应商采购商品，而其他供应商也可以把电商平台作为供应商。

（2）供应商在收到采购单后，向采购方发货，商品通过 WMS 进行入库操作。在入库前，采购方需要对货物进行检测。如果验货通过，商品就可以入库了。

（3）上架分为仓储上架和电商 App 前台上架。在商品上架前，如果系统没有该商品的信息，那么电商运营人员需要在商品管理系统中创建商品。在创建之后，电商运营人员再进行上架操作。上架最好前后一致，以保证用户在前台下单，在后台仓储人员可以迅速定位到仓库。

（4）用户在下单后，系统锁定库房中该商品的库存，并从库房的指定货架上经过多次分拣，由库房发货到用户的收货地址，用户在收到货物之后，进行确认收货操作。

（5）用户如果对商品不满意，那么可以在 7 天内无理由退货。商品在退货后，也需要经过多次检查，以判断是否与当初用户购买的商品一致、是否满足退货条件等。然后，商品会返回仓库，仓库将进行售后入库流程。

3.5.1　入库流程是什么样的

先介绍仓库、区域和货架三个概念。这三者是三级关系结构，仓库包含区域，区域包含货架，如图 3-69 所示。仓库有进口和出口，入库商品从进口进入仓库，归类并上架。

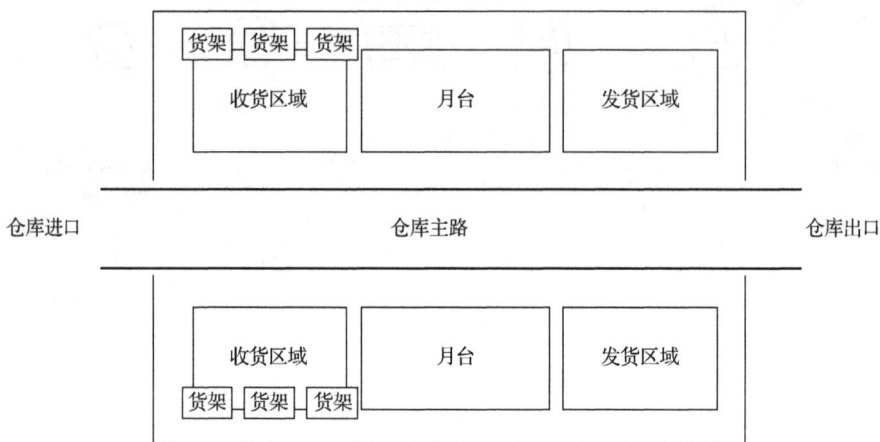

图 3-69

当订单下发至仓库时，仓储人员会从货架上将商品取下并运送至月台，月台即临时的发货区域，也称为暂存区。然后，商品直接进入发货区域，装车发货。

入库流程如图 3-70 所示，分为入库请求阶段、入库检验阶段和商品上架阶段。

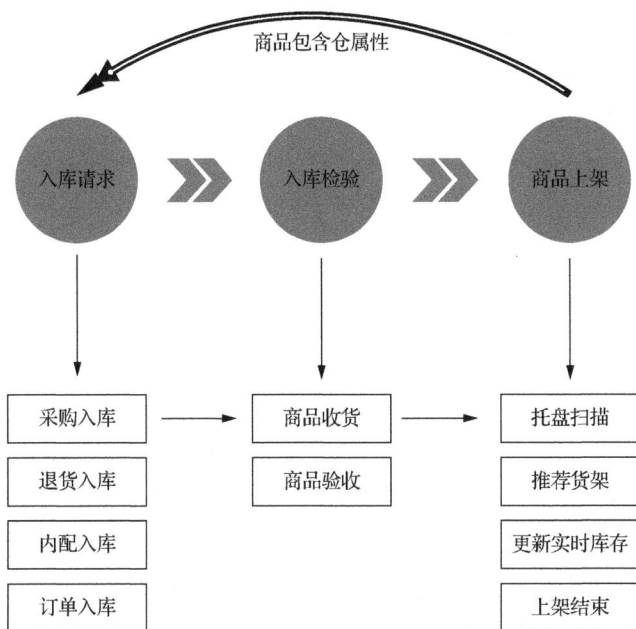

图 3-70

1. 入库请求

入库单主要包含四个方面，分别为采购入库、退货入库、内配入库和订单入库。仓储人员在下采购单时，其实和用户在 App 上购物比较类似，需要支付订单费用，同时也要填写具体的收货地址，入库的采购单地址就是仓库地址。

对于退货入库和内配入库，仓储人员则不需要再次填写退回地址，在商品创建和上架时，会填写商品的库房属性，库房属性也是商品属性的一部分。对于退货单和内配单场景，系统会自动定位商品所在仓位置，并直接与相应的仓走入库流程。

当大宗采购的商品入库时，商品入库还会有不同的批次。同一批生产的商品会有批次的概念，同一批入库的商品也会有批次号。比如，采购方采购了 10 000 台苹果手机，第一次入库 1000 台，会生成批次号 1，第二次入库 9000 台，会生成批次号 2。与批次对应还有批次时间，我们要十分重视生鲜产品的批次时间，用户在下单后，系统并不是随机发货的，可能优先发批次靠前的商品。

2. 入库检验

新入库的商品需要经过一道非常严格的审核流程，才能成功入库。向供应商采购的订单在入库时，采购方需要校验商品质量是否合格、商品是否有破损情况，如果在验收时发现质量不合格，就需要将商品返厂至供应商，由供应商重新发货，直至满足条件。如果商品的入库数量不正确，采购方也要与供应商交涉。采购商品的入库流程如图 3-71 所示。

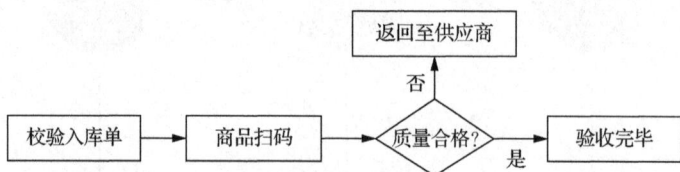

图 3-71

采购单其实是 PO 单（purchase order），每个 PO 单都会生成一个码，可以是条形码也可以是二维码（如图 3-72 所示），码记录了采购单的信息。传统的仓储人员不用识别码，而采用手写的表单，用 Excel 统计。后来，人们生产了 RF 设备，可以用设备扫描采购码比对入库商品和采购单是否一致。

（1）条形码　　　　　　（2）二维码

图 3-72

在验收通过后，商品并不会立刻上架，而要根据商品的批次、特性等信息归类，并放到特定的托盘上，如图 3-73 所示。

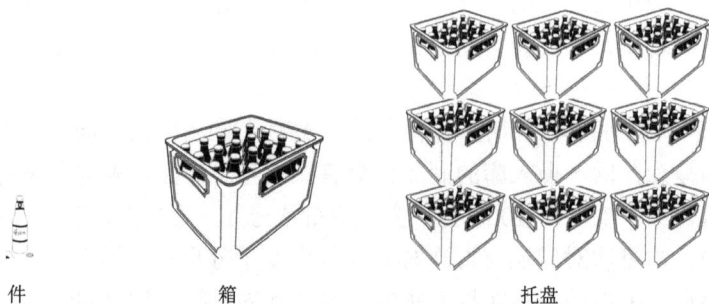

件　　　　　　箱　　　　　　　　　　托盘

图 3-73

同类商品可以放到一个箱子里，箱子会包含所有商品信息，可以是同品牌、同型号，但是不同批次的啤酒。最后，再把箱子放到托盘上，同一托盘也会生成统一的托盘码。以啤酒为例，一个托盘有 10 箱酒，一箱酒有 24 件，这三者是包含与被包含的关系。

入库还会将所有即将入库的商品进行拆分，拆分到不同的库房区域，并在对应的货架上架。

当托盘和货架绑定后，系统还会生成带有位置信息的托盘码。该码包含了所有信息，包含仓库、货架位置、商品信息等。当用户在 App 下单后，系统可以立刻定位到该商品，并快速进行分拣、发货操作。

3. 商品上架

扫描托盘码会查询到该托盘上的上架任务、货架位置和商品信息。智能型 WMS 可以实时计算当前的销售时节或在当前地域哪些商品售卖的概率较大，然后把商品推荐到离分拣区域较近的货架上。

其实系统也能够算出某卫生纸可能销售的量级，比如预测到今天 12 点～18 点期间，能卖出 1 万件卫生纸，那么会将 1 万件卫生纸推荐到离出库口较近的货架，其他卫生纸则安排到常规货架上。上架任务流程如图 3-74 所示。

图 3-74

仓储人员按照商品的信息进行常规的货架分配，如把母婴品类商品分配到母婴区、把饮品分配到饮品区，把残次品分配到残次品区。当上架结束后，WMS 会实时更新库存。此时，商品管理系统可以设置在前台透出的具体时间，并更新商品的信息，这一般都是通过接口实现的，无须人工操作。

库房一般都有内部的 SOP，要按规矩办事，很多流程不容易改变，不符合 SOP 的变化可能涉及大量的人力和物力。总的来说，上架策略可以分为两种，一种是惯性策略，即从哪里来回哪里去；另一种是推荐策略，由算法告诉仓库，在具体时间去某个货架放具体品类的商品。

3.5.2　出库应该怎么设计

出库流程包含接收出库单、订单分配、拣货、复核、打包和发货等，如图 3-75 所示。

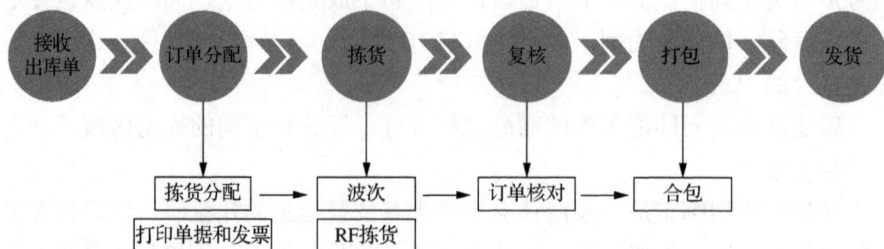

图 3-75

1. 接收出库单

接收出库单是指接收来自外部系统传来的出库请求，例如订单系统推送过来的订单出库请求，内配系统推送过来的出库请求等。

2. 订单分配

在 WMS 中，有几个关键的人员角色，分别是收货员、上架员、拣货员、复核员。拣货员的工作会细分为母婴类目拣货员、3C 类目拣货员等。

（1）拣货分配。当多个订单下发至库房后，为了提升拣货效率，WMS 会将订单拆分，拆分规则可以为按人员角色拆分，如根据订单类型把订单发放给对应的拣货员，把母婴类目订单发放给母婴类目拣货员，把 3C 类目订单发放给 3C 类目拣货员。

（2）打印单据和发票。拣货员可以通过 RF 机器自动领取任务。然后，系统会打印两个单据。一个单据是物流单，需要贴在包装箱外面，物流单会生成一个条形码，上面包含了该订单的所有信息。另一个单据则是发货清单，需要放到包装箱里，记录了该订单的具体商品、型号、尺寸等字段。用户通过发货清单可以确认订单商品是否齐全。物流单、发货清单和发票如图 3-76 所示。

另外，拣货员可以在库房打印离线发票。如果在用户订单中开票方式为增值税普通发票或增值税专用发票随货开，那么上游系统（如订单系统）需要将发票的离线数据存到库房，由库房人员打印对应的发票数据，发票会随货物一同发放到用户手里。打印纸质发票采用的是这种形式，不过目前很多电商都支持电子发票，用户只需要下载发票的 PDF 文件即可。

（1）物流单　　　　　　　（2）发货清单　　　　　　　　　　（3）发票

图 3-76

3. 拣货

拣货对于仓储来说非常重要。拣货的目标是快速、准确、高效地将商品从货架上定位。电商的 WMS 需要承载巨量的订单，如果在每次收到订单后拣货员就去拣货，那么会透支掉所有体力，并且效率极其低下。京东"亚洲一号"仓占地面积相当于 14 个足球场，如果这样拣货，拣货员是承受不了的。

拣货波次解决了这个问题。波次可以被理解为了提高订单管理效率，拣货员将所有订单按次批量拣货，这种方式也称为播种式拣选。波次可以根据时间维度、分区维度、品类维度或流量维度等创建。其实，这是将前台用户下的订单归为某种类型。波次则在后期按照这个类型生成拣货任务，拣货员在领取任务后到对应的货架上取货。

例如，WMS 收到了 100 个订单，系统根据区域规则，将 10 个订单分为 1 个波次，拣货员去同一个区域将 10 个订单的所有商品一次性拣货。再比如，订单 a 为两瓶罐头，订单 b 为一瓶罐头，这时拣选单就会是三瓶罐头。

一个波次的商品可以都在同一条路线上，这可以参考打车软件的拼车派单策略，拣货员可以将沿线的货物同时拣货。

传统的拣货方式是使用纸笔的简单方式，全部采用人工拣货。现在的拣货方式多为使用语音设备或 RF 拣货。有一些库房存拣合一，没有单独的存储区域和拣货区域。

语音设备在大型仓储中应用得比较多，比如在京东"亚洲一号"仓或者亚马逊的仓库中，仓储人员一般会使用无人车拣货，把需要的商品提交给系统，无人车就去拣货，然后放到仓储人员身边。我曾经在京东某事业部见过这种无人车设备，虽然它还处于萌芽阶段，但是在未来应用场景还是很多的。

在拣货后，拣货员需要合并订单，将货物按照订单进行分货装箱，即集货分拨。专门的装箱人员会将商品搬运到月台或者直接搬运到复核区。

4. 复核

当发货商品被推送到复核区后，复核员会核实订单情况，保证单货合一，并确认包装是否破损、商品是否完好。在复核时，复核人员需要签字，并把物流单、发货清单和订单号录入系统，以防止发生订单出错的情况。

5. 打包

在拣货、复核之后，出库流程就进入了打包环节，此环节主要是为了将订单记录在案，称重并粘贴物流单。有时候大包裹内会包含很多小包裹，每个小包裹会单独贴上物流单，这种情况叫合包。首先，拣货员需要扫描订单号，确认订单商品的大小、质量等信息，录入系统。然后，拣货员封箱，把物流单贴在包装箱外。此时，打包流程结束，WMS会将仓储的信息回传给订单系统，在订单的物流信息内可以查到目前的物流状态。

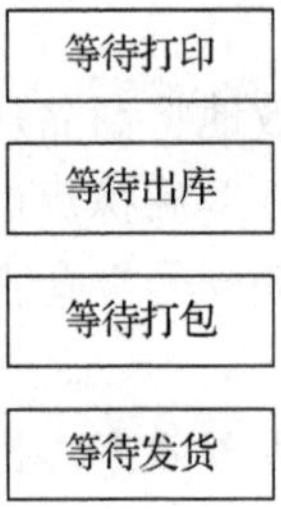

等待打印

等待出库

等待打包

等待发货

图 3-77

紧接着，订单商品会被装车发货，但可能需要按批次发货。发货前的订单状态为等待发货，发货后则提示已发货或到了哪个配送站点等信息。WMS 反映到前台的订单状态如图 3-77 所示。

6. 发货

到了这步，出库流程基本结束了，订单商品已经可以由自营快递配送，也可以交给 3PL（第三方快递公司）配送。此时，用户在订单的物流信息中可以查询到物流状态。目前，很多快递公司都有 GPS，能定位到配送车的具体位置。

3.5.3 库内作业同样很重要

商品在入库后仍需要很多策略来保障其在库内高效运转，比如盘点、自动补货等操作。库内作业的主要目的是提升订单出库的效率，这也是智慧型 WMS 的最终期许。

1. 盘点

如果我们想正常运转 WMS，就必须保证商品信息的可靠性，如商品所属货架、商品实际库存数量和系统库存数量等。盘点的主要目的是根据系统库存数量和位置,检查该商品是否记录正确。

商品在入库时的记录非常重要,只有把握好源头数据,才能保证后面的数据正确。传统的盘点模式:首先,仓储运营把需要盘点的商品清单交给库管员,商品清单包含商品名称、商品库存数量、商品的货架号。然后,库管员拿着单子去对应的货架查看商品情况是否和商品清单匹配。盘点类型如图3-78所示。

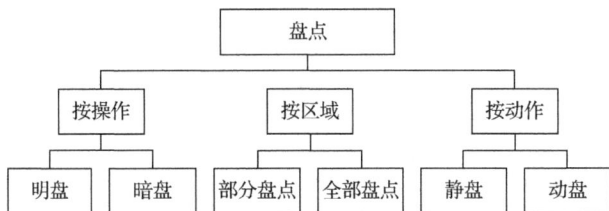

图 3-78

仓储运营告诉库管员商品的实际库存数量,这种盘点叫明盘。当然,为了防止库管员偷懒,就有了暗盘。暗盘需要库管员拿着空头文件,自己逐一检查,然后填写实际库存数量,再回到仓储运营那里核对信息。

在一般情况下,传统的盘点必须保证盘点的商品不能有进出库操作,所以经常会在后半夜商品不会频繁进出库时,库管员发起盘点任务,也就是所谓的静盘。

智慧型WMS则不需要如此,在盘点时无须在意是否有货物进出库。库管员通过手持PDA扫码查询即可,提前输入需要盘点的商品,即可查询到该商品的信息,并且能够做到实时更新库存数量情况,无须担心进出库情况。库管员在仍有进出库的情况下做的盘点称为动盘。

盘点是体力活,即使有高科技设备,也难免需要人力。仓库一般会选择在年底或按季度进行盘点。在盘点时,只盘点部分商品称为部分盘点,全仓库盘点称为全部盘点。全部盘点出现的机会比较少,只有在一些特殊情况下才会做全部盘点。

2. 自动补货

提到自动补货,必须要提到京东的仓储管理模式。京东在全国共有7大自营仓,分别位于北京、上海、广州、成都、武汉、沈阳、西安。以上7个大仓是核心的主仓,辐射其他城市的小仓。京东仓分布如图3-79所示。

大仓之间可以互相补货,大仓可以向小仓补货,而小仓和小仓之间是不能补货的。大仓相当于母仓,在全国有7个,辐射一个地区的所有小仓,能够覆盖全国的大部分地区。

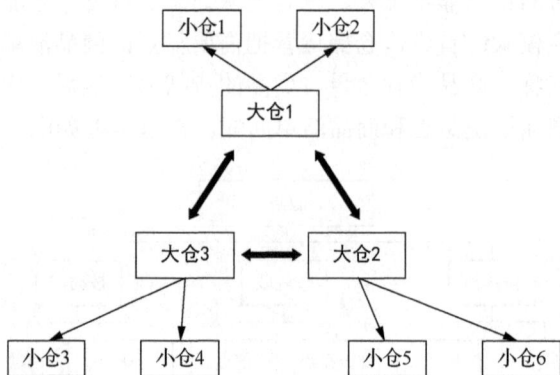

图 3-79

自动补货涉及两个方面，从横向看是仓与仓之间的补货，从纵向看是仓内部区域的补货，两者的区别如下。

1）仓与仓之间的补货

在一般情况下，补货工作是由仓储人员手动发起的。比如，仓储人员根据地域、时节、商品销售情况和库存数量变化补货。在雨季时，仓储人员把雨伞等调到南方仓库；在冬天时，仓储人员把棉鞋、厚手套等防寒物品调到北方仓库。出于库存数量均衡的目的，仓储人员也会将原本在仓 A 的商品调到仓 B，将原本仓里没有的商品从其他库房调过来。

当然，算法也可以推断出在某个地区里商品的售卖情况，系统会根据商品的售卖情况自动发起补货。只有大型的公司才会付出成本做这个方面的需求。亚马逊的案例比较符合这个场景。亚马逊基于自身强大的技术能力，通过计算某个地区、某个时间段的历史购买数据，推断出该地区即将在 12 小时内要卖的商品，然后把商品提前出库，放到配送车内，把配送车开到该地区，一旦产生订单，就会迅速响应，并将配送车内的商品直接投递给用户。

WMS 如果有自动补货的机制，就可以根据监控仓库实际的库存数量和出货频率，自动生成补货单，系统根据补货单向大仓提交补货申请，大仓则根据提示发起内配流程。

2）仓内部区域的补货

当商品的库存数量低于某个阈值后，库管员必须进行补货操作。阈值补货可以通过系统触发。仓内部某个货架上的商品过少，需要从其他货架补货，也会触发补货流程。

3.5.4 库存如何管理

商品库存管理可以保障前台商品的正常售卖。前台展现逻辑面向用户，目的是降低用户的理解成本；仓储库存逻辑和仓储库存策略面向仓储人员，目的是保证电商体系的正常运营。

1. 前台展现逻辑

对于 to C 商品，大多数用户不会在意库存的具体数量，只要保证用户的下单地址有货即可。当库存数量在 5 个以下时，前台才会展现具体的库存数量，以增强用户"抢"的意识。

to B 商品一般涉及大宗采购。企业或政府可能会批量采购物料。企业订单的商品数量小则几十个，多则上万个，前台需要透出具体的库存数量，但是为了防止数据泄露，一般并不会完全披露。比如，只有当商品的库存数量小于 100 个时前台才会透出库存数量。在提交订单时，订单系统也要实时校验库存信息。

2. 仓储库存逻辑

仓储的库存计算逻辑不仅仅体现在仓库货架上，总体来说可以分为内部库存、在途库存和供应商库存三个部分，如图 3-80 所示。

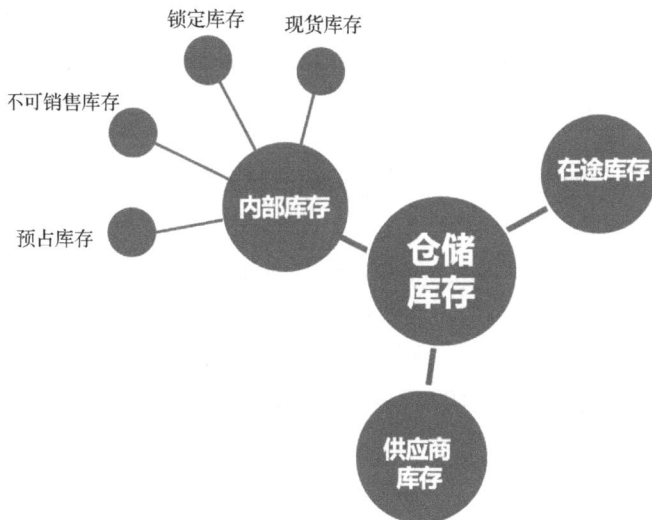

图 3-80

（1）内部库存。内部库存代表存放到仓库内部的总的商品库存，包含现货库存、锁定库存、不可销售库存和预占库存。其中，现货库存即在货架上的库存，锁定库存即订单锁定的库存，不可销售库存即破损、报废的库存，预占库存即下单预占的库存。

（2）在途库存。在库房发起补货任务后，实际的商品还没有到库房内，这部分库存被称为在途库存。在途库存也可以在前台销售，不过会提示到货时间延迟。

（3）供应商库存。如果一些品牌商入驻了电商平台，并且共享其供应链数据，库存系统可以查询到品牌商的库存。品牌商和电商平台可以通过 EDI 实现库存数据共享，双方通过 EDI 技术明文传送报文，实时获取库存信息。电商库存系统可以设定库存的预警值，当前台库存告急时，自动发起供货流程，由品牌商生产并配送到仓库内。

3. 仓储库存策略

库存策略不仅可以实施在单一的仓库，还可以应用到整个供应链的管理上。库存管理成本很高，包含物料采购费用、仓储管理费用、货物贬值风险等。正确配置库存非常有必要。

大多数仓储的库存管理办法为优先级分类法，即对商品进行优先级比较，高优先级的商品不允许缺货，中等优先级的商品允许可控缺货，低优先级的商品可以缺货。

为了降低成本，出库商品的优先级顺序也有 SOP。比如，即将过保质期的商品优先出库。同样是牙刷，优先出库拣货区的商品而不是储存区的商品，这些细则会有很多，我们需要具体问题具体分析。

3.5.5　开放性思维——对接的能力

WMS 不是独立、单一的系统，电商场景中的 WMS 需要和上下游业务紧密结合。它可以通过订单系统推送来的订单信息创建出库任务单，从订单详情中获取发票信息，从台账系统中读取订单金额明细，从供应商库房中获取渠道库存等信息。下面举几个典型的例子说明 WMS 的对接能力，分别是库房开票和企业 PR/PO 单实例剖析。

1. 库房开票

发票按照类型分为增值税普通发票（普票）和增值税专用发票。后者可以抵扣购买方约 17%的税，并且只能开给具有增值税专用发票资质的企业。普通用户则只能开普票，普票是无法抵扣税的。

发票按照展现方式分为实物发票和电子发票。实物发票相对更普及，但开票效率低，容易丢失、破损。电子发票属于线上虚拟产品，携带方便，不易丢失。目前，一些企业已经可以进行电子发票的核销工作，但是在部分地区电子发票的普及率仍然比较低。

按照开票形式，实物发票分为随货开票和集中开票。大多数个人用户选择随货开票，发票和订单货物一起配送到用户手中。企业用户的大宗采购多选择集中开票。由于企业的订单过多，随货开票很容易造成发票丢失，集中开票则可以减少丢失的情况。我们常说的库房离线发票指的是增值税普通发票随货开票。WMS离线开票如图 3-81 所示。

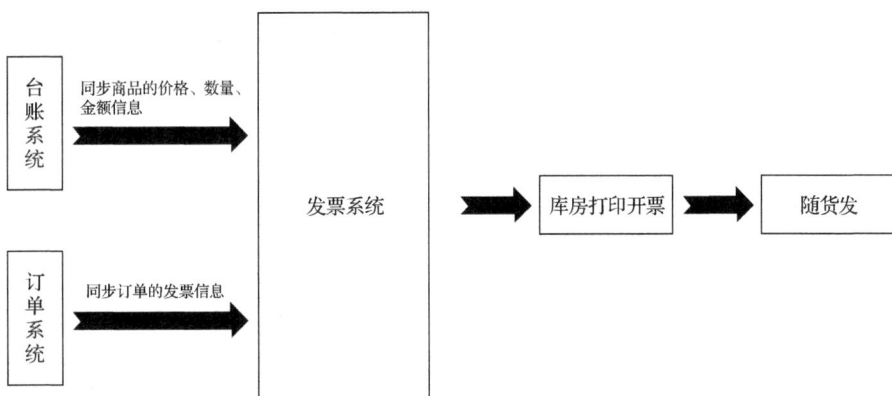

图 3-81

订单在出库时需要打印物流单、发货清单和发票。发票信息与订单系统同步，包含发票名称、发票类型、开票形式。发票系统需要通过订单类型判断一些特定任务是否开票，比如企业订单不需要在库房开票等。

发票系统还需要从台账系统中读取该订单商品的价格、数量和金额信息。发票上的金额包含优惠前和优惠后的金额，金额必须准确无误。仅识别订单上的金额可能出现问题，台账才是最准确的。

拣货员通过发票系统查询需要开票的订单任务，打印发票，并贴到包裹上，随货发到用户手中。

2. 企业 PR/PO 单实例剖析

对于外企和一些使用 SAP、Oracle 系统的公司来说，电商公司是其物料供应商，为其提供物料的供给。此时，电商公司可以被看成集成了诸多电商能力的 WMS。当接收到采购方的采购申请单时，电商公司提供物料的选品、下单、出库、物流等工作。

企业采购不是单一的个体行为，需要多个部门协同处理。需求部门发起采购申请，即 PR（Purchase Request）单。PR 单需要由公司内部（包含上级领导、财务、采购部门等）层层审核。最终，采购部门发起采购动作。企业 PR/PO 单流程如图 3-82 所示。

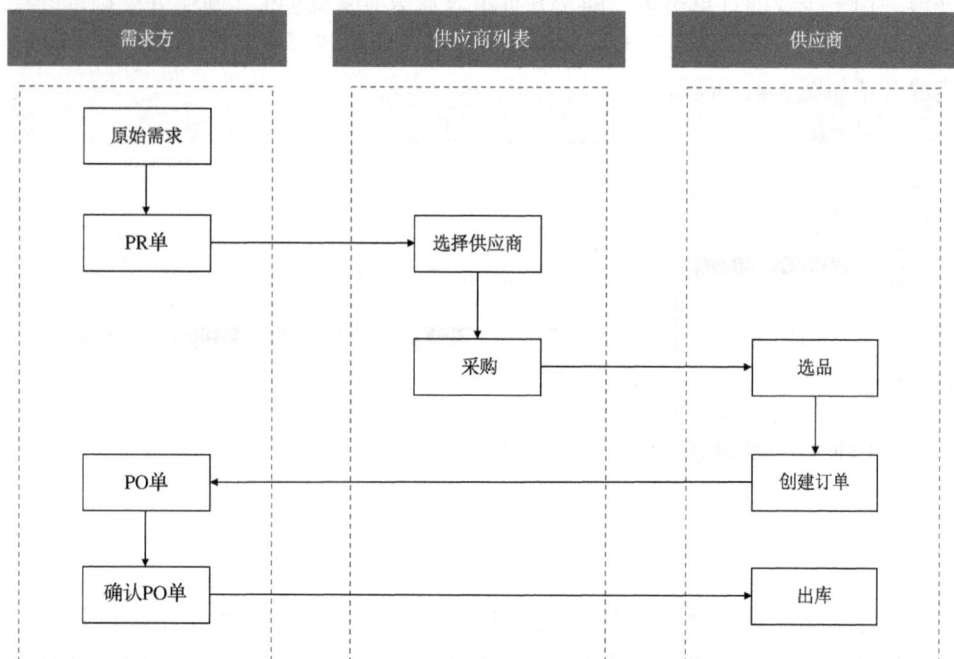

图 3-82

为了保证阳光采购，企业会同时和多家供应商签约，例如，采购 3C 商品、办公用品选择京东，采购图书选择当当。不过，整个采购过程需要技术对接，企业可以先将 PR 单上具体的物料明细透传到供应商，然后在供应商网站上进行选品和下单。

在供应商网站上创建完的订单需要回传给企业系统，此时有两种方式，一种是通过接口服务回传订单信息，另一种是采用 EDI 技术，用明文回传。前者使用得较多，而且简单，适用范围比较广泛。一般公司还不具备 EDI 技术，因为 Oracle 是公司购买来的一套软件，基于它的开发范围非常有限。

回传的供应商订单仍然不是最终版的 PO（Purchase Order）单。PO 单即订单。此时，企业还需要经过内部的审核流程，包含审核供应商订单金额、订单明细、发票信息等是否正确等。

无论 PO 单在企业内部是否通过审核，企业都需要通知供应商。供应商订单会预占库存，如果 PO 单未通过审核，那么企业要通知供应商取消订单，如果 PO 单通过审核了，企业就要告知供应商进行生产。通知工作只需要调用接口即可，无须过多开发。

之后，供应商商品走出库流程，通过物流配送到企业。由于涉及不同的外部系统交互工作，开发量会很大。交互工作的主要难点不是开发而是目的与行动是否契合。

企业使用 SAP 或 Oracle 系统在采购时需要多个供应商，所以它们希望自己是平台方，供应商按照它们的规则对接。而供应商的想法是，需要对接多个需求方，自己一定要有平台思路，需求方要按照供应商规则进行对接。双方最终如何配合只能靠博弈了。

第 4 章
电商产品设计之关于"场"的部分

用户和商品之间存在一层无形的隔膜,它似乎一直阻挡着用户"发现"商品的踪迹。"场"是商品的舞台,它的出现可以帮助用户感知海量优质商品的存在。

4.1 促销产品的设计方法

产品经理在沟通需求时,经常会提到"场景",比如在什么场景中遇到的问题、产品有哪些应用场景等。脱离了场景说问题没有任何意义。

电商的"人、货、场"要强调场的作用,但是这还不够全面,应该为"人、货、场景"。"场景"其实可以分为"场"和"景"。前者表示提供的场所,含有空间感的概念,如超市的柜台、营销页面、交易所等。后者表示在场中可以实施的动作、行动、措施等。

我们把"人、货、场景"简单定义为找对用户,为他提供相应的货物,在某个场所售卖,通过一些手段刺激他购买。我们在第 2 章中深入了解了电商用户的产品设计思路,在第 3 章中介绍了商品在电商路径中的流转,本章主要讲述"场景",如哪些渠道可以提供交易场景、什么手段可以刺激用户购买。

在电商系统中,促销产品的使命是刺激用户发生购买行为。什么是促销呢?从字面意思来看,促销是促进销售的手段。

利益驱动的手段是最直接的。大多数人应该都是价格敏感型用户。价格因素在很大程度上影响了用户是否购买商品。

我看到过这样一个案例,美国零售商 JCPenney 在其电商平台上声称商品只有一个价格,他们不欺骗用户、明码实价,结果用户根本不买账,其网上销量下降了 30%。后来，JCPenney 做了调整，以促销的方式在网上销售，但是商品订单金额在高于 100 美元时打 75 折，在低于 100 美元时打 8 折，这迎来了用户一致的好评，销量也由此剧增。

做促销玩价格同样需要理解心理学，商品价格并不是越低越好，价格低反而让用户觉得你的商品很廉价。在用户不了解你的商品时，直接降价的方式反而让用户觉得这个商品原来就很便宜，而像满减、打折、送赠品、包邮等促销模式才会让用户觉得占了便宜，用户要的不是便宜的商品而是占便宜的感觉。所以，电商环境变种出多种多样的促销玩法，让用户"占便宜""薅羊毛"。

4.1.1　促销系统架构

从用户视角来看，促销系统所表达的是促销前台交互流程和各种各样的促销模式。比如，用户在商品详情页中可以了解到买这个商品能够得到赠品、在购物车中可以切换促销模式等。实际上，促销产品复杂得多。促销系统一般可以分为促销模式、促销规则、促销范围、权益类型、促销价格计算和促销数据这几个模块，如图 4-1 所示。

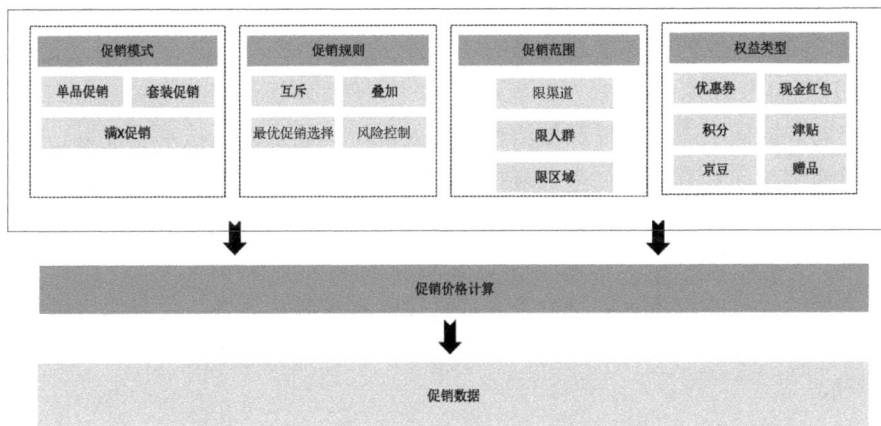

图 4-1

4.1.2　促销模式

简单来说，促销模式是一个用户在特定的场景下得到什么利益，是优惠的获取模式。比如，满 199 元减 100 元的优惠券的意思是当订单商品的价格超过 199

元时用户获得减 100 元的资格。用户订单商品的价格超过 199 元是特定场景，减 100 元是用户得到的利益。

所有的促销模式都可以按照这个思路设计，目前在市面上最多的促销模式分别为单品促销、套装促销、满×促销。

1. 单品促销

单品促销即通过单一商品维度促销的模式，优惠方式计算在单品上，包含单品价格直降、定向人群优惠、单品秒杀、团购、预售等。下面介绍每种促销模式的设计思路

1）价格直降

价格直降是最直接的促销模式，即商品限时降价。例如，亚马逊以往的促销模式只有一种，就是价格直降。价格直降的好处是用户不需要进行烦琐的凑优惠，也不需要理解促销规则，直接下单即可。例如，在黑色星期五时，原价为 500 美元的商品降价到 400 美元。

价格直降在前台一般会标明原价和现价，以突出降价的实惠。不过很多商家在大促时把原价标得很高、现价标得很低，可是实际上平常也是按照现价售卖的，导致越来越多的用户其实并不信任价格直降，价格直降没有给用户带来一种便宜的感觉，而是让他们得到了被忽悠的感觉。

2）定向人群优惠

定向人群优惠即优惠仅开放给特定的人群，其他人群无法享受优惠。定向人群优惠通常是向具有高转化率人群投放的优惠。人群是通过算法计算获取的，比如个性化算法通过商品找人群（如计算出最近 30 天内喜欢键盘的用户、最近 7 天内喜欢手机的用户）。

常见的优惠类型有定向特价直降或直接赠送大额优惠券，优惠绑定到某个商品维度。在用户逛的时候，向其直塞优惠券或短信推送。定向优惠短信触达如图 4-2 所示。

3）单品秒杀

秒杀和价格直降在形式上有相同的地方，使用的都是不同的价格策略，比如 iPhone X 在"双 11"当天的价格从 8399 元降为 8099 元。但是，在购买形式和购买规则上秒杀和价格直降有区别。秒杀更强调时间性，秒杀的价格只会发生在某段时间内，还以上面的例子为例，iPhone X 的秒杀价格只发生在"双 11"当天，即 11 月 11 日当天的 0 点到 24 点，用户在其他时间里无法享受优惠。

图 4-2

秒杀还有购买规则的限制，如下单限制，包括该商品只能单独下单，独立结算，无法和其他优惠叠加。秒杀也会有更高级别的限制，如安全风控限制，根据用户账户的行为判断用户是否有资格享用优惠。黄牛账户、黑户等一般都会被排除，他们不能享受平台的优惠。

4）团购

电商平台售卖的团购商品多为服务型商品，用户通过电商渠道在线上购买团购商品，去门店享受服务。团购和电商属于不同的业务模式，两种业务的促销活动目前还是难以叠加的，促销发生在促销系统，团购发生在团购系统。我们也可以理解为促销系统控制电商的业务商品范畴，团购系统控制团购商品范畴。

团购优惠既可以作用在单品上，又可以作用在套装上。单品团购多为秒杀形式，如上文秒杀所述。套装团购包含多个优惠的单品服务，活动单品固定为几种，整体打包以团购的形式售卖。

5）预售

预售也可以归在单品促销里，预售分为全款预售和定时预售，前者需要用户在预售期内付全款，在用户付款成功后，商家发货。后者需要用户付款两次，分别为付定金和付尾款，商家需要自行填写定金和尾款，并设置定金支付时间和尾款支付时间。预售的规则如图 4-3 所示。

图 4-3

系统会为参加预售的商品打上预售的商品标识，只有带有预售标识的商品才能参加预售活动。当然，产品经理可以通过预售标识进行数据统计。

2. 套装促销

我们在 3.1 节中介绍过组套的相关内容，组套就是两个或多个商品组成套装，共享一个价格。例如，商品 A、商品 B 和商品 C 原价都为 10 元，当组成套装后，价格优惠 5 元，优惠后套装的价格为 25 元。

价格设置在套装上，但是每个商品会分摊优惠，如果套装优惠 5 元，那么其中的商品 A 优惠 1 元、商品 B 优惠 2 元、商品 C 优惠 2 元。分摊的优惠不会在前台透出给用户，仅对商家或商品运营人员有效。

优惠信息会记录在订单表中，当订单发生售后行为时，售后系统会按照优惠价格返回钱款。比如，用户把商品 A 退货了，售后系统不是给用户退款 10 元，而是根据优惠信息，给用户返回 9 元，因为该商品分摊了 1 元的优惠，实际上用户对该商品支付了 9 元。

当套装生成同一个 SKU 后，其促销玩法在形式上与单品促销类似。

3. 满×促销

满×促销是在电商行业中应用得非常广的促销模式，用户只有满足某些条件才能享受优惠，如订单金额满××元、订单商品件数满××件等。在满足条件后，用户可以获得优惠享用资格，具体的促销模式有以下几种类型。

1）满减优惠

满减优惠分为几种模式，最常见的是满 N 减 M，在订单中参加活动的商品的总价格在达到 N 元后即可减 M 元，如满 100 元减 20 元。

天猫在"双 11"普发的购物津贴其实是平台的满减购物券。满减优惠还可以细化为每满减、阶梯满减等。

订单金额在每达到 N 元时都可以减 M 元，这称为每满减。还以购物津贴为例，当订单金额为 400 元时，用户可以使用 50 元购物津贴，当订单金额为 800 元时，用户可以使用两张 50 元购物津贴，以此类推。购物津贴的使用规则如图 4-4 所示。

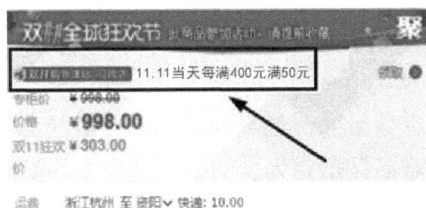

图 4-4

当然，并不是所有商品都可以使用购物津贴，只有部分商品支持该玩法。

阶梯满减需要订单金额达到 N、N_1 或 N_2 元才可以享受不同的降价优惠。阶梯满减规则如图 4-5 所示，满 100 元减 10 元，满 1000 元减 150 元，满 5000 元减 1000 元，满 10 000 元减 2500 元。用户买得越多，减得越多。阶梯满减与其他优惠相似，会有很多规则限制，电商平台需要仔细核对优惠规则，否则非常容易出现"价格门"事件。

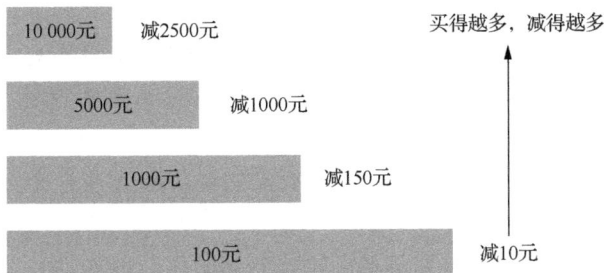

图 4-5

2）满赠优惠

满赠优惠即赠品促销，当订单商品满 N 件时赠送 1 个赠品，或达到某个条件后，用户可以获得多个赠品。运营人员将赠品绑定到主品上，设置规则，用户的订单金额在达到满赠要求后，就会触发满赠优惠。

促销系统一般只会设置订单金额或满件等门槛。在"双 11"大促期间，很多商家为了获得销量和好评，会用写好评的方式发放赠品，用户把截图发给客服，客服跳过系统直接发放赠品至用户的账户。这实际上跳过了产品手段，变相地刷评价。

下面介绍满赠优惠的规则。赠品优惠的价值全部分摊在赠品身上，当发生拆单时，主品价格不分摊优惠，赠品价格为 0 元。比如，你买了一个单反相机，订单金额为 10 000 元，并赠送了 35mm 定焦镜头，如果拆单，那么单反相机的价格为 10 000 元，镜头的价格为 0 元。

但是赠品也是有库存数量的，如果赠品的库存数量为 0，就不会再赠送。同时，前台需要告知用户赠品是赠完为止的，先到先得。满赠优惠如图 4-6 所示。

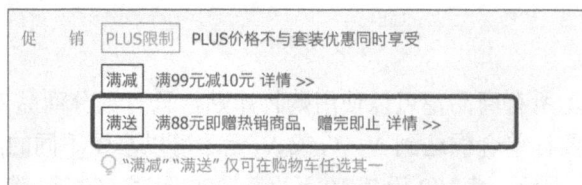

| 促　销 | PLUS限制 | PLUS价格不与套装优惠同时享受 |

满减　满99元减10元 详情 >>

满送　满88元即赠热销商品，赠完即止 详情 >>

💡 "满减""满送"仅可在购物车任选其一

图 4-6

3）满件优惠

对于特定的活动商品，用户累计购买了 N 件，可以触发一些优惠策略。例如，满件打折、满 N 件 M 元、满 N 件减 M 件等。

满件打折是指如果在订单中指定商品的件数满 N 件，就在总价的基础上打 M 折，如满 2 件打 8 折。优惠会自动分摊到每件商品上，在拆单时，按照分摊后的优惠价格展示实际的拆单价格。

满 N 件 M 元是指如果在订单中指定商品的件数满 N 件，那么总价只需要 M 元，如 50 元 3 件。

满 N 件减 M 件是指如果在订单中指定商品的件数满 N 件，那么减去订单中价格最低的 M 件商品价格，如买 3 免 1。

4）满返优惠

满返优惠是指如果在订单中指定商品的件数满 N 件，那么可以返给用户相应的权益。一般返给用户的是平台的红包、优惠券或者平台的虚拟货币，如京东的京豆、天猫的天猫积分或者淘宝的淘金币等可以在电商平台二次使用的权益。

如果希望拉高用户的复购率，那么可以使用满返优惠模式。我们通过权益钩子，吸引用户二次回访。

4.1.3　促销规则

对促销配置需要特别慎重，尤其在大促期间，运营人员如果没有理解复杂的促销模式，就可能导致促销设置错误、促销额度过高，如把 9 折的商品设置成 0.9 折，如果商品售卖得过多，就会带来不可挽回的资金损失。

在设置促销规则时，我们需要了解几种促销模式的使用规则和使用场景，了解哪些促销模式可以同时使用，哪些促销模式是互斥的或可以叠加的。在产品设计上，我们要考虑主动提示，让运营规避风险。这些问题都需要电商产品经理思考、主动填"坑"，而不能为了快速上线给运营挖"坑"。

1. 促销的互斥和叠加

平台如果有多种促销模式，就会出现互斥和叠加的情况，即"相同类型的促销模式互斥，不同类型的促销模式部分可叠加"。

按照上文所述，促销模式可以分为单品促销、套装促销、满×促销。单品促销和套装促销可以叠加，单品促销和满×促销可以叠加，单品促销和单品促销不可以叠加。

例如，假设戴森吹风机直降 300 元，如果戴森吹风机还在套装里，那么套装优惠和直降叠加。因为互斥原则，所以吹风机无法再参加其他单品促销，即同一款商品只能参加不同类型的促销，不能参加或者不能创建相同类型的促销。互斥和叠加的规则如图 4-7 所示。

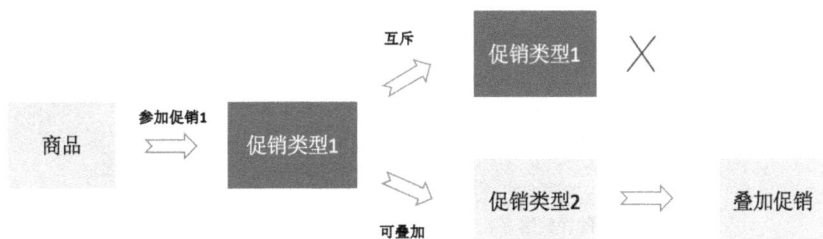

图 4-7

同一个 SKU 是否参加优惠都会被记录在数据库中，在创建促销时，我们可以通过查询数据库，判断该 SKU 是否可以继续创建促销，判断在创建促销后可能带来的风险、让利情况和收益情况等。

2. 最优促销选择

平台有几亿个 SKU，如果每个 SKU 都设置了复杂的促销玩法，那么用户的体验会非常糟糕。平台需要给用户一个最优的促销建议或者帮助用户选择最优的促销方案。

当同一个 SKU 有多个促销模式时，我们需要在前端提示用户已有的促销模式，并且选择当前最优惠的促销模式，用户也有权力自行勾选促销模式。

对于京东来说，用户可以在购物车内修改促销模式。勾选促销模式的逻辑是对于同一个促销模式默认勾选其中一个，单品促销优先选择最优价格，满减等优惠优先展示最后创建的促销。

对于淘宝来说，用户可以在结算页里更改促销模式，淘宝将所有的优惠打散，统一由算法输出一个具体的优惠额度，并优先选择该优惠，相对来说让用户更加清晰、易懂。

京东和淘宝的促销选择如图 4-8 所示。

（1）京东的促销选择　　　　　　　　　（2）淘宝的促销选择

图 4-8

3. 促销风险控制

每当大促时，参加促销的人都会胆战心惊，就怕设置错误产生严重的"价格门"事件。促销设置错误的案例数不胜数，比如，在 2018 年"双 11"期间，某品牌的促销折扣应该设置为 9 折，结果设置为 0.9 折，造成了巨大的财产损失。最后，该品牌不得不和用户商讨取消订单事宜，该品牌的名誉受到了极大的损失。

具体来说，我们只要注意以下三个方面，就差不多可以避免"价格门"事件。

（1）在促销叠加后，优惠额度不能超额，即优惠额度超出商品的价格本身。比如，商品 A 现价为 100 元，享受 8 折优惠，然后用户还可以再使用满 100 元减 99 元的优惠券，实际上优惠额度已经超过 100 元了，或者优惠券设置为满 100 元减 100 元的不合理优惠券。这些促销超额现象都可以被避免，在产品能力上，我们需要做到风险报警、优惠力度提示等，以免发生优惠超额。

（2）促销设置错误。本来需要发放满 100 元减 10 元的优惠券，但是设置为发放满 100 元减 50 元的优惠券，并且大面积发放出去了。如果用户没有使用该优惠券生成订单，那么损失可控。如果用户使用了该优惠券，那么可能因为优惠力度太大，导致产生大量订单，使得库存无法保证，从而无法发货，遭到平台的处罚，甚至被关店。

（3）风险用户套利。一些"卡商"会圈养一批与正常用户行为相似的账户，用这些账户刷单、刷红包、抢大额优惠券套利、套赠品等。所以，在设置促销时，一定要设置风控安全等级，必须要求用户实名，比如开通支付宝、芝麻信用分大于 500，或者必须在平台有过下单行为等。

风险不仅需要自己注意，也需要平台给予相应的工具规避。当然，审批流也是一种不错的控制风险的手段，只要优惠力度高于××时必须审批，多线程的审批可以在一定程度上规避风险。

4.1.4 促销范围

促销并不是所有用户都可以享受的，很多稀缺性促销可能仅面向部分群体、针对某一类人或某个区域。常见的促销范围包括限渠道、限人群或限区域等。

1. 限渠道

（1）限渠道即限制购买渠道，例如京东有无线端、微信端、QQ 端、PC 端等，不同终端的商品价格不同，京东对不同终端的商品设置不同的促销形式，如对无线端的商品设置的优惠为跨店铺满 300 元减 50 元，对 PC 端的商品没有促销。此举的目的一般是提高某些终端的订单数据，扩大某些终端的流量份额。

2. 限人群

限人群即指定人群可用的促销形式，如高活跃用户可以得到满 100 元减 10 元的优惠券，低活跃用户可以得到满 100 元减 50 元的优惠券，黑名单用户无法获得优惠券。这些内容会在 4.3 节中详细介绍。

3. 限区域

限区域即区域营销。当品牌或者平台需要对某个区域扩大市场份额或影响力时，通常会使用区域营销的各种手段，做有针对性的营销。比如，在北京做一场促销活动，该活动只有 GPS 定位在北京的用户才能参与，或者只有北京的用户才能见到该活动。

4.1.5 促销价格计算

在用户挑选商品后，如果商品满足了某类促销条件，那么我们需要实时反馈给用户具体的优惠价格是多少、需要付多少钱。促销价格对实时性和精准性要求特别高，如果计算失误，那么很容易导致"价格门"，带来资产的损失。

促销价格计算通常都是前置的，即在用户下单前告知用户。计算逻辑主要分为商品优惠计算和订单优惠计算两种类型，分别应用于购物车和结算页中。

当用户进入购物车后，购物车先查询商品列表和商品基础信息，如商品名称、商品图片、商品数量、库存数量等信息。然后，根据商品 ID，购物车实时查询各个商品的售卖价格，查询商品是否参加促销活动，若参加促销活动则展示所有促销内容。购物车价格系统根据购物车中已经勾选的商品和商品数量，计算商品促销后的价格，我们需要给用户展示商品原价、优惠价格、优惠后的商品价格。购物车促销价格计算流程如图 4-9 所示。

图 4-9

当用户进入结算页后，优惠计算逻辑和购物车相同，不同的是，结算页需要将购物车提交过来的商品促销全部叠加在一起,包含促销价格、额外服务价格(如延保服务类商品),再根据所选地址计算运费逻辑,叠加运费价格,最终输出一个总价。结算页促销价格计算流程如图 4-10 所示。

图 4-10

在计算优惠时促销系统需要计算出每个商品分摊的优惠价格,这个做法主要是为了输出给平台使用。如果订单在拆分时,每个商品拆分成一个订单,那么订单的价格就需要按照分摊的成本计算。如原价 100 元的商品分摊了 10 元优惠,那么用户只需要为该商品支付 90 元,在实际拆单时,该子订单的订单价格也是 90 元。

还有一种情况是,用户在提交售后单时,售后单的颗粒度是 SKU 级别而不是订单级别,当某个 SKU 发生退货时,财务系统需要返回用户商品金额,该金额就是商品售卖价与优惠金额的差值。

2018 年,天猫首次使用了优惠抹平的玩法。怎么理解呢?假设一个订单金额是 400 元,你有一张满 400 元减 100 元的优惠券,在优惠后,你只需要支付 300元。在叠加了优惠抹平的玩法后,假设你还有一张满 400 元减 50 元的购物津贴,优惠门槛仍然是从 400 元计算,而不是从 300 元计算,如此一来,你可以叠加 100元和 50 元的优惠,订单金额总共减少了 150 元。

4.2 优惠券也能玩出花样

优惠券是促销产品向用户表达促销优惠的最重要介质之一,但优惠券系统和营销系统是两套不同的架构。对于优惠券来说,营销工具的玩法是分发场景之一,而不是全部。在本节中我系统地介绍促成交易达成的利器——优惠券系统的产品设计方法论。

4.2.1 优惠券产品的架构

优惠券是促销的介质,能够抵扣一定的订单金额,是市面上常见的促销模式。

1894 年，可口可乐创始人手工绘制了优惠券，用于促销。由于效果比较明显，优惠券逐渐发展至今。随着电商的发展，实体的优惠券变成了用户的虚拟资产，并逐渐产生了各式各样的玩法。

图 4-11 所示为优惠券产品的整体架构图，包含优惠券的具体类型、优惠券的创建、优惠券的玩法、优惠券的核销和优惠券的逆向流程。我在下文中会逐一讲解各个模块之间的关系。

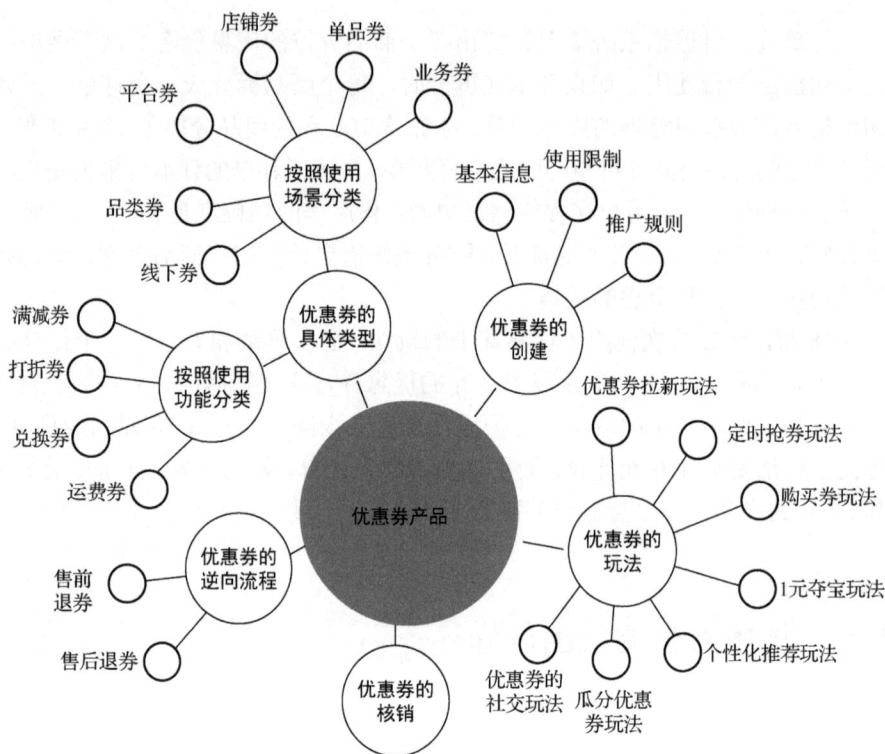

图 4-11

我曾经质疑过为什么电商存在优惠券产品，难道不可以让商品直接降价吗？尤其在"双 11"和"618"大促时，优惠券叠加各种促销会让用户难以理解，用户完全不清楚到底如何才能享受最优惠的价格。

后来，我发现优惠券的存在是有必要的。

第一，有一种心理学现象叫沉没成本效应，指的是你付出得越多，成本越高。这里的成本既包括金钱成本，又包括时间、精力、资源等沉没成本。当你想要放弃时，因为你已经付出了很多沉没成本，所以你会做出不一样的选择。同理可证，优惠券需要用户经过一番努力后才能获取，成本越高证明其价值越高，使得优惠券的转化率就越高。

第二，单纯的降价打折的玩法单一，扩展性不好，价值认可度低。用户对普适性的折扣不买账，比如定时折扣，在规定时间内打折，也称为秒杀，有的商家把原价标得很高，把 800 元的商品标为原价是 10 000 元，然后打 0.8 折，结果还是 800 元，所以用户看到的可能是"假打折"。而由于优惠券是用户主动领取的，用户只有领取才可以享受折扣，这样会让用户觉得很值，感觉这是很真实的促销。

第三，优惠券可以让电商玩法变得乐趣横生，是传递价值的载体。用户在升级会员后得到优惠券，在分享商品后得到优惠券，在玩了互动游戏后抽取优惠券，在限定的时间内抢优惠券。在结合了玩法后，优惠券的价值更加凸显，物以稀为贵，如果用户不参与这些互动，就拿不到"独有"的优惠券。

如图 4-12 所示，从用户角度看，产品界面需要向用户表达什么是优惠券，用户可以从哪里看到优惠券、去哪里使用优惠券。

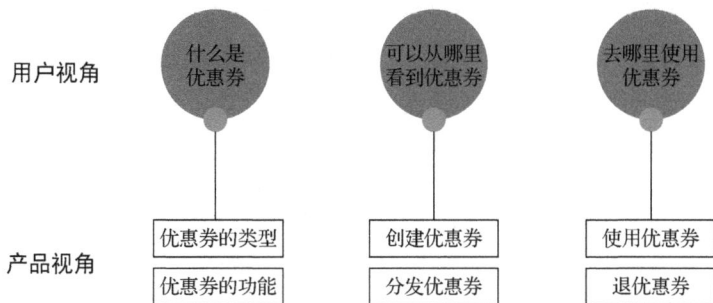

图 4-12

从产品角度看，我们需要结合不同的场景，思考以下几点：①到底要用到哪些类型的优惠券，不同类型的优惠券都有什么功能；②如何创建优惠券，怎么把创建后的优惠券分发出去；③用户在得到优惠券后如何使用，使用的规则是什么，优惠券的逆向流程是什么样的。

4.2.2　优惠券的具体类型

电商系统的优惠券可以按照使用场景和使用功能分类，如图 4-13 所示。

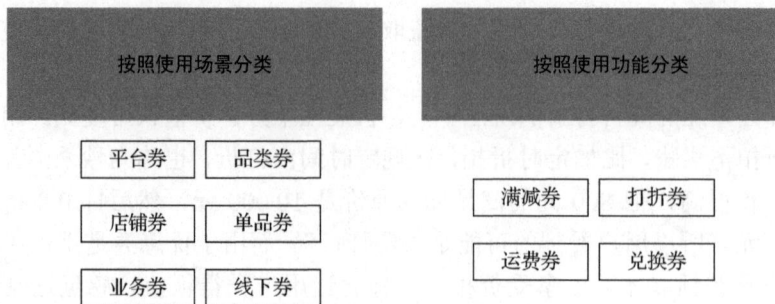

按照使用场景分类		按照使用功能分类	
平台券	品类券		
店铺券	单品券	满减券	打折券
业务券	线下券	运费券	兑换券

图 4-13

1. 按照使用场景分类

在不同的使用场景中有不同的优惠券类型，如平台券、品类券、店铺券、单品券、业务券和线下券等。

（1）平台券。平台券是指平台通用型优惠券，适用范围为整个平台，还可以被称为全品类通用券。比如，京东全平台通用、跨店铺使用。此类券的价值比较高，用户很难获取大额券。平台券可以由平台出资创建，也可以由商家自行创建。但是，考虑到平台券的安全性问题，平台都需要限制平台券的使用时间。

天猫的购物津贴从严格意义上来说也是优惠券的一种类型，属于平台券。购物津贴只有在大促场景下才能使用，在其他时间购物津贴会失效。购物津贴的适用范围是全平台报名的商家，购物津贴需要商家自行提报创建。当购物津贴核销时，促销系统需要按照订单商品的金额平摊购物津贴费用。

京东全品类通用券的适用范围为自营商品，该券为官方券，由平台出资补贴，用户在下单时抵扣这部分金额。

（2）品类券。与平台券相比，品类券的适用范围缩小为某个品类或某些品类。例如，限母婴类目、限服饰类目、限 3C 商品使用的优惠券。品类券也是比较常见的优惠券类型，一般由平台出资。

（3）店铺券。店铺券的适用范围为店铺，可以跨多个店铺使用，也可以在一个店铺中使用。商家可以根据自身情况自行创建此类型优惠券，预算需要由商家自行担负。

（4）单品券。单品券是由商家或平台创建的优惠券，仅适用于部分商品。比较紧俏的商品、稀有商品或新品在首发时一般才会设置单品券。例如，苹果产品在首发时，平台会赠送一些单品白条免息券或单品满减券。

（5）业务券。电商的业务类型复杂多样，某些业务会根据自己的业务类型设定优惠券。比如，生鲜业务的生鲜券、天猫超市业务的超市券等。其实，业务券也属于平台券的子集。

（6）线下券。现在是新零售时代，许多线下门店已经支持使用电商的优惠券，即新零售券。线下券的限定条件是某品牌门店。线下券的使用场景是用户在门店挑选商品，付款时出示优惠券的二维码，导购员通过 POS 机扫码，对优惠券进行核销。同时，在线上会生成一笔订单。早在 O2O 时期，这类券便已经广泛被使用，如美团的订单券、猫眼的电影券。

这几种优惠券的关系如图 4-14 所示，平台券覆盖范围最广，品类券和店铺券有一定交集，如购物津贴其实就是店铺券的变种，但也能在多家店铺使用。店铺券和单品券是包含关系。品类券、业务券和线下券属于并列关系，从严格意义上说这三种优惠券也有交集，并且这三种券还可以继续细分到店铺和单品上。

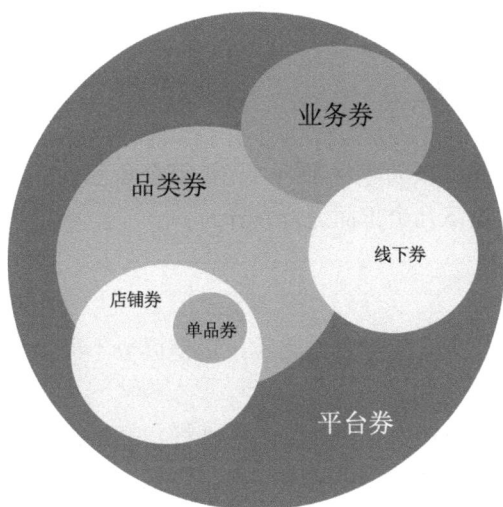

图 4-14

2. 按照使用功能分类

优惠券按使用功能可以分为满减券、打折券、运费券和兑换券等，其中满减券使用得最广泛。

（1）满减券。满减券的使用场景为当订单金额满 M 元时，减 N 元。M 一定要大于 N，否则会造成资产损失。在创建优惠券时，优惠券系统一般会校验 M 和 N。平台流通的大部分券都为满减券，商家需要根据自身情况设置 N，在平常商家可以将优惠券的额度放低，分阶段设置，如满 100 元减 5 元、满 300 元减 20 元、满

600 元减 50 元等。在大促阶段，商家可以把相应的抵扣金额设置得更吸引用户，如满 100 元减 50 元、满 300 元减 100 元等。

（2）打折券。在使用打折券后，订单金额会按折扣打折。例如，原订单金额为 100 元，用户在使用 8 折券后，该订单实际支付的价格为 80 元。为了体现优惠券的价值感，很多商家会将券的折扣压得很低，但是又担心让利太多，所以就会增加一些限制，如优惠金额不超过 10 元。这样，原订单金额为 100 元，虽然用户使用了 8 折券，但是只能享受 10 元的优惠。

（3）运费券。运费券的应用场景不是抵扣订单金额，而是抵扣订单商品的运费。这类券在京东的使用场景比较多，在 O2O 类的商品中也有一些使用场景，如饿了么送餐运费全免。当订单商品免运费时，此类券就没有办法再使用了。

（4）兑换券。兑换券是价值比较高的优惠券，需要绑定商品与券的对应关系。在使用该券后，用户可以直接兑换一个或多个商品。

4.2.3　优惠券的创建

平台运营和商家都可以创建优惠券，无论哪个角色创建，都要遵循优惠券的创建规则，我们要从以下几个方面进行设计。

1. 基本信息

（1）名称。我们要为优惠券设定名称，以便区分不同类型的优惠券，如服饰品类券、拉新券等。

（2）类型。如上文所述，优惠券分为满减券、打折券、运费券或兑换券等。

（3）面额。例如，满 M 元减 N 元，需要设置 M 和 N 的值，如满 100 元减 20 元。

（4）数量。数量是指创建优惠券的数量，最少为 1 张。

（5）使用时间。使用时间是指优惠券的使用时间，优惠券过期则会失效。如果优惠券未到开始使用时间，那么用户可以领取优惠券，但是不能使用它。

2. 使用限制

（1）渠道。我们可以设置优惠券为渠道专享，让它只能在某些渠道内核销，如无线专享、微信专享、App 专享或者线下新零售门店专享。

（2）领取次数。我们要限制用户的领取次数，如每天可以领取×次或在整个周期内可以领取×次。

（3）商品范围。包括限品类、限店铺、限单品。

（4）用户身份。包括限风控等级、限实名用户、限用户等级。

3. 推广规则

优惠券在创建之后，会生成优惠券的链接和 couponid，它们代表独一无二的优惠券。为了让用户知道优惠券的存在，我们需要投放。

（1）链接形式。使用相对简单的形式生成优惠券的链接，用户可以通过链接主动领取，若有库存则可以领到优惠券。

（2）主动投放。一些好的渠道位置（如首焦图、购物车页面、页面弹窗、搜索等路径等）的转化率很高。如果创建完的优惠券可以直接透传推广过去，那么优惠券的核销率以及订单转化率都很可观。

（3）系统直发。系统直发是指系统在创建优惠券之后，直接把优惠券发送到对应的用户账户中。主要应用场景是在一些营销活动中，平台为了提高订单转化率，会定向给用户相应额度的优惠券。

4.2.4 优惠券的玩法

优惠券的基本架构并不复杂，复杂的是怎样利用优惠券、使用什么玩法能提高优惠券的转化率。下面介绍的这些玩法是在市面上比较常见的几类玩法。我们从易到难，依次介绍优惠券的玩法。

1. 定时抢券玩法

定时抢券是在大促时行之有效的玩法，在特定的时间开放抢券入口，如每天10 点、18 点、22 点等流量高峰期。这个玩法的核心点有以下几个：

（1）优惠券的折扣率要高，比如满 500 元减 300 元、5 折。物以稀为贵，对于有价值的券，用户才会参与抢夺。

（2）在时间设定上，运营最好选择日常流量的高峰期，以提高优惠券的发放效率。

（3）运营需要做好抢券预热，提前预告优惠券的价值和抢夺时间，定点召回用户。在创建优惠券时，要记住优惠券的创建时间、审批时间、生效时间和失效时间这几个时间点。在抢券预热的时候，只有到了优惠券领取时间点，优惠券才可以被领取。当然这不是绝对的，运营也可以让用户在优惠券未生效时领取，但是此时无法使用。定时抢券如图4-15所示。

图 4-15

2. 购买券玩法

作为优惠券的产品经理，如果你觉得抢高价值券的玩法太单一，但是不想让用户白拿权益，那么可以尝试把券作为虚拟商品在平台上售卖。用户在支付一定的金额后，平台将优惠券发放至购买用户的账户中，购买券如图4-16所示。

图 4-16

在设计购买券时，我们仍然要遵循商品上架和购买逻辑，由运营上架商品并设定价格，用户在前台购买下单，具体的产品设计思路如下：

（1）上架优惠券商品。录入优惠券的商品信息，包含名称、图片、描述、详情页等信息。设定商品的类目属性，一般设定为虚拟类目。配置优惠券库存，并且可以全渠道共享库存。

（2）对接订单系统，生成订单并匹配订单号。设定优惠券的订单类型，如优惠券订单，设定订单类型的主要目的是下游业务识别和数据统计。

（3）对接台账系统，记录订单实收和应收，保证入账的准确性。

（4）对接支付系统，生成的订单需要走支付流程，通过支付系统收款。

优惠券作为虚拟商品需要走一遍上述的流程。在大公司内，这些底层能力都会集成在中台系统，是不需要开发的。

3.1 元夺宝玩法

市面上曾经有一种叫 1 元夺宝的玩法非常火爆。用户花费 1 元可以购买报名资格，有机会中最终的大奖。平台端可以设定一定阈值的夺宝额，当购买人数超过××人时，就可以择时开奖。当购买人数>奖品金额时，即使奖品发放出去，平台也是稳赚不亏的。

1 元夺宝玩法参考了彩票的流程，用户先购买后开奖。夺宝券也是一样的，用户先花 1 元购买抢券资格，当系统开奖后，系统从有资格的用户中抽取幸运用户，给他发放优惠券。1 元夺宝如图 4-17 所示。

图 4-17

我们可以把整个玩法看成蓄水池，有资格的用户是池子中的水，中奖用户是从池水中舀出的水。池水的进水口是花 1 元购买资格的用户，出水口是中奖的用户。中奖的用户只有一个，但是蓄水的用户却有几万个。

拼多多有一个非常机智和讨巧的玩法，只有一个人获得最大奖——一等奖，其他人获得二等奖。拼多多会给获得二等奖的用户一些额外的其他权益，同时还会把钱返还到中二等奖的用户的账户里。这种方式完美地解决了蓄水用户利用率的问题。

4. 个性化推荐玩法

推荐系统会给用户推荐他可能喜欢的优惠券、下单概率最高的优惠券。比如，在苹果发布新手机以后，一些用户经常访问苹果店铺，也把新手机加入了购物车，但是迟迟不下单，很可能是因为价格因素，如果此时平台可以给用户推荐一张苹果手机的满 10 000 元减 200 元的满减券，用户可能就立即下单了。

推荐系统可以把优惠券实时发放给用户，根据用户目前的访问行为判断用户行为，在用户访问的某个路径上直接弹出优惠券信息，如用户在访问商品详情页时直接弹出该商品的大额优惠券。推荐系统也可以给用户离线发放优惠券，根据用户的历史数据判断应该给用户哪些优惠券。

发放优惠券的方式有两种，如图 4-18 所示。一种方式是用户需要主动领取。用户在进行某个动作时，领取优惠券。另一种方式是系统直接发放，优惠券推荐系统根据用户 ID，在某个时间点直接将优惠券发放到用户的账户里。对于系统直接发放的方式来说，虽然用户不需要领取优惠券，但是用户也可能无法感知优惠券的存在。

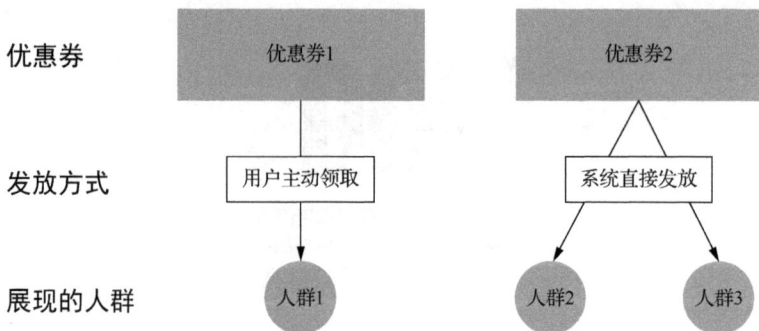

图 4-18

5. 瓜分优惠券玩法

瓜分优惠券其实是瓜分红包的衍生玩法，既然红包可以被瓜分，优惠券自然也可以被瓜分。一般瓜分的是额度相对比较大的优惠券，如满 1000 元减 800 元优惠券。瓜分的不是 1000 元，而是 800 元的总额度。

800 元额度的优惠券可以细拆为几张其他优惠券。例如，按照人数拆分为 1 张满 1000 元减 400 元优惠券、1 张满 500 元减 200 元优惠券和 2 张满 200 元减 100 元优惠券，共计 400×1+200×1+100×2=800 元，只要额度控制在 800 元即可。细拆之后的优惠券也有价值高低之分，可以按照额度的大小排成一等奖、二等奖和三等奖，其余价值低者为参与奖。

瓜分优惠券的核心目的是吸引更多用户参与，用户可以把一张高价值权益的优惠券扩散给更多人，这个玩法也属于社交玩法，用户需要自发地将玩法通过自有的社交链路分享给更多好友。用户瓜分优惠券的额度大小随机，系统不做额外干预。

瓜分优惠券的额度和排序在领取队列中是固定的，比如第三个人领取的优惠券额度最大，如图 4-19 所示。虽然用户无法预知优惠券的额度，但在营销层面上，提前给用户最大的预期可以进一步刺激用户瓜分优惠券。这种玩法在美团外卖和饿了么中使用得最多，并在微信群里广泛传播。

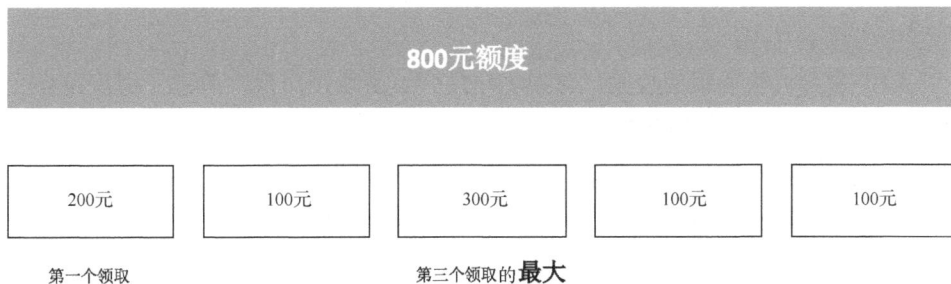

800元额度

| 200元 | 100元 | 300元 | 100元 | 100元 |

第一个领取　　　　　　　　　　　　第三个领取的**最大**

图 4-19

6. 优惠券的社交玩法

小明虽然拥有一张折扣率很高的优惠券，但是他却没有购买欲望。眼看优惠券即将过期，此时怎么办？他选择立即使用优惠券！但是他自己不想使用，而是通过微信把优惠券转赠给李鹏。基于熟人间的场景，优惠券可以在社交渠道转赠。

不过，转赠优惠券的风险很大。如果一群"黄牛"进入平台互相转赠优惠券，那么这些大额优惠券都将会流入"黄牛"之手，并且被他们以高价售卖。一旦"黄牛"的库存积压，优惠券就不会带来转化，平台的损失会非常大，如图 4-20 所示。

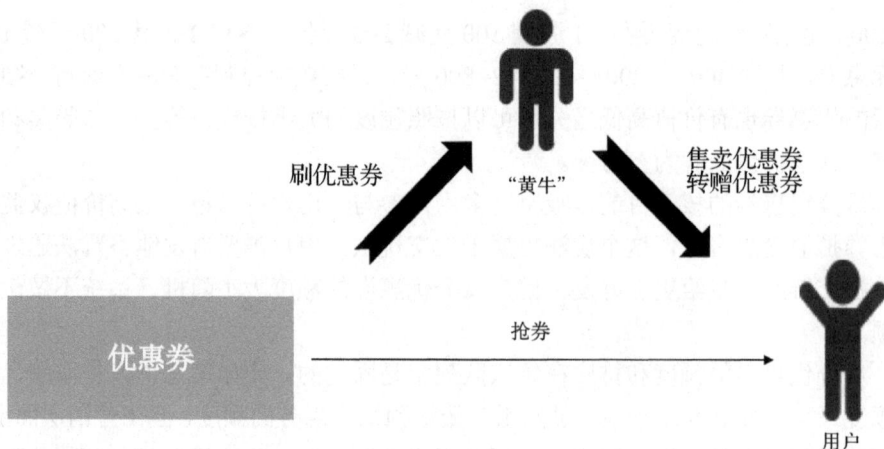

图 4-20

在转赠优惠券时，优惠券系统需要对转赠人和接收人进行一系列校验，具体可以参考以下几点：

（1）身份风险等级的校验。对黑名单用户、恶意用户或"黄牛"用户做直接限制，此类用户无法使用转赠功能，或者只有实名用户才能使用转赠功能。但是，对于新注册账户来说，这种方式只能治标不能治本。

（2）对券做类型限制。在设计这类产品时，我们要明确规定折扣率低于阈值的优惠券是无法被转赠的。

（3）时间限制。例如，只在某个时间段内开放转赠的功能，过期就没办法使用该功能。

为了转赠优惠券，系统需要增加很多逻辑，其实是得不偿失的，而且转赠优惠券严重依赖于社交链路，一旦分享被封禁，该产品将无法再继续被使用。

7. 优惠券拉新玩法

在泛流量时代的电商上半场，优惠券触达用户的方式比较粗犷，基本上是全网通投优惠券。到了电商下半场，我们对流量的运营更加精细化，追求的是投入产出比。此时，流量不仅是流量，对于平台来说，还是粉丝、潜客、老客。

什么是新人？对于平台来说，未注册的用户是新人，曾经注册过但 n 天未购买商品的用户也可以被称为新人。对于品类来说，n 天未购买该品类商品的用户都算品类新人。对于店铺来说，n 天未在该店铺中购买商品的用户都是店铺新人。拉新是每个电商角色的大难题，花费成本很高，却是不得不做的事情，增加每个新用户至少需要投入 20 元。

拉新要找对人，给对优惠券，才能得到好的效果。我们需要两个系统提供服务，首先要有能够识别新人的系统，新人包含平台新人、品类新人和店铺新人，如果查询到这个人是新人，那么还会用到另外一个发优惠券的系统。注意：发优惠券的系统不一定是创建优惠券的系统，要区分开。上游产品（如识别新人的系统）要告诉发优惠券的系统哪个用户是新人，是什么类型的新人，然后发优惠券的系统给他直发对应的优惠券，如图 4-21 所示。

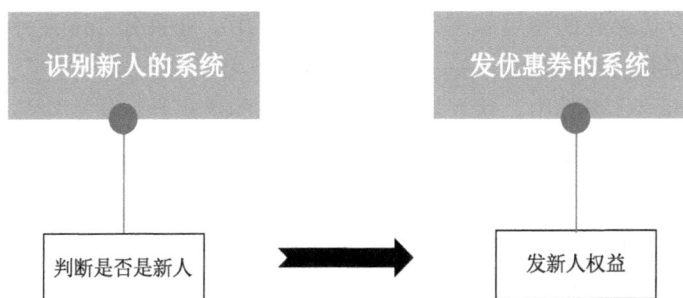

图 4-21

如果拉新优惠券需要用户主动领取，那么我们就需要对投放端的资源位做相应的改造。首先，我们要让资源位知道进来的用户是不是新人，如果是新人就展示新人资源位内容。如果不是新人就不展示新人资源位内容。资源位拉新流程如图 4-22 所示。

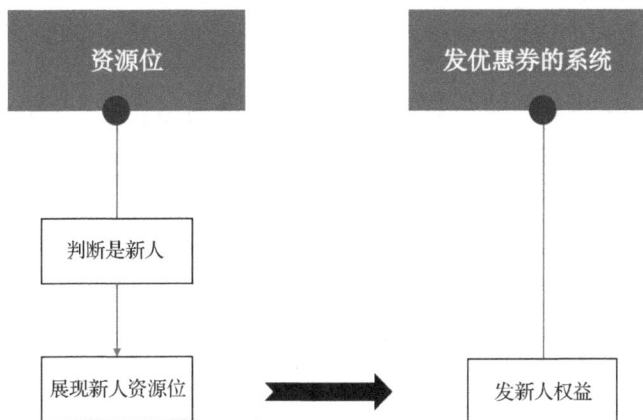

图 4-22

4.2.5　优惠券的核销

优惠券核销的含义是优惠券被使用并对账完成。我们在第 3 章中介绍了优惠券的台账细节。优惠券的核销流程发生在结算页，用户在使用优惠券时，系统会按照以下逻辑进行核销：

（1）优惠券的使用需要调用实时的接口，查询券的基本信息，保证用户的下单体验。

（2）区分优惠券的使用状态是可用还是不可用。如果分 Tab 展示，那么默认展示可用优惠券的 Tab。

（3）在可用优惠券中，优先展示折扣率最高的优惠券，按顺序排列。

（4）如果有优惠券的叠加逻辑，那么也要在前端提示用户。

目前用户在淘宝下单时，是不需要自己选择优惠券的，系统会替他计算最优的优惠券组合。而用户在京东下单时则需要自己勾选要使用的优惠券，并且在下单时经常会忘记使用优惠券。

当用户在结算页选择优惠券并提交订单后，订单系统开始记优惠券的台账，因为优惠券属于虚拟资产。

4.2.6　优惠券的逆向流程

优惠券的逆向流程分为两个场景，分别是售前退券和售后退券，如图 4-23 所示。售前是指用户提交了订单，但是还未完成订单。售后是指用户已收到货，但是提交了退货申请。

在这两个场景中，我们还要再做细分，判断订单有没有被拆分。

（1）在售前场景中，订单如果被拆分就需要特殊处理，如果未被拆分就可以退还优惠券。

（2）在售后场景中，订单无论是否被拆分，都需要特殊处理。

（3）特殊处理指的是订单被拆分后，优惠券的优惠金额会拆分到每个商品上，售后系统不可能给用户退还整张优惠券，可能只退还一张金额比较相近的优惠券或者电商内可结算的虚拟货币。

（4）如果电商业务比较单一，那么优惠券逆向可以简化一些，直接退或者人工处理。

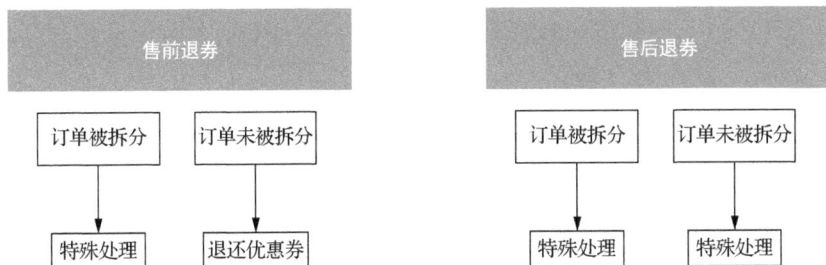

图 4-23

4.3 营销要找准人，聊聊人群营销

在第 2 章中，我介绍了在电商中人的一系列特征，电商中的人即用户。我也介绍了用户画像，用户是由很多标签组成的，多个标签组成了用户画像。我还得出了一个结论：获取用户对于品牌提升 GMV 是非常重要的。

其实，无论是实体销售还是电商都与人密切相关。如果你的店开在商场 2 层的电梯口附近，那么你都会看见哪些人呢？

（1）有些人从你的店门前经过，看了店一眼，但是没有进店，这部分人被称为曝光 UV，即人群 A；

（2）在人群中，有几个人看了你的店，而且进了店，这部分人被称为进店 UV，即人群 B；

（3）用户 C 看了店内的衣服，向导购员询问了价格，但是没有购买，他被称为潜在用户；

（4）用户 D 在店里逛了很久，也试穿了几件衣服，但是最终没有购买，他被称为高转化率用户，可能是价格因素或者款式因素影响了他的购买，如果给他一些优惠，他会不会心动呢？

（5）用户 E 直接购买了，非常爽快，毫不犹豫。他可能是你的店的粉丝或者忠诚用户。

我们分析一下 A、B、C、D、E 这几类人的特征。对于商家来说，人群 A 是大杂烩，里面有形形色色的人，很难把控；人群 B 相对靠谱一些，毕竟是进店流量，可能会有一部分转化；用户 C 有过浏览记录，但是没有购买，原因可能很复杂，但是可能会发生购买行为，所以是潜在购买用户；我们需要探明用户 D 纠结的原因，用户 D 具有高转化率的倾向；对于用户 E 来说，即使不给他奖品刺激，他也会买单，这是粉丝效应。

线下用户的行为与线上用户的行为是比较相似的，每一类人都会有不同的心理，对商品的青睐度都是不同的。我们需要找到这些用户，输出符合用户要求的商品，最后用权益的杠杆刺激他们。这个过程可以是人找货，也可以反过来，通过货找准确的人。

"找"是动词，如何"找"是本节的主要内容。我们采用的最普遍的方式是通过营销广告触达需要找的用户群体。说到广告，我们就必须先了解营销广告的基本概念。

4.3.1　营销广告的那些概念

在广告行业中，有些名词特别不易区分，比如收费模式可以分为 CPA、CPC、CPM 和 CPS 等。这些英文缩写不好区分，但是前两个字母都是 CP，所以我们只需要记住最后一个字母。

1. CPA（Cost Per Action）

CPA 即按照实际效果收费，广告系统需要用户产生预期的行为，比如 App 下载次数或下订单的数量等行为。与 CPC 等收费模式不同，CPA 的效果数据更加真实，对于广告主来说更公平，广告主在获得收益后向广告平台付费。

2. CPC（Cost Per Click）

CPC 即按用户点击的次数收费。例如，用户每点击一次收费一元，不点击不收费。该收费模式被 Google 和百度广泛应用于搜索竞价模式（如图 4-24 所示）。

因为按点击次数收费，所以只要有点击就会收费，有时可能会出现很多恶意攻击的情况，比如友商发起的刷次数的动作，导致广告主的余额迅速下降。

在电商场景中，假设按照用户每点击一次收费一元计费，用户点击了 1000 次广告，成交了 10 单，转化率为 1%，如果每单利润达到 100 元，投入与回报就可以平衡。

图 4-24

3. CPM（Cost Per Mille）

CPM 即按千次展现收费，比如向 1000 个用户曝光了广告，不管用户有什么行为，只要用户看了就会对广告主收费。这种模式常见于线下广告牌和线上的优质资源位。

与 CPC 模式相比，CPM 模式对于平台来说更加合理。毕竟，用户只要看了广告就会影响其心智。目前，电商广告基本上都是用这种模式收费的。

4. CPS（Cost Per Sale）

CPS 即按照销售分成收费。CPS 其实是 CPA 的一个分支，A 即 Action，任何行动（如购买、加购等）都可以被看成 A。在现实中，销售人员会通过售卖商品得到佣金，比如，销售人员每卖一辆车就能得到 3% 的佣金。

同理，在淘宝中，淘宝客到处为商家发送商品广告，为商家引流成交 100 单，成交金额为 10 万元，他就可以得到 3% 的佣金，即 3000 元，这部分佣金就是广告主支付的广告费用。

以上是广告的收费模式，广告主在投放广告后，广告平台还要对广告负责，包括如何调整广告、广告的效果如何，所以我们需要了解下面的指标。

（1）CTR（Click Through Rate）。CTR 是广告的点击率。广告主把各种各样的内容投放给用户，但是用户可能并不会有点击行为。如果广告主把素材 A 投放给 10 万个用户，得到的 CTR 是 10%，把素材 B 投放给另外 10 万个用户，得到的 CTR 是 34%，那么说明素材 B 的广告效果更好。CTR 是衡量线上广告传播效果的重要指标，线下广告则没有这个数据。

（2）ROI（Return On Investment）。ROI 是投入产出比。ROI=收入金额/投入金额。比如，广告主投入 10 万元做线上广告，最后只收入了 1 万元，ROI 是 0.1。反之，如果收入了 100 万元，那么 ROI 是 10。ROI 可能无限大，也可能无限小，广告主要在提升产品质量和服务的同时，运用好线上广告。ROI 是评估投放收益的最重要指标。

（3）A/B 测试。对于同一个功能或玩法，运营人员可以把两套不同的产品机制 A 和 B（如不同的文案、不同的交互、不同的价格等）发送给等量的两类人群，通过两类人群的数据反馈，衡量 A、B 两个方案的优劣。在广告投放中，如果广告主使用素材 A 得到的 CTR 只有 10%，那么他肯定是不满意的，所以使用了素材 B，CTR 迅速提升到 34%。这种方式是广告投放的素材 A/B 测试。

以上这些是在互联网广告中比较常见的概念，我们需要先了解这些概念，然后才能更好地理解接下来的内容。互联网广告是非常"烧钱"的，每一次投放都带有广告主的期许，高效投放是当务之急。

4.3.2　品牌的人群结构和人群策略

我们经常听到某地的特色商品，如南非的钻石、景德镇的瓷器。以前，用户如果需要这些特色商品，那么只能去当地采买或者找供应商拿货，这属于人找货的模式，货就在那里，需要人发现和寻找。在移动互联网时代，电商通过类目和其他导购产品帮助用户寻找到他想要的商品，这也是人找货的思路。

用户的浏览深度毕竟有限，可以发现的商品只是少数的。"不甘寂寞"的商品也希望得到曝光的机会，因此就商生了"货找人"的模式，基于商品本身的属性匹配适合的人群。比如，美妆商品的定位人群自然是爱美的女性、机械键盘的定位人群是数码爱好者。人群即爱美的女性和数码爱好者，我们的任务就是如何找到这些人群。

无论是"人找货"还是"货找人"，都是为了缩短用户和商品之间的距离，向精准用户推送他有购买倾向的商品，这是提升转化率的关键。

1. 品牌的人群长什么样

获取新用户是互联网产品永恒的话题，产品无论到了什么阶段都要有拉新的手段。电商产品更应该重视拉新的需求。拉新的整体思路是维护好老用户，获取更多新用户。不过，拉新的成本非常高。对于老用户来说，我们可能花费 1 元的成本就可以让他下单；而对于新用户来说，我们则可能要付出多于老用户 20 倍或 50 倍的成本。

按照购买频次和购买时间，老用户还可以细分为复购人群、沉睡人群、潜在流失人群、流失人群等，对于不同的老用户人群，运营策略是不同的。

图 4-25 为品牌的人群结构，可以分为品牌之外人群和品牌用户池人群，从域外进入用户池的入口相对较窄，不易获取用户；相反，从用户池向域外的出口却很宽，容易流失用户。

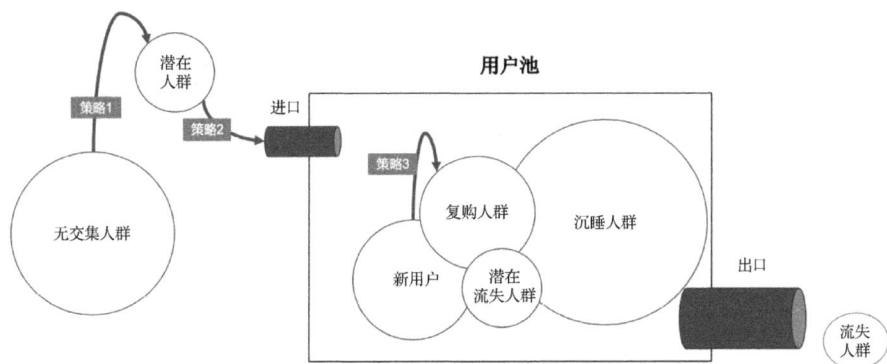

图 4-25

人群概念见表 4-1，其中用户池中的人群不完全是独立的，可能会有交集，你需要根据你所负责的产品的业务情况具体分析。

表 4-1

所属区域	人群名称	定义
品牌之外	潜在人群	有购买倾向的用户，有浏览、加购、收藏或搜索等行为，但是未发生购买
	无交集人群	与这个品牌完全无交集的用户，为曾曝光到的人群
	流失人群	曾经购买过品牌商品，但是超过×天未发生购买行为
品牌用户池	新用户	只购买过一次商品的人群
	复购人群	至少购买过两次商品的人群，属于品牌销售的主要来源，即回头客
	沉睡人群	曾经购买过商品，×天内没有购买行为
	潜在流失人群	曾经购买过商品，×天后没有购买行为

其中，沉睡人群、潜在流失人群和流失人群都曾经购买过商品，要根据时间判断到底是哪类人群。人群区别如图 4-26 所示。

我把用户和品牌产生关联的时间以时间轴的方式展开，如图 4-26 所示，分为 4 个时间点，具体的时间参数仅作案例，可以内部制定。

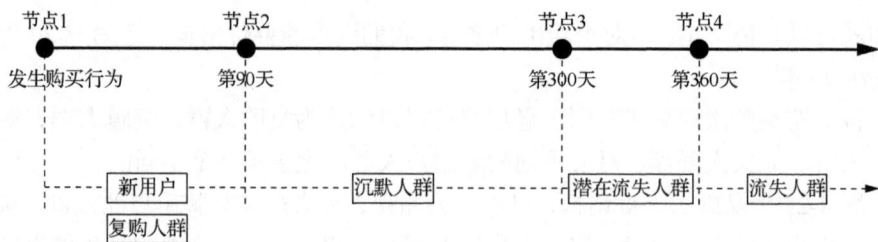

图 4-26

（1）节点 1：节点 1 是用户发生购买行为的时间，如果用户以前未购买过商品，那么这些用户就是新用户。如果用户已经购买过商品，那么这些用户是复购人群。

（2）节点 2：如果时间过了节点 2，曾经购买过商品的人群都没有再次发生购买行为，那么新用户和复购人群都将转化为沉默人群。

（3）节点 3：当时间推移到节点 3 时，沉默人群如果仍然没有发生购买行为，很可能已经遗忘了品牌，那么就是潜在流失人群。

（4）节点 4：当时间推移到节点 4 时，如果在节点 1 购买过商品的人群没有再次购买商品，那么我们可以认为这些人群全部流失了，他们是流失人群。

2. 品牌对应的人群策略

我们对不同人群要使用不同的策略，再回到图 4-25，我们可以使用哪些策略让无交集人群变成潜在人群？

（1）线上广告：我们可以大面积地投放广告。当初的淘宝网因为无法把广告投放到 4 大门户网站，所以投放到了各个小众网站上，逐渐被人们熟知。

（2）线下广告：我们可以把广告投放到所有大流量的资源平台，如地铁的广告位、公交站的广告位、电视节目等。我们投放线下广告的目的是不断地吸引用户关注，让用户记住你的品牌。史玉柱曾经说过，广告是对用户大脑的投资。

如何将品牌的潜在人群转化为新用户呢？

我们要让用户记住品牌相对比较容易，但是要让用户购买商品是很困难的，尤其在现在竞争如此激烈的环境下。我们可以按以下两点来做：

（1）提升产品和服务质量。有了金刚钻才能揽瓷器活，打铁需自身硬。虽然苹果产品的价格高，但是产品质量和用户体验极优。小米产品的价格亲民，质量上乘，性价比高。头部品牌都应该知道只有完善自身产品，才能吸引用户。

（2）刺激用户。潜在用户纠结要不要购买商品的原因可能是价格高，也可能是在和竞品对比。如果在用户购买的临界节点时，我们给用户一点儿刺激，这笔生意很可能就成交了。我们可以给用户什么刺激呢？利益刺激是最主要的，比如我正在犹豫是否买小米手机，突然商家就给我赠送了 100 元优惠券，那么我自然就下单了。其他刺激就比较虚幻了，在大多数情况下我们可以通过正面事件影响用户心智，如用户在观看世界杯比赛时突然看到了是小米冠名的，他的购买倾向也会受到影响。

下面的策略可以让新用户转为复购人群，也就是让用户多次购买。大家电和家居之类商品的复购场景确实少，这里不多说了。下面以电子和快消商品为例，我们可以使用以下的策略。

（1）提前通知用户购买。很多商品是有使用周期的，我们需要预知用户的使用习惯，在用户发生第二次购买前，提前通知他商品快要用完了，需要补货。

（2）利益刺激。当然，仅仅通知用户购买，还是挺苍白无力的，很多用户会反感，如果此时你再发放一张不错的优惠券，势必事半功倍，提升用户的转化率。

4.3.3　如何触达这些人群

区分人群是第一步，接下来我们要通知这些人群。

1. 短信通知

在 3.2.2 节中我已经介绍了短信通知，此处不再介绍。

2. 定向海报

我们要根据之前设置的人群策略，触达不同素材海报。不同人群可以在店铺首页中查看个性的海报内容，这样可以提升访客的转化率。定向海报可以做到千人千面，支持定向分发给不同人群的策略，对不同的人说不同的话。

3. EDM 营销

EDM 营销也叫电子邮件营销。邮箱类产品使用 EDM 营销较多，如网易邮箱经常在邮箱中打一些网易严选的广告。EDM 营销需要针对精准的人群，否则会对用户产生非常不好的影响。

4. 媒体

媒体是指用户与品牌内容接触的触点，包括以淘宝、天猫、聚划算、口碑为代表的电商消费类媒体，以优酷土豆为代表的视频媒体，以新浪微博、陌陌、钉钉为代表的信息流媒体， 以 UC 浏览器、高德为代表的移动信息流与搜索引擎媒体等。

5. 手机 Push

桌面 Push 为强提醒，我们可以把消息直接发送到系统桌面；消息中心为弱提醒，我们如果把发送的消息沉淀到消息中心，那么用户只有在主动点开的时候，才会看到具体的消息内容。

按照场景划分，Push 可以分为产品 Push 和营销 Push。前者为系统自动发送给有条件的人，如系统给已经订阅某活动的用户发送消息；后者在营销活动时才会被使用，系统自选人群，自由发送消息。不过，我们需要注意发送消息的频次，以免用户关闭整个产品的通知渠道。

6. 微信消息

我认为微信的消息渠道是最有效的通知方式。微信拥有非常大的社交流量入口，用户会经常打开 App，当有消息通知时，用户会看到聊天框上有红点提示。

微信消息在消息通知中以卡片形式展现，内容明确且易操作，如图 4-27 所示。

图 4-27

4.3.4　营销实操，品牌都要做什么

你如果是营销经理，负责美妆品牌，要做一场营销活动，那么应该做哪些事情呢？在我看来，无论做什么事，首先都要了解事情的背景，在解题时当然要读懂题干是什么。

一场营销活动大概可以拆解为 5 步，分别是制定 KPI、圈定人群、确定投放渠道、素材制作、数据调优，如图 4-28 所示。当然，我们其实可以做一个闭环，再增加 1 步，第 6 步为数据沉淀。不过，在投放活动阶段，我们只需要前 5 步。

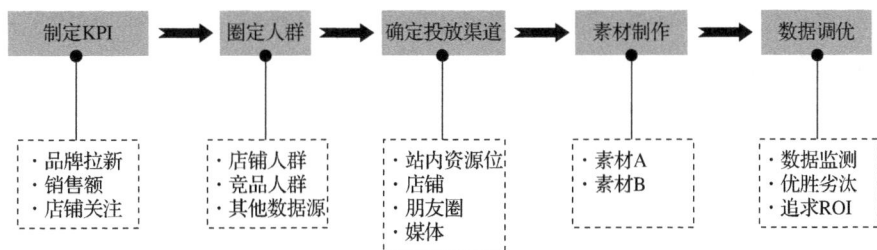

图 4-28

1. 制定 KPI

首先，我们要了解投放活动的品牌信息，品牌营销的业务能力如何，负责的品类有哪些，是美妆商品、快消品还是 3C 商品。

其次，我们要确定本次活动的目标，是为了获取品牌新用户，还是为了促活老用户提高 GMV。对于不同的业务目标，所用的营销手段是不一样的。

2. 圈定人群

以往在做营销活动时，我们经常投放给所有用户。如果采用 CPM，就势必会增加广告主的投入成本，从而降低 ROI。做人群营销的目的是精准投放，提高 ROI。表 4-2 中列举了几个基本场景的人群标签。

表 4-2

标签枚举	标签值
地域分布	北方、南方、省份、城市、农村等
学历	高中、本科、硕士、博士等
年龄	25 岁以下、30 岁以上、50 岁以上等
职业	互联网人、银行员工、教师、职工等
性别	男性、女性、中性

我们要根据业务目标圈定相应的人群。人群的产出可以是自有人群包，也可以是外部的数据源，如通过接口方式透传过来的用户数据，或者通过离线导入的人群包。图 4-29 为从广点通导入的外部数据的截图。

图 4-29

如果品牌在域外很多场景中都有数据沉淀，比如用户在门店的购买行为已经记录在案，我们要想把这些数据上传到线上，那么离线导入是非常不错的方案，但是我们需要按照人群系统的规范操作。

营销活动少不了利益点，这也是活动的卖点之一。如在京东图书的抢券活动中（如图 4-30 所示），用户可以抢到大额优惠券，并且可以叠加多项打折优惠，这就形成了自带流量的营销活动。

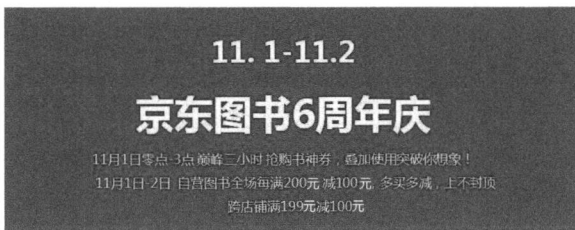

图 4-30

3. 确定投放渠道

目前，大多数营销活动的主战场都为无线端，在 PC 端无须投入过多营销资源，只需要引流到无线端即可。我们一般选择流量大的产品进行投放，投放的价格会很高，如社交产品（如微信朋友圈）、内容产品（如今日头条、腾讯视频等）。站内投放则将活动投放到各种各样的资源位或触达产品中。

我们不能直接向所有渠道投放，最好先在小范围内测试一下活动的可靠性，毕竟每场活动动辄十几万元的预算弄不好就全部浪费了。

4. 素材制作

在设计行业中有一句名言，"面向用户设计"，即懂得用户的需求，向用户展现他能理解、可接受的设计。同样，这也适用于素材制作，在前期我们可以使用海图策略，小面积测试每种图片的 CTR，并在海图中挑选合适的素材。

5. 数据调优

我们根据各种维度圈定了多个标签的人群，人群包数量可能达到几百万个。但是，各个标签人群的优劣需要根据数据反馈查看，我们要优先选择 ROI 高的人群，舍弃 ROI 低的人群。

产品经理在营销产品中扮演的角色是多种多样的。产品经理可以是营销运营，制定营销策略；产品经理可以是市场运营，向各个角色炫耀自己有多么厉害的产品，可以帮品牌达到××ROI；产品经理可以是产品经理，设计整套营销产品方案，包括人群系统、优惠系统、数据系统等；产品经理可以是一名不会画图的设计师，向设计师阐述哪里可以换颜色，哪里可以换文案。

本节没有过多介绍产品方案，我觉得在做人群营销方案前，首先要有一套方法论支撑，知己知彼，百战不殆，方案自然水到渠成。有人问我为什么只讲概念性的问题，从来不画原型呢？实话说，高级产品经理从来不会纠结原型的好坏，要从根源上了解业务需求、从宏观上看产品是否有商业空间，从点上了解问题，从面上看问题扩展，从体上深挖需求，所以你不要太纠结画原型的事情。

4.4 搜索的营销玩法

我们对搜索都不陌生，会经常用到百度搜索、360 搜索和淘宝搜索等。不同的业务可以通用一套公用的基础底层搜索框架，当前最常用的框架有 Solr 和 ElasticSearch。不过，不同场景的搜索意图是不同的。

电商搜索要帮助用户更快捷地找到他所需要的商品，并最终将浏览行为转化成购买行为。电商网站在创建前期时如果 SKU 不够丰富、商品数量有限，那么用简单的搜索即可满足用户的需求，比如只通过固定的导航搜索。

一旦商品数量扩增到数以亿计时，传统的搜索就没有办法让用户在第一时间找到所需的商品了。这时就必须从根本上解决搜索问题，寻找更优的解决方案。

本书一直强调人、货、场，试着从产品的角度出发，寻找各种方法，以缩短人和货之间的空间距离。当人找货时，搜索可以简单粗暴地触达用户。当然，在搜索过程中，我们也可以让货找人。

搜索作为导购产品，是最重要的流量分发入口，掌握着千万个商家的命运，也是一个具有重要意义的商业化产品。通过控制流量分发策略，搜索可以帮助平台撬动更多资源，让商家得到满意的流量。

4.4.1 剖析搜索的产品流程

进入电商页面的用户可以大体上分为两类。

第一类用户是有明确购买需求的用户。他们会通过搜索、筛选、分类等手段迅速定位自己所需要的商品。比如，小明想买一件价格适中的羽绒服，他会做什么？首先，他打开购物 App，可能直接搜索关键词"羽绒服"，然后在下拉框内再查找羽绒服的分类，如"羽绒服男士"。在搜索结果返回到前端页面后，返回的结果可能让小明不满意，他继续使用筛选功能，筛选热销款，筛选条件为价格为 300～500 元，又会得到一些结果。然后，他开始寻找之路。或者小明打开购物 App，通过类目导航选择羽绒服分类，再筛选价格等条件。小明的访问路径很短，如果他是男生，可能访问 PV 不超过 20 次就下单了。

第二类用户是没有明确购买需求的用户。比如，小白经常浏览购物 App，但是不知道买什么，可能对某类商品有兴趣，她如果是女生，那么可能喜欢化妆品，他如果是男生，那么可能喜欢电子产品。

小白会对首页的各个入口都感兴趣，会看各种内容的信息，初步了解内容。比如，他会看视频或者达人的帖子，了解某些商品。然后，在经过其他导购产品不断的个性化推荐后，小白全面了解了商品信息。当小白再次回到购物 App 时，小白可能会被转化。

在小明的案例中，我们可以了解搜索产品的很多相关功能，比如关键词的下拉框联想、类目搜索、商品筛选等。图 4-31 为搜索的内部流转过程。

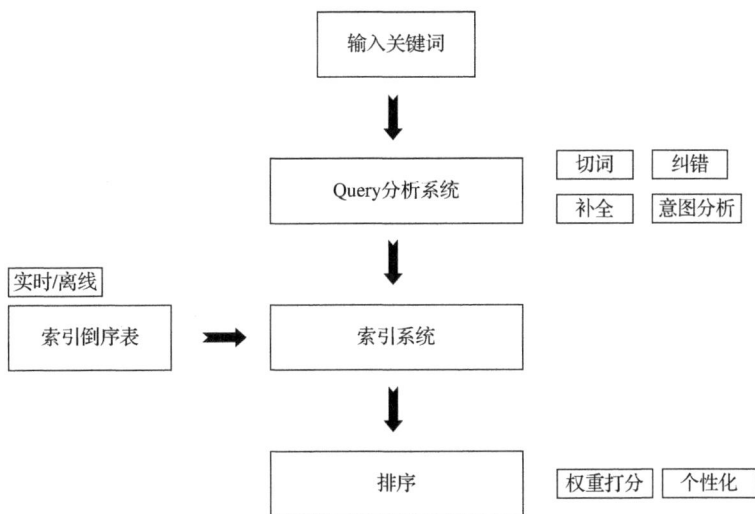

图 4-31

用户在输入关键词后，Query 分析系统首先对关键词解析，查看关键词的语义，把词语切词，如把男士外套切分成外套、男士两个筛选条件，进行意图分析，挖掘关键词的含义，分析用户想搜索的是哪些商品。

如果用户输入的关键词拼写错误，那么系统会进行关键词纠错，给出关键词建议。比较常见的方法是"误拼词典法"，穷举所有可能的误拼词语，形成词典，并查询正确的词语。纠错案例如图 4-32 所示。

图 4-32

为了检索快捷，系统通常都会建立搜索的索引数据库，把商品数据结构化（如商品名称、商品价格、商品类目、商品属性等标准化的信息，见图 4-33）存储在索引倒序表中，作为连接搜索和商品的桥梁。

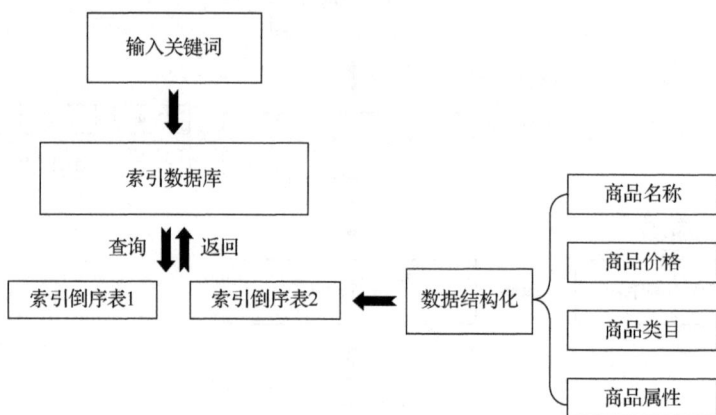

图 4-33

当商家对商品进行上架、下架、修改价格等操作时，系统可能出现不同步的状态。比如，价格不同步、库存不同步。甚至，很多网站只能做到在 $T+1$ 天后，商品才能被索引数据库收录。

索引系统在已经查询到用户输入的关键词含义并有结果返回时，还会遇到一个难题。被搜索到的商品的数量级可能达到百万级甚至千万级，这时如何排序才是最优的呢？

搜索排序常用的手段是权重打分，根据商品售卖情况（如售卖数量、评价、退换货信息）或者关键词匹配等信息，按照公式计算出具体的分值，并返回权重的排序列表。

这种方法的好处是可以让好货优先展示在前面,但是会形成严重的马太效应,好的商品曝光的次数越来越多,新品(可能也是好货)或者一些深耕在某个小领域商家的商品没办法曝光。这就导致了商家流量不均匀的情况出现,商家生态会变得更加脆弱。

所以,最优解可能还是通过个性化排序,把用户曾经有过访问、加购、购买等行为的商品排在前面,再结合权重打分机制,向排序中冷启动一些意外的"商品"。

传统搜索和电商搜索的分析原理不完全相同。电商搜索的深度更深一些,因为所有商品的信息都是结构化的数据,有利于搜索分析。因此,电商搜索也演变出多种多样的搜索形式,如看图搜索的拍立淘、语音搜索等。在未来,搜索与算法相结合可以让搜索变得更高效、流量生态更健康。

4.4.2 搜索红包/优惠券玩法

当用户在电商环境中搜索时,其实他们是带有一定的商品倾向性的。用户会有很大概率购买与关键词相关的商品。但是,在很多时候,搜索商品最终却没有转化成订单,可能是因为用户没有找到想要的商品,也可能是因为用户对价格不满意等。

大多数人群都可以被认为是价格敏感型人群,只是敏感的程度不同而已。这与收入水平无关,高收入人群也可能锱铢必较,低收入人群可能对价格更敏感。

从价格的角度切入搜索营销也许是不错的想法,比如给用户与他搜索的关键词相关的商品的一个红包或一张优惠券,会使用户产生一种"久旱逢甘霖"的感觉,优惠得恰到好处。这让用户觉得他占了便宜,他自然就会下单。我们可以从用户流程和商业流程两个方面提高营销转化效率。

1. 用户流程

从用户的角度来看,越简单的交互、越清晰的规则越容易让用户上瘾。用户只需要经过三步就可以得到搜索红包:

(1)在搜索框中键入关键词,从索引数据库返回具体的商品列表。

(2)在搜索页面中,直接弹出获得的红包或优惠券,并展示具体的面额、使用范围和使用时间,如图 4-34 所示。

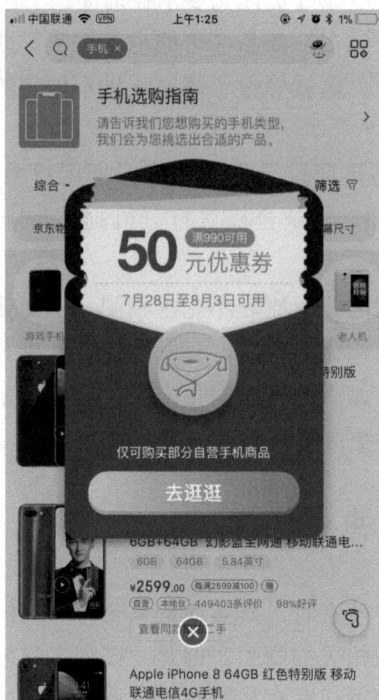

图 4-34

（3）直接或间接圈选可以使用的商品范围，下单。

前台的交互流程归结为用户做了某件事情，触发了某个动作，系统发放权益，用户获取并使用权益。

2. 商业流程

搜索红包/优惠券玩法的核心目标是促进转化，提高搜索的 GMV。主要手段是借助搜索渠道，在用户搜索的同时，提供红包/优惠券。

这些红包和优惠券到底是从哪里来的？羊毛当然出在羊身上！直接的出资方是平台商家，间接的出资方是用户，因为最终商品溢价部分的价值都会由用户承担。例如，普通球鞋和 NIKE 球鞋的价值差距非常大。后者的价值不仅是商品价值，还是品牌价值。而品牌价值的成本，最终会转移到商品，由用户买单。

用户在前台领取了红包，在商业端的流程如图 4-35 所示。

调优

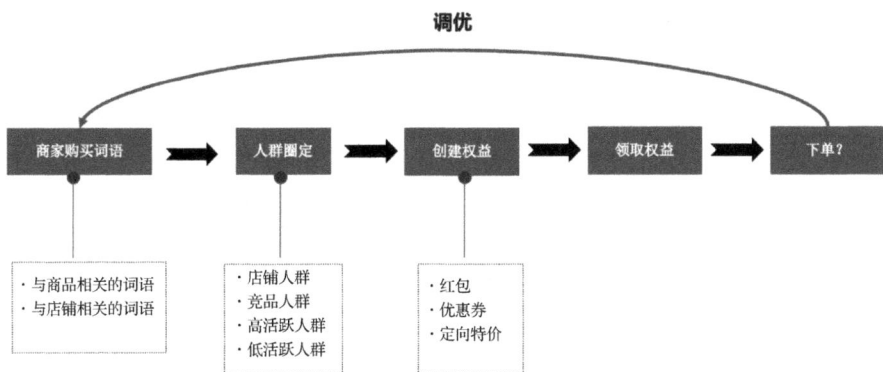

图 4-35

（1）商家购买词语。因为搜索是商业化产品，所以关键词是需要付费的，毕竟它可以带来可观的流量。商家可以购买与商品相关的词语，也可以购买与店铺相关的词语。

（2）人群圈定。圈定店铺人群、竞品人群、高活跃人群或低活跃人群等。

（3）创建权益。权益可以由场景确认。一种场景是日常场景，关键词长期可用。另一种场景是营销活动场景，关键词只在特定时间内可用。两种权益的创建方式不同，前者可以由商家自行创建，而后者则需要商家以线上或线下招商的方式创建。权益类型一般为红包、优惠券或定向特价等。

（4）领取权益。当用户搜索了商家购买的词语后，用户所在的当前页面会弹出领取权益的弹窗，用户可以直接领取权益。在设计该产品时，对于未中奖的情况，最优的方案是不展示该弹窗，而不是当用户搜索关键词时直接弹出未中奖的弹窗，这会让用户反感。

（5）下单。我们需要观察所购买的关键词的下单率，如果下单率较低，就要考虑优化低效词语，使用高转化率词语。

4.4.3　搜索广告

提到搜索，自然离不开广告。业界比较常见的广告系统有 Google AdWords、百度蜂巢、淘宝/京东搜索和一些平台型的产品，如 58 同城搜索竞价排名系统等。

前面提到了，用户有了搜索行为就预示着潜在成交。此时，平台可以用权益直接刺激用户，比如如果用户搜索 NIKE，那么我们给他 NIKE 的红包；我们也可以根据用户搜索的关键词，展示与关键词相关的商品。

搜索是一块蛋糕，关键词等于流量。用户的每一次搜索都会带来用户的沉没成本、用户的注意力、潜在的订单。平台上的卖家都想吞掉这块大蛋糕，那么自然会产生竞争，伴随着适者生存、优胜劣汰，在这个背景下演化出了搜索商业产品——搜索广告。

浏览者通过搜索关键词查询到了广告主投放的创意，这个创意就是搜索广告。如图 4-36 所示，我们在百度中搜索关键词"医院"，前端展现了很多关于医院的广告。

不知道你有没有发现以下问题？

（1）为什么展示这几家医院，而不展示其他医院呢？这究竟是什么逻辑？

（2）杭州华山连天美医疗美容医院在第一条展示，而杭州红房子妇产医院展示在第二条，为什么这么排序呢？

图 4-36

（3）广告都是收费的，这几家医院支付的费用是如何结算的？

对于上面的几个问题，我们都可以从图 4-37 中找到答案。搜索广告业务有三个重要角色，分别是广告主、浏览者和平台。

广告主：广告主是掏钱的人。

浏览者：浏览者是用户、看广告的人，也是最终下单的人。

平台：平台是指电商平台，是能力支持者。

这三个角色的利益链条如图 4-38 所示。

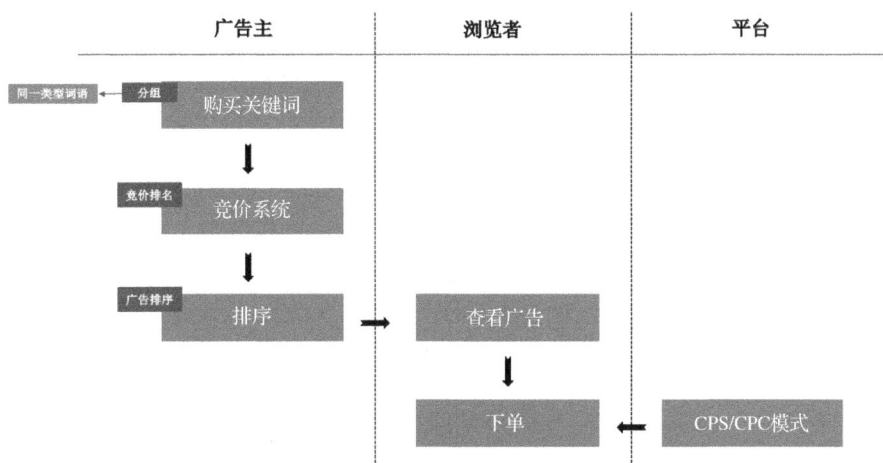

图 4-37

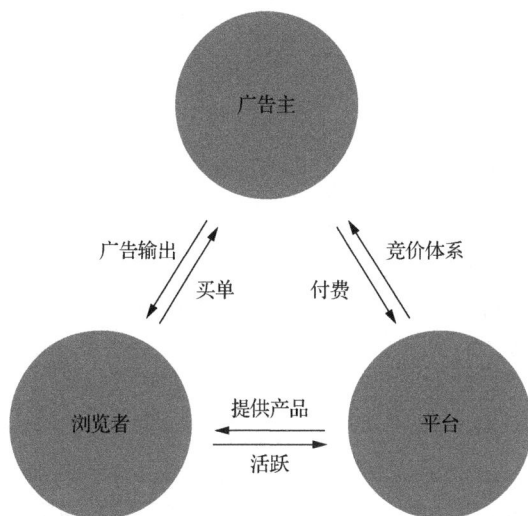

图 4-38

　　广告主向平台付费购买关键词，浏览者点击广告或通过广告下单付款给广告主，平台采用 CPS/CPC 模式向广告主收费。

　　最终，成本转移到了商品上，由用户承担。这种商业模式覆盖了市面上大部分搜索广告产品，搜索引擎营销其实也是为了优化成本结构，找到最优的搜索方案。

　　广告主需要付费购买关键词。如果广告主希望获取非常精准的流量，那么可以购买精准广告词，比如，NIKE 空军一号。

　　可想而知，对于特别精准的关键词，其搜索命中的用户定然是非常少的。而模糊关键词的命中概率会大得多，比如 nike、耐克、naike 都是你买的模糊关键词，搜索这些词的用户全部会命中你的广告，这是搜索关键词的逻辑。

广告主要购买关键词，但是关键词并不是在购买后就可以展示出来的，还有竞价逻辑。广告系统的竞价体系如图 4-39 所示。

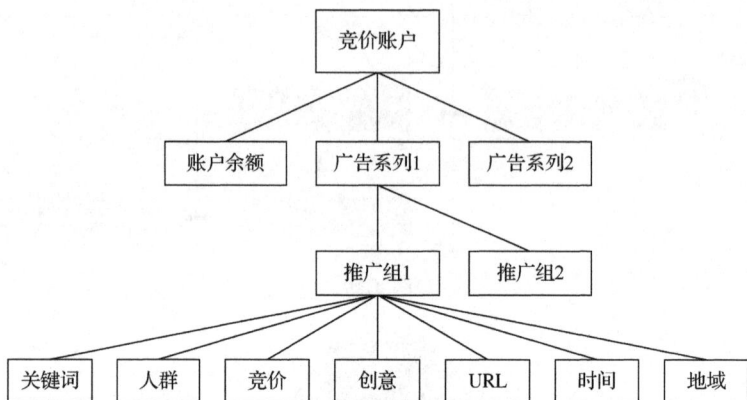

图 4-39

每个广告主都需要开通竞价账户，用于广告竞价。竞价账户可以充值并购买关键词，同时还支持创建广告系列。广告主可以根据投放类型创建多个不同的系列，同时每个系列会支持多个推广组，不同推广组支持不同场景的广告业务，比如关键词、人群、竞价、创意、URL、时间和地域等。

为了提高投放效率，每个关键词都可以额外地设置其他参数，如人群、竞价、创意、URL、时间、地域等。

（1）人群。如 4.3 节所述，一旦人群能力具备后，很多营销场景都能用得到，不再赘述了。

（2）竞价。竞代表竞争，价是出价。广告主可以出不同的价格购买关键词，如果对于 NIKE 球鞋，广告主 A 出了 1 元，广告主 B 出了 10 元，那么广告主 B 的竞价排名就会靠前一些，相应的广告排序也会靠前。

（3）时间。同一个关键词在不同时间段内的搜索频次和热度都是不同的，比如在冬天搜索羽绒服的次数肯定会比在夏天搜索羽绒服的次数高得多，在夏天搜索驱蚊灯的次数也会多。

（4）地域。地域对关键词也会影响较大。还以羽绒服为例，如果定投到北方地区，该关键词的搜索频次会相对高一些。

（5）创意。在百度搜索中创意就是一段文本。在电商广告中，创意则是一段文本、一张图片等，最终呈现给用户看的任何广告内容，如图 4-40 所示。

图 4-40

同一个关键词会有多个商家购买，对应的商家的商品池会非常巨大。所以，竞价系统需要根据一定的策略把关键词和竞价排名结合起来。市面上比较常用的手段是根据 eCPM 排序，即根据竞价排名和搜索质量分的乘积排序。

4.5 商品在不同生命周期的营销策略

在 3.1 节中，我们介绍了商品的基本信息包含属性、类目特征等，从产品层面上梳理了相关系统的知识。本节从营销层面上介绍如何在商品的不同生命周期中使用不同的产品手段进行商品的营销表达。

在做营销之前，我们需要了解商品在电商平台中的生命周期，即商品是怎么来的，要去哪里。

商品的诞生需要品牌方进行大量的市场调研，挖掘市场的潜在需求，面向用户创造商品。硅谷著名的连续创业者和作家史蒂夫·布兰克提出，创业者需要掌握以下三个方面的技能：

（1）第一手信息。创业者需要走出办公区，与产品的潜在用户或者真实用户进行交流，与用户面对面交谈，感受用户的表情、语气和肢体动作，获取第一手的用户需求信息。

（2）全局思维。全局思维指的是创业者要从全局视角观察事情的全貌，了解用户、市场和竞争环境的信息。

（3）竞争对手视角。创业者要站在竞争对手的角度思考，判断未来可以实施的计划和策略，挖掘竞争对手视角的用户需求。

创造商品也属于创业的一种方式，同样需要上述技能，久而久之，你的商品就会处于安全区。为什么商品有生命周期？难道不能一直好好地生存下去吗？其实，这是由时代和用户需求决定的。比如，著名的摩尔定律指出，一款电子商品的迭代时间是 18～24 个月，而市场和科技的进步加速消耗了商品的存活时间。

商品就像人一样，在它的一生中，需要经历启动期、成长期、爆发期和衰退期，如图 4-41 所示。

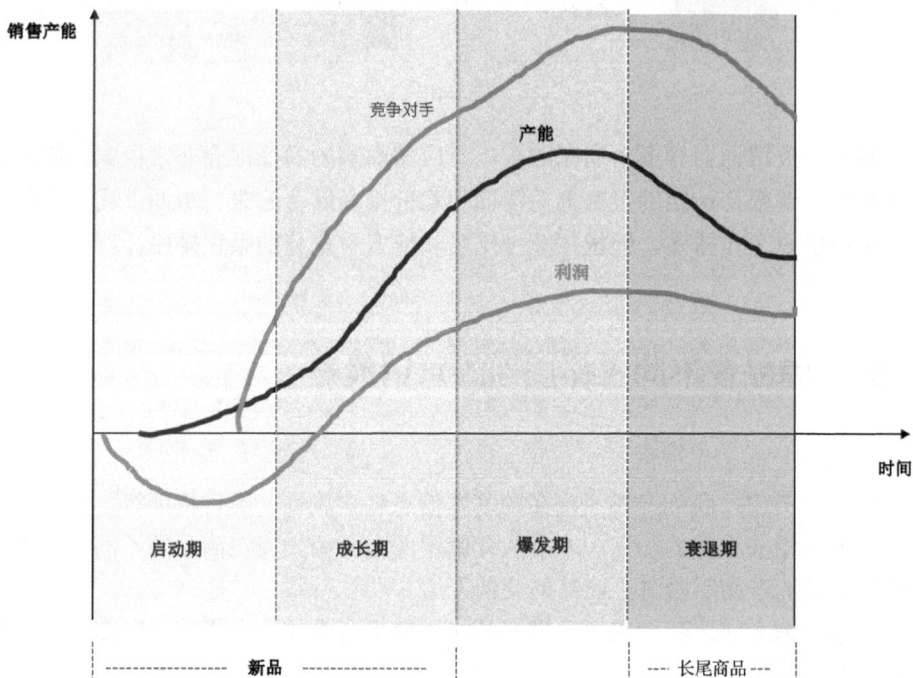

图 4-41

（1）启动期。启动期是商品还没有面世的阶段。此时的商品可能还只是想法，公司内部还在沟通和调研这个想法是否可执行、是否能够满足市场需求、有没有未来的想象空间。此时，需要大量的人力和物力成本支撑，包括调研成本、媒介成本、开发成本等。当新品在启动期后半段时，其有没有潜力在市场上已经可以看到，此时会有同行业的竞争对手出现，但竞争对手不多。

（2）成长期。成长期是新品努力成为爆品的中间阶段。这个阶段的特征是商品有了大量的曝光，触达了部分用户，在市场上反馈较好，并且沉淀了电商的购买数据。这些都能映射到商品上。此时，部分玩家可以达到收支平衡或略微赢利，而竞争对手数量迅速增长。

（3）爆发期。在成长期过后，该商品在电商平台上的表现趋于稳定，已经成为既有流量又有销量的商品。这个阶段的特征是商品的上架时间较长，月销××件，评价和问答数据丰富，商品的曝光量大。此时，商品需要大量备货，以保证下单正常，在市场上竞争对手数量达到顶峰，而接下来就开始走下坡路。

（4）衰退期。很多商品都会被市场淘汰，商品在进入衰退期后，老商家争相退出，新商家保持观望，利润开始下滑，流量的规模效应逐渐降低。

在商品的生命周期中，如果商家希望收益最大化，那么需要做两件事情，一是把新品炒成网红品，让它逐渐成为爆品。二是为长尾商品提供销售的手段。根据"长尾理论"，2%的爆品贡献了50%的销售额和大约33%的利润，8%的次爆品贡献了25%的销售额和大约33%的利润，而90%的长尾商品同样贡献了25%的销售额和大约33%的利润。

这足以说明，在无障碍的互联网电商经济环境下，无论是新品还是长尾商品，都应该受到电商从业者的足够重视。

4.5.1　新品的营销策略

品牌新品一般指的是品牌新推出的商品，如小米 AI 音响、苹果 iPhone X 等。根据摩尔定律显示，电子商品在同一个电脑芯片上继承的晶体管数量每隔 18 个月就会增加一倍，商品的性能也会增加一倍，而其价格会降低一半。

摩尔定律属于经验论，是一种趋势论，并不是所有商品都会按照这个规律发展，但是对于大多数商品来说，可能就是这样的。

这种优胜劣汰的生存环境考验着每个品牌，品牌需要不断地推陈出新，开发出符合市场定位的新商品。

国外著名学者 James Burley 曾经提出，人们对开发新商品的原始想法可能有 3000 个，可是最终只有 1 个想法能成功，成功率大约为 0.033%。

苹果手机在每年的秋季进行新品发布，新品在市场上的反响直接影响其股价和华尔街对其评级的认定。

大品牌尚且如此，小品牌新品的诞生更举步维艰。然而，无论品牌的规模如何，其新品在上市后都将面临以下几个问题：

（1）如何获取冷启动的种子用户？

（2）产品的核心价值模型是什么？

（3）如何调研营销和运营模式？

新品在上市初期时需要圈定高质量人群培养产品调性，或通过潜在用户的购买或者使用吸引更多用户购买。

电商商品的销售也会出现马太效应，越是爆品，流量越集中，在日常或大促期间的销售比重也就越大。这会导致新品在发布后可能持续不断地被爆品淹没。

有人会问，爆品也经历了新品阶段，为什么会成为爆品呢？其实，爆品可以诞生，但是路途比较坎坷，它可能是一点一点地经历了一年多才成为爆品的或者通过引流商品的带动逐渐被大众认知而成为爆品的。

回到事情的本源，品牌创造新品的目标是希望把新品打造成爆品。在冷启动过程中，新品需要经历很多不友好的流程，平台或许没有很好的启动手段帮助新品度过最难的时期。

新品缺少用户的注意，更缺少潜在人群的注意，所以我们需要整合资源，先找人再营销。下面介绍在新品的不同阶段我们都需要做哪些事情。

新品阶段是商品的定性阶段，包含启动期和成长期。商品能否打开市场、能否占有用户的心智，就靠这段时间的经营了。运营手段、市场营销或者与用户对话都是围绕"精准"进行的。

"我有故事，你有酒吗？"这句话在新品营销中可以改成"我有新品，你有资源吗？"物以稀为贵，很多用户都希望在第一时间得到新品（例如，苹果的新手机、索尼的新游戏机等），并进行测评。

这种稀缺感带有饥饿营销的味道，但往往可以收到奇效，例如小米手机曾经的新品营销策略。在消费心理学中，我们把这种现象称为"稀缺效应"。

值得庆幸的是，电商平台的完善和丰富的用户信息给品牌带来了各种各样的利好消息，使得很多难事变得简单。

从用户信息的数据中，我们可以知道哪些人对新品的购买欲望最强。这些人就是新品的种子用户。但是，对于不同品类的商品，我们使用的策略是不同的。

我们可以用各种属性描述物品。以移动硬盘为例，移动硬盘带有很多属性，比如，容量大小、转速、硬盘类型等。基于属性，我们可以找到以下一批潜在种子用户。

（1）在 7 天内，收藏或者加购过 500GB 硬盘但未购买的人群。为什么选择 7 天？7 天代表用户最近的购买需求，更加精准。

（2）在 7 天内，浏览 500GB 硬盘详情页次数大于 5 次但未购买的人群。多次浏览代表购买意向很强，但是缺少动力，需要利益驱动。

这里用到的商品属性是 500GB，我们要抓住对 500GB 硬盘感兴趣的人。这里只列举了一个属性，我们可以扩展到其他属性。

我们不用圈定很多人，但是要精准。在得到这些高质量人群后，运营人员需要通过各种利益点或者事件营销鞭策用户购买转化。新品的销量是新品营销的首要目标，更重要的目标是培养这些用户的心智，让他们对品牌形成认知，留下宝贵的口碑，为后续营销做铺垫。

我们对新品可以采取以下措施：

（1）为新品营造稀缺感，让它产生稀缺效应。

（2）打造新品的核心价值。

（3）根据商品属性，圈定精准人群。

（4）通过各种营销手段强化用户对新品的认知，促进购买转化。

（5）让新品形成良好的口碑，为后续营销做好铺垫。

4.5.2　爆品的营销策略

如果普通商品占据了货架的位置，那么优秀商品就是占据了用户的心头，占领了用户的心智。营销的本质大抵如此，通过各种手段，触达用户，影响其心智。用户在有购买需求时就会第一时间想到这个商品。

经过新品阶段的沉淀，商品已经得到了高质量人群的相关反馈。这些反馈对其他用户将会起到极其重要的引导作用。

此时，我们应该把商品的理念传播出去，尽量推送到多维度的人群中，让商品不断地曝光，这样在提高商品知名度的同时，更提高了商品的销量。

例如，伊利的网红商品 Byebye 君用大数据勾勒出人群画像，做了一场跨界的营销。Byebye 君与"双 11"狂欢节绑定，结合大数据，有效地与用户对话，在一天内销售了 30 000 件。Byebye 君如图 4-42 所示。

图 4-42

全棉时代借助微信大数据的势能，通过微信朋友圈将品牌输出给更多潜在用户，并利用京腾计划把用户引导到京东购物。

全棉时代找到了以下几类用户：

（1）关注全棉时代官方微信的人群。

（2）对家居、母婴用品感兴趣的人群。

（3）在京东购买过全棉时代的群体。

（4）加购或收藏过全棉时代的人群。

通过这些人群画像，全棉时代找到了更多潜在种子用户，其曝光达到了 2472.6 万次。一般来说，人群范围可以无限放大，但我们要考虑清楚人群的投放渠道能否承受这个数量级的曝光。所有潜在用户都可能进行消费。

在爆发期，还以移动硬盘为例，我们可以筛选出如下人群：

（1）曾经对移动硬盘有兴趣的人。在一定周期内，有加购、收藏、搜索或下单未购买行为的人群。

（2）在一定时间内，对与移动硬盘相关的品类有过购买行为的人群。

品牌的营销链条是断裂的，用户对品牌或者商品的认知发生在电商以外，而购买行为却在电商内。

如果这些人群能够在社交网络（如微信和京东、淘系和微博）中与电商产生关联，那么整个链路就完整了。

4.5.3　长尾商品的营销策略

先解释一下什么是长尾商品。在电商域内，长尾商品是指那些曝光量很少、销量低、不起眼的小众商品。但是，这些小众商品却支撑了电商平台的发展。

克里斯·安德森在《长尾理论：为什么商业的未来是小众市场》中强调，那些没有占据货架位置的 90% 份额的商品，可以带来大约 33% 的可观利润。

为什么不起眼的长尾商品可以带来如此大的好处呢？这是由电商的算法推荐和互联网特性决定的。"猜你喜欢"可以将一些埋藏得很深的商品曝光在用户面前。协同过滤算法可以将商品进一步扩散到用户的交际圈。搜索关键词同样降低了长尾商品的曝光成本。在互联网中根本没有秘密。在电商平台上很多商家在店铺里会上架一些既不起眼又不起量的商品的原因就在于此。

同样，爆品的竞争异常激烈。同一赛道的商家过多就会导致商品的利润降低，优胜劣汰，甚至最后商家做着赔本的买卖。商家如果把长尾商品逐渐培养成爆品，那么会得到不错的收益，而此时，并没有太多新商家进入。

长尾商品的一个基本特征是它的评价数据和访问数据都很少。这导致了我们无法确定喜欢该商品的用户群体，进而使得算法的难度增加。不过，目前来说，冷启动的种子用户问题已经解决了。

我们要如何用产品手段将这些长尾商品销售出去呢？套装促销、凑单、定向优惠、场景导购和人群营销等可能是不错的营销办法。

1. 套装促销

套装好比一个团队，由 1 个或多个商品组成。套装最好包含 1 个以上的爆品，再加上几款长尾商品。长尾商品抱爆品的大腿，再叠加价格策略，会让用户觉得买套装实际上比买单品划算。

不过，如果套装是新生成的 SKU，那么我们需要解决"发现性"的问题，就是如何让用户看到这个套装。我们可以采取商品图片突出套装特征、套装名称等策略。

2. 凑单

前台业务在进行营销活动时会涉及一些营销玩法，比如满 500 元减 100 元优惠。优惠的商品是有一定范围的，范围可以由商家自行设定。

假设优惠范围设定为仅限店铺的部分商品可用，该店铺商品的价格普遍在 400 元以上。用户如果希望享受优惠，就需要买 2 件 400 元的商品。

但是，假如店铺有一些长尾的特价商品，比如价格普遍在 100 元左右，与 400 元以上的商品一起购买后正好满足了 500 元的优惠门槛，则可以加入优惠范围内。如果用户不想多花钱享受优惠，我们就可以以凑单的形式将长尾商品售卖出去。

3. 定向优惠

我们在前面也说过定向优惠这种玩法，定向优惠可以被理解为给特定人群享受的优惠类型。

举几个场景，比如平台新人。这类用户在平台一年未下单，在他进入平台时，我们就给他推送一个定向的长尾商品，这些长尾商品既不贵，品质又不差，新用户就可能会下单。

再比如，平台设计了分享拉人的玩法，用户邀请 3 个人回流就可以获得一款商品的定向优惠，该商品也可以是长尾商品。

总之，从心理学角度出发，用户如果觉得"占了便宜"，就可能会购买长尾商品。

4. 场景导购

场景导购属于导购产品，可以帮助用户找到商品，减少用户购买的决策时间。这里不要有误区，长尾商品不是差品，可能只是流量问题导致的。

所以，我们可以根据不同的场景推送不同的商品集合。比如，在中秋节场景中推送小众月饼或大闸蟹等长尾商品。根据季节场景，推送冬天的长尾羽绒服给北方的人，推送特别厚的羽绒服给杭州的人（杭州真的冷！）。

场景导购是产品经理的套路，用户跟着套路了解了大量的长尾商品，产生了转化。

5. 人群营销

通过爆发期对商品理念的透传，新品在用户的心智中可能会有一席之地。当新品过渡到衰退期后，商品的销售逐渐趋于稳定，新品不再是新品，而是一款常规的商品，并且销售势头可能会随时间的推移而降低，商品进入了衰退期。

对商品感兴趣，但是并没有购买的用户其实是有购买倾向的，同样也是优质用户，所以他们是我们在衰退期需要抓住的用户。我们先用算法圈定人群数据。

（1）在爆发期时，发生了加购、收藏、搜索行为但未购买，在 30 天内仍然加购、收藏或搜索同款某个属性相同商品的用户。

（2）在爆发期时浏览过新品的次数大于 3 次，但却未购买的用户。

这两类人群是有购买需求的，但是并没有购买，是什么原因呢？

我们可以随机抽取部分人群，比如抽取 100 个人，用大数据做实验：

（1）查看这 100 个人的购买力是如何分布的。

（2）查看这 100 个人的促销敏感度是如何分布的。

（3）查看这 100 个人的购买品类倾向。

（4）查看这 100 个人的职业或地域。

从以上元素中，我们能看出这些人放弃购买的具体原因。

（1）可能是价格原因。比如，他们对价格不满意，觉得促销没有吸引力，手头并不宽裕。但是他们真的想买，怎么办呢？如果给他们合适的优惠，那么会不会起到很好的作用呢？当然！满减、满赠、打折或者优惠券的方式都非常有效。

（2）可能是用户对这个品类不感兴趣。对于这部分人群，价格是无法打动他们的，我们要尽量把商品好的方面展现给他们，培养他们的心智。当他们有需求时，他们自然会找到我们的商品。

在流量红利期时，电商采用了各种营销手段，如满减、满赠、折扣、团购、秒杀等，但是现在流量已经触到了天花板。

在会员红利期时，电商平台可以基于大数据进行会员营销，集合用户在平台的数据和用户画像进行精准营销。同时，电商平台也可以基于实际的营销条件，逐步养成会员，让会员获取一定权益，培养电商平台的忠实用户。但是，价格歧视只能满足部分用户，如何维系塔尖的用户呢？蝇头小利不能让所有人满意。

当然，可以售卖长尾商品的场景还有一元夺宝、特卖场等。产品经理首先需要想清楚为什么对长尾商品进行营销。虽然有长尾理论支撑，但是在短期内长尾商品的销售额可能并不会有明显的提升。

在以 KPI 为导向的企业里，大家自然而然地把主要精力放到爆品上，或者把新品培养成爆品上。

在本节我希望突出如何把商品售卖出去、如何营销。现在我已经把人、货、场的基本概念和产品设计思路介绍清楚了。电商领域深似海，很多产品不是用一言两语就可以说清楚的。新人要在摸清门路后再考虑如何拓展。

你在进入阿里巴巴、京东或美团时可能只是一颗螺丝钉，做着和交易链路没有任何关联的产品线，或者只负责其中一小部分环节。不过，你在看完本书后，应该可以应付很多情况了。

第 5 章

电商产品设计之关于"内容"的部分

史玉柱曾经说过,广告的目的是对用户大脑进行持续性投资,当用户实施购买行为时,你过去的宣传就会对他起作用。电商的内容产品同样有此功效,用户前期在社区被内容"种草",后期一旦有购买行为,就会第一时间想起曾经的"种草"产品,这就是内容产品的功效。内容产品可以被理解为电商转化的"药引子"。

5.1 商品评价产品的设计思路

前面我用三章介绍了人、货、场的产品设计理念,详细地阐述了在电商平台中到底有哪些人,人如何与货发生关联,又如何通过营销场将货物的价值最大化。

你需要做的事情是找到自己的金刚钻,多揽一些瓷器活。金刚钻是指可以实现销售目的的各种办法、思路、规律或形式等。

人群营销是一种手段,互动营销是一种思路,甚至内容营销也不错。本章以几种常见的产品形态为例,帮助你了解如何通过内容实现购买转化。本节主要描述电商的评价产品设计思路。

我们经常听说某个地方的特色产品或景色,如东北的猪肉炖粉条、武汉的热干面、四川火锅。你在没有实际尝过的时候,为什么也会很肯定地说这些地方的美食特别好,而且还会慕名而去呢?

这就是口碑,美食通过口口相传的方式传到了你的耳朵里。当无数个人对你说这些美食很不错的时候,你就会记住它,并会深信不疑!无数个人对你说的过程就是现实中的评价模型。当一种谁也不清楚是什么的食物摆在面前时,谁也不会轻易尝试,同理可以推断线上评论数为 0 的商品为什么很难进行销售冷启动。

据调查显示，随着评价产品的逐渐成熟，大约 61% 的用户在购买商品前会查看商品评价。2015 年尼尔森发布的《全球广告信任度调查报告》显示，买家在线评论已经成为用户第二个最值得信任的品牌信息来源，有 70% 的全球用户表示他们信任在线评论，并且这一数字在 2020 年的增长幅度将为 15%。

用户评价浏览分布如图 5-1 所示。在这些看评价的用户中，有 85.34% 的用户会查看所有的评价内容，很少看评价的用户占比不到 1%。只看差评的用户数量要比只看好评的用户数量多 5 倍以上。可以看得出来，评价对用户购买转化的影响是非常大的。

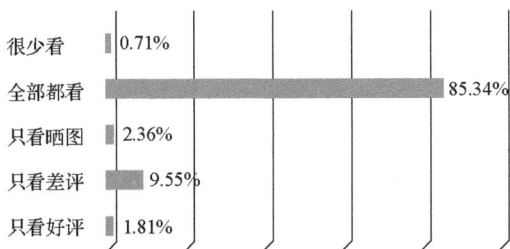

很少看	0.71%
全部都看	85.34%
只看晒图	2.36%
只看差评	9.55%
只看好评	1.81%

图 5-1

这就留给我们几个课题：如何筛选出优质的评价？如何让评价内容驱使用户下单？

5.1.1 评价产品怎么设计

人们都认为好的产品，差的概率可能会很小。用户的信任感不会因为商家天花乱坠的说明而增强，但是一个坏的评价可能会导致用户的信任危机。

评价是一款内容产品，输出文字、图片或视频等信息。评价鼓励用户输出与商品主题一致的 UGC 内容。社区、贴吧或者电商评价等任何内容产品都需要有严格的审核机制。

一些比较敏感的话题是不允许出现在平台上的。比如，商品的价格。很多用户在看评价的时候不仅想看商品的质量，还想知道性价比，但是一旦涉及价格因素，系统就会通过词语分析自动把价格脱敏处理，用"****"表示价格。可是，技术并不能把词语和语境分析得那么透彻，仍会有遗漏。

1. 评价的角色矩阵

评价的角色矩阵如图 5-2 所示。

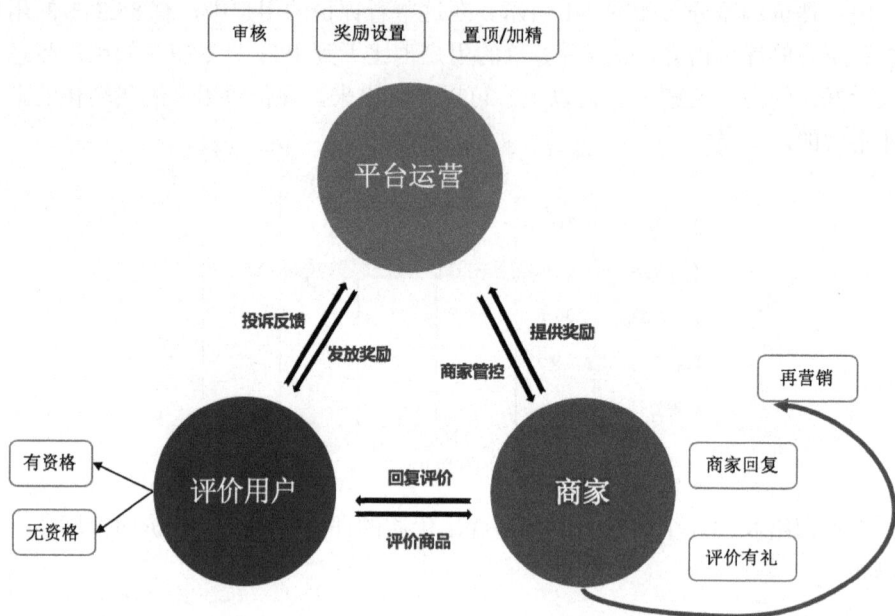

图 5-2

第一类角色是处理评价用户和商家问题的平台运营，他是评价体系的管理者，负责平台的内容治理，是公众的裁决者。

第二类角色是评价用户，分为有资格的用户和无资格的用户。用户只有在拥有某款商品后，才能对商品的好坏进行评判。有资格的用户是购买过该商品的用户，当订单确认收货后，系统会提示用户进行评价。

很多用户在网上都比较低调或者不爱发言，并没有留下任何评价。从心理学角度分析，给出差评的用户不需要引导就会回来评价。因为他心中有气，需要用文字表达出来，让其他买家看到商品不好的一面。

如果商品还不错，却仍然没有评价，那么该怎么办呢？解决这个问题的核心是如何吸引用户发表评价。常见的办法是通过产品引导和权益钩子引导用户评价。具体的引导方案如图 5-3 所示。

1）产品引导

产品引导分为直接引导和间接引导。直接引导是指当用户确认收货后，跳转链接把用户直接引导到独立评价页面。

当用户退出直接引导页面后，我们可以从订单入口展示未评提示，用户再次进入评价页面后，可提交评价，这就是间接引导。

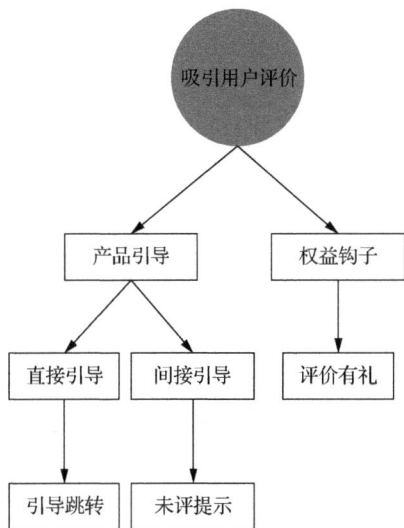

图 5-3

2）权益钩子

比较常见的权益钩子是评价有礼。平台运营可以创建评价有礼的活动，设定活动周期，在该周期内评价的用户可以获取一定的权益。具体的权益值需要商家进行补贴，平台负责提供工具。

如果用户仍然不评价，也没有投诉行为，那么我们其实可以认为这类用户购买的商品还不错，他们默认给出好评。在产品策略上，我们只能尽量让用户输出内容，但是并不能让所有用户都按照我们的想法行事，用户是有情感的人而不是无思考的机器。

第三类角色是商家。设定评价体系的目的是管控商家，用好评鼓励商家，用差评鞭策商家。所以，我们不希望商家自评或者破坏评价体系，但是部分商家为了提高好评率，做了很多"黑操作"。比如，好评返现。他们先把商品价格提高几元，再进行售卖。用户在收到货的同时会收到好评返现的卡片。用户在给出好评后，把截图发给商家，商家通过支付宝或微信私下进行返现操作。

这样的行为会打破现有的评价秩序，实际上很多评价是通过刷评价的形式生成的，评价的目的是帮助用户判断商品的质量，最后变成了"黄牛"的天堂。所以，平台衍生出更多的内容产品，如问答产品，这在下一节中介绍。

2. 评价的产品设计思考

图 5-4 是用户的访问路径，在这条路径上，我们能做哪些事情呢？

（1）前台导购产品通过不同玩法的流量分发策略，帮助用户找到自己喜欢的商品或店铺。

（2）用户打开商品详情页，查看商品介绍等信息，通过商品评价进一步了解商品内容。

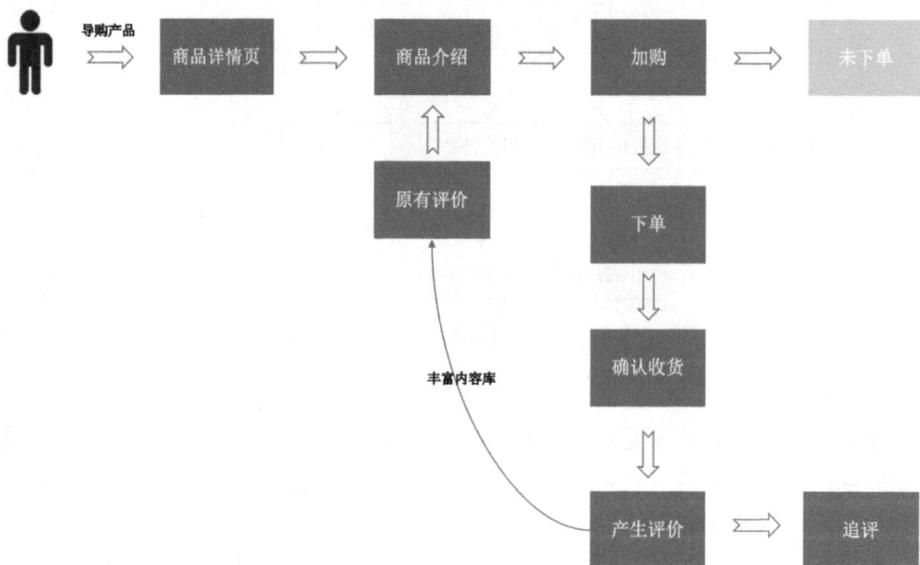

图 5-4

（3）当用户全面了解了商品后，如果觉得符合自己的心意，就将商品加入购物车，并下单购买。

（4）订单商品配送到用户地址，用户在收到货后，可以主动确认收货或自动确认收货，系统需要主动引导用户评价。

（5）如果用户觉得商品不错或者很差，在几天内仍然可以通过追评的方式对商品进行评价。

用户的心智变化如图 5-5 所示，从不明真相到态度变化，再到下单转化，进而扩散态度。

在整个过程中，用户对商品的理解程度越来越深，购买意愿越来越强。但是并不是所有人都会按照这个路线走。所以，我们需要抽离出有价值的用户群体，通过不同方式引导其下单。

3. 评价的产品结构

我们要给不同的角色提供不同的产品形态，如给用户端、运营端和商家端提供不同的产品功能。

当平台的评价非常多时，用户产出评价完全处于不可控的状态。所以，只有三端协同操作，评价才可以显示在前台界面上。

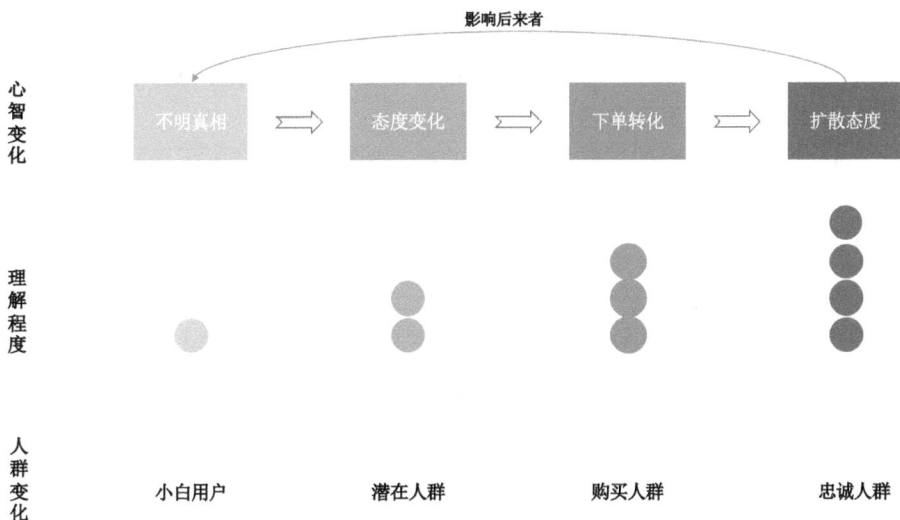

图 5-5

（1）用户开始创建评价，填写评价表单，提交评价。在创建评价时，评价系统调用评价创建接口，创建评价 ID，生成评价。在用户填写评价表单时，平台调用写接口，将评价内容储存在数据库中。

（2）评价在生成后，其实并不能直接显示在前端，需要通过审核校验。校验分为两层：一层是系统校验，是自动检验流程，校验文字是否合法、是否包含黄赌毒等非法内容、是否有辱骂和污蔑等行为。京东、淘宝这样的大电商平台的受众群体庞大，一点点错误都可能被无限放大。二层是人工校验，系统无法处理的评价就需要人工处理。审核规则可以配置化，比如添加几条过滤条件，××时间、××字段必须通过人工审核。

（3）所有的用户评价都会在运营后台展示，运营人员可以对任意一条评价进行审核、删除或其他操作，也可以人工筛选出优质的评价，进行排序、加精处理。

（4）对于审核通过后的评价，商家和用户前台都可见。其他用户可以参考已购买用户的评价，了解商品状况。商家可以对用户的评价进行一对一回复。

为了更方便地输出评价，平台需要把评价打散，按照标准化字段输出。如果你负责的产品有很多场景需要用到评价，如把评价内容投放到 App 端、H5 端或微信端等场景，那么可以按照标准化字段输出评价。这样，不同场景的产品会更方便、更容易地接入评价。

所有的数据统一存储在数据库中，当各个场景接入时，评价数据都会被存储在同一个表中。如此一来，我们只需要在数据输出环节制定一层路由规则，即可完成对各个场景的输出控制。

当然，我们也会让系统非常方便地进行数据的读取工作，提供给各个角色的数据口径要一致，要保证数据的准确性。

我们可以按照中台的思路搭建评价的产品架构（如图 5-6 所示）。这样的好处是，中台无须特别在意前台业务场景和业务玩法，只需要提供通用的、标准的、一致性的产品服务即可。

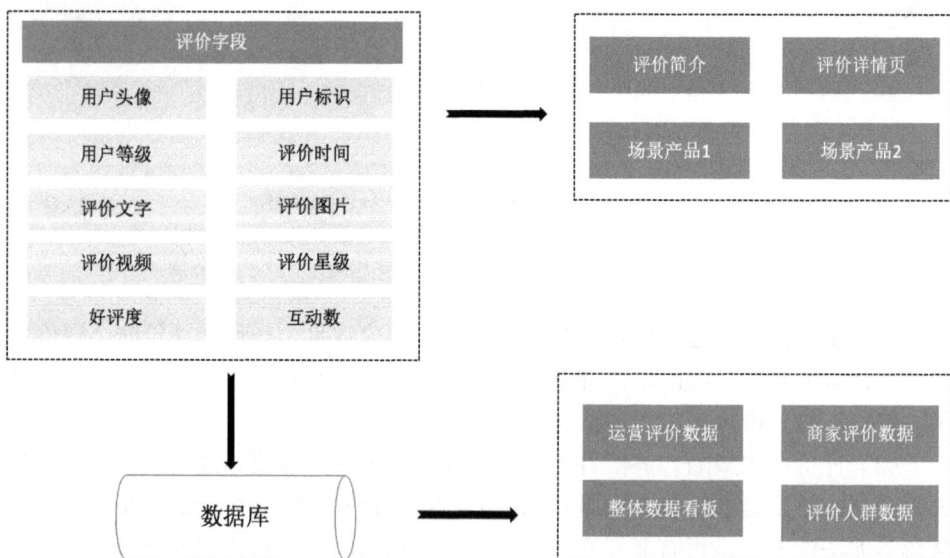

图 5-6

下面我主要描述用户端的产品建设，毕竟这才是可以引导成交的形态。

用户端产品是提供给用户的一套产品形态，可以分为内容展示和内容输出，前者为商品详情页的评价，后者为评价书写页面。用户端产品分为 PC 端产品和 App 端产品，PC 端产品目前使用的用户量级比较小，我们可以逐渐弱化 PC 端产品投入的资源。

为了让用户更快速地查看优质的评价，我们需要科学地展示页面结构和页面内容，如图 5-7 所示，有几层产品逻辑需要说明。

图 5-7

1）评价内容展示规则

在内容层，为了让用户更加清晰地了解产品，评价引入了多种类型的内容格式，包含文字、图片、短视频等形式。短视频表达得更加清晰，优先展示在前，图片展示在后，文字常展示在最后。为了提高浏览效率，商品详情页只能展示部分内容，而评价页则需要把所有的内容展示出来。

在用户层，为了建设开放的环境，平台需要强化用户的展现。前台要透出用户的头像、昵称（脱敏处理）、用户等级和评价分级等信息。

在筛选层，除了传统的好评、中评和差评，平台还需要对评价进行热词分析，抓到所有评价的内容，尤其是最常出现、最受关注的几个关键性词语。热词一般是形容词，可以是正向的情绪，如高端大气、流畅至极、使用舒适等，也可以是负向的情绪。

2）评价的排序逻辑

商品购买数量和评价数量可以被粗略地认为是正相关的关系，当评价数量过多时，我们就需要把评价按照一定的规则进行排序，优胜劣汰，把质量好的评价放到前面，把质量差的评价放到后面。

（1）按照价值排序。平台需要设计一套价值算法，按算法返回的结果排序。具体维度可以为评价字数、是否带图、是否带视频、用户等级、用户行为情况、用户信用值等。然后，平台拆解各项指标，分配权重指标并进行打分，计算出商品下所有评价的得分，输出给前端，并且按照日、周或月维度进行重新排序。

（2）按照时间维度排序。按照评价时间正向排序，或者倒序排序。按照时间维度排序对评价的参考性不大。

（3）按照点赞数排序。点赞数多代表用户对该评价的认可度偏高。不同于社交网络，电商中的点赞数仍然受限，大部分的评价可能都属于无点赞的情况。

（4）低质量排序靠后折叠。同样，按照评价价值进行排序得出折叠的顺序，排在后面的评价可以考虑全部折叠展示。这部分内容对用户完全没有价值，而且还可能使用户产生负面情绪。

（5）其他逻辑。当然，还有很多排序逻辑存在，在此不一一列举。排序的目的是让用户快速了解商品，引导用户下单，只要逻辑通顺即可。

5.1.2 评价的语义分析

在流量红利过去之后，电商卖家的生存环境变得异常恶劣，竞争激烈，头部效应过于严重。流量既是财富，又是挑战。为了提高流量效率，找到用户需要的商品就变得至关重要。

对于每个商家而言，针对自己店内商品的评价是珍贵的宝藏。用户的评价包含很多信息，可能是对商品喜欢的表达，可能是对商品不足的批判，也可能是对商品的一些期许。

在这些反馈中，如果我们可以挖掘出市场的需求，迭代原有商品，就会更有市场竞争力。我们需要收集尽量多的评价，然后进行数据化挖掘。评价的数据化挖掘过程如图 5-8 所示。

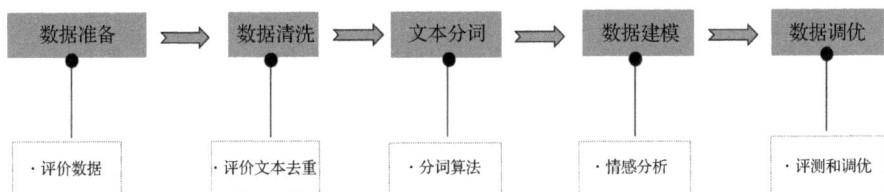

图 5-8

（1）数据准备。我们需要准备挖掘的数据源。在前期时，我们可以选择一个合作的商家进行挖掘工作，当成项目的经典案例。比如，选择 NIKE 品牌下某 Air Force 的老款球鞋下的评价数据。

在后期时，如果项目进行得比较顺利，那么我们可以以 NIKE 品牌案例为样本，进一步扩展到全商家，甚至可以把一些高端的算法模型包装成商业化产品，推广给这些商家。

（2）数据清洗。我们需要将评价文本做去重处理。原始数据中有很多杂质存在，会影响数据的纯净度。杂质会导致数据结果产生噪声，进而影响我们对结果的判断。

杂质的产生有很多原因。比如，有些用户可能复制了其他评价者的评价文本，导致出现了相同的词语或者无效的词语；用户反复输入同一类词语（如 6666666、赞赞赞、哈哈哈哈哈哈等）。这些词语的价值非常有限，但是文本的占比可能很大。在计算过程中，这些词语会占据较多的资源，所以在进行数据化挖掘之前，我们要首先把文本数据去重、清洗。

（3）文本分词。我们要将文本做分词处理，将一段话拆解成多个独立的词语。这说起来简单，实际上难度却很大。一段文字可以通过分隔符进行区分，如果把这段话分成多个词语，切分方式不同就会出现多个不同的词组。

目前，较为常用的分词算法是字符串算法。先建立一套字符串数据库，结构化各类词语特性，算法不断地从平台上学习更多的词语，完善字符串数据库。当进行分词时，算法优先和字符串数据库进行匹配，返回对应或联想出的词组形式。

（4）数据建模。在分词结束后，我们可以通过算法进行情感分析。因为正向评价和负向评价能够让我们全面理解商品目前的情况。所以，我们根据抽取的负向评价，可以构建语义网络，进而找出商品的具体问题。

我们可以用词云产品分析数据，把高频词语放大、加粗显示，把低频词语缩小显示，使结论一目了然。

（5）数据调优。所得到的数据需要进行进一步的评测和调优，最终获得可以信任的数据。

综上所述，评价具有两个方面的价值。对于用户来说，评价可以辅助用户进行下单决策，使其全方位地了解商品的具体情况。对于商家来说，他们可以通过评价数据挖掘用户的潜在需求痛点，并了解商品目前存在的机会和问题，有的放矢。

所以，我们做任何电商产品都不要做成孤岛，要听取用户的声音、市场的声音。

5.2 你问我答，最真实的声音

电商产品经过多年的发展，各项产品能力逐渐趋于完善，市面上大多数电商网站都具备了完善的商品、库存、订单和售后体系。不过，它仍然还存在很多新的难题。

用户面对琳琅满目、数亿级的商品，哪些信息可以帮助他们抉择购买呢？如何才能让他们挑选出性价比最高的商品？如何才能让他们全方位地了解商品呢？基于以上背景，一种古老的产品形式——问答，似乎给了传统电商一个新的答案。

5.2.1 为什么会出现问答产品

问答产品近年来在国内备受欢迎，早期有 Google Answer 和新浪爱问，后来出现了与搜索相关的问答产品（如百度知道、搜狗问问），然后出现了社会化问答网站 Quora、知乎，近年来知识付费产品在行、分答和电商问答（如问大家、京东问答）等逐渐火爆，如图 5-9 所示。这些产品通过一问一答或一问多答的方式，将个人的知识、观点、经验传播开来。

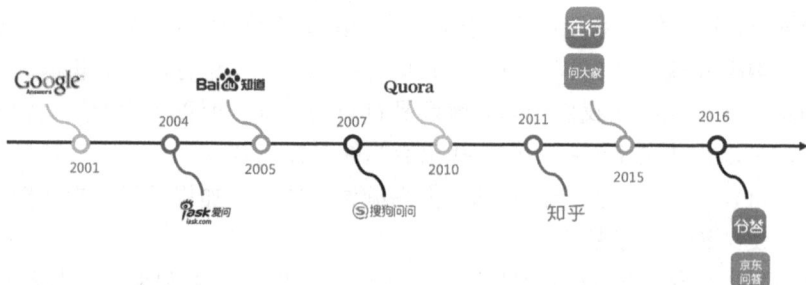

图 5-9

精彩的问题会吸引更多精彩的回答，精彩回答者逐渐被人们熟知，逐渐成为某个圈子的 KOL，成为知识网红，并最终将知识变现。前文提到的产品，其问题范围大部分基于生活常识的探讨、基于某个事件的讨论、基于知识的传播和分享、基于信息逆差的变现，极少涉及电商方面。

分答、在行等行业问答与电商问答迥然不同。前者涉及的领域宽泛，包含科技、历史、人文、互联网等，社交属性强，容易养成网红 IP，形成流量的马太效应；后者的垂直度很高，内容只涉及电商，是一款内容导购产品，几乎没有社交链形成，用户之间只能单点沟通。行业问答与电商问答的范围如图 5-10 所示。

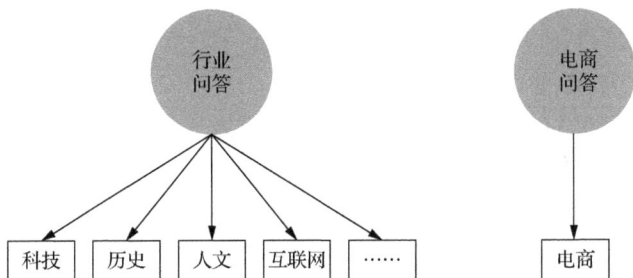

图 5-10

我们在设计电商问答产品时要思考如何将进入商品详情页的流量效率最大化，通过多点式触达，帮助用户进行购买决策。

淘宝率先推出电商问答产品——问大家，据官方透漏的数据，该产品于 2015 年 10 月上线，目前在手淘一级入口，功能包含单品问答、品类问答、问答话题。截至 2016 年 12 月，每天提问的用户数为 50 万个，每个问题平均有 2 个回答，当天回复率为 60%，10 分钟内回复率为 50%，1 分钟内回复率为 20%；问答的单个话题关注人数为 28 万个；产品评价、长文评测和问答产品的每日访问人数为 3000 万个。

淘宝的问答产品盘活了整个交易流，促进了内容电商的发展，紧紧地抓住了电商领域最具潜力的用户群体，算是给真实买家的一波红利，让他们能够更容易挑选出"靠谱"的商品。

2016 年 10 月，我们团队发布了京东问答产品，正式切入问答的电商垂直领域，电商问答的话题全部围绕商品展开。

为了得到一些反馈，在灰度期间，我们邀请了一些高质量用户试用并体验产品。经过一段时间的测试，其效果大大超出了我们的预期。经过半年时间的产品迭代，其 UGC 内容日益饱满、丰富，不过，仍有很多问题需要解决。

5.2.2　行为场景和用户角色的多元化

开拓商品问答社区的目的是提升订单的购买转化率，让用户自发地挖掘优质的商品和店铺，打造纯 C2C 模式的电商内容生态。

用户来到商城一般有两个目的——买商品和看看要买什么。不过，自营和 POP 第三方店铺的上亿个商品却给用户造成了巨大的困扰，平台大而全的商品带来的同质化严重，使得用户难以抉择。从用户的反馈来看，用户通过好评率、排序、购买数量筛选出来的商品已不能让其完全信任。

图 5-11 是用户在电商域内的基本交互流程，自然流量在访问商品详情页后是有一定概率产生订单的，这就是自然转化率。当然，一定会有一部分用户流失，原因可能是商品和用户的预期不符，或者用户通过其他信息渠道（如评价或问答）得知该商品或该店铺不靠谱，就放弃购买了。

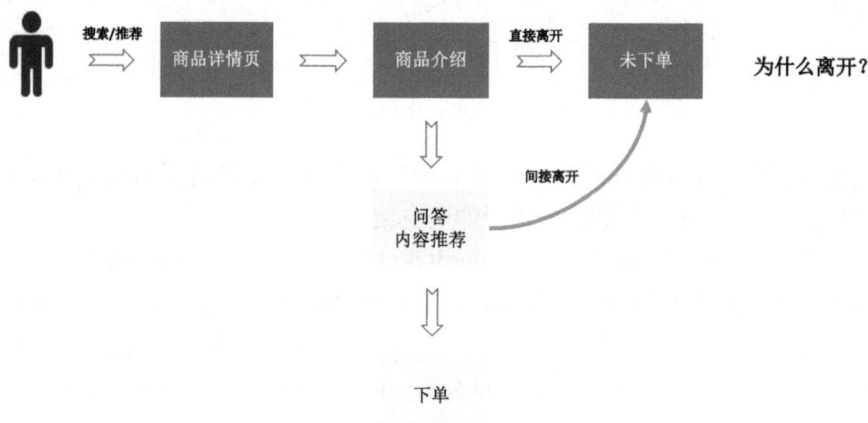

图 5-11

内容产品帮助用户自驱式地淘汰了劣质商品或不符合预期的商品，更能进一步提高优质商品或被需要的商品的转化率。

问答产品属于内容导购产品之一，内容有时候很难通过数据表明用户购买行为和产品有直接的关联。用户可能看了帖子，又看了评价，也看了问答，转化与否和这些内容都有关系，这就是所谓的心智影响。在电商圈中有一句话：内容"种草"，权益"拔草"，如图 5-12 所示。

基于用户间某种或某个商品的沟通，用户会全面、真实地了解商品，这将有效地提升其购买的决策效率。在这样的背景下，用户希望平台对商品衍生的内容可以更全面地描述商品的全貌，并给他们在购买中提供一些指导意见，毕竟对于同一件商品，不同的人群有不同的需求。

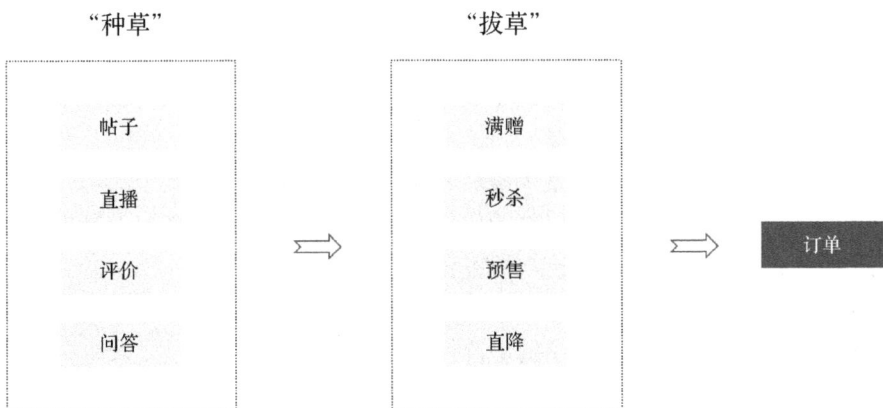

图 5-12

平台上的内容（如评价、购买咨询内容、客服回答、社区等）已经可以满足一部分用户的购买需求。不过，仍有部分人群对商品的质量、使用体验和心得更加在意。所以，如果在平台上一个用户对商品提出问题，然后一群购买过该商品的人回答他的问题，那么不但能够帮助他进行购买决策，而且平台能够增加用户黏性，筛选优质商品，淘汰劣质商品，提高商品的购买转化率。

从产品形态中可以看出，问答产品主要分为几个角色：提问者、回答者、内容审核者以及浏览者，如图 5-13 所示。

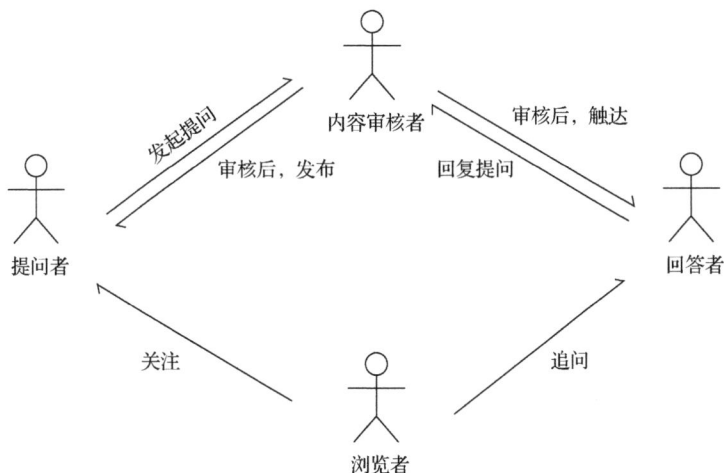

图 5-13

（1）提问者。要买某个商品、关注某个商品、关注某个品类、具有购买意向，但处于犹豫中的用户。这类用户是问题的贡献者，由于个体需求不一致，其提问的角度也可能不同。

（2）回答者。曾经购买过某个商品的用户，但不是所有已购用户都能回答，问答系统会从中精选出 100 位高质量的用户。筛选机制涉及用户画像，不同商品可能略有不同，此处不过多解释。

（3）浏览者。同样是要买某个商品、关注某个商品、关注某个品类、具有购买意向的用户。这类用户通过以往的问题或回答能够了解产品情况，是平台活跃度的贡献者。他们可以通过评论与回答者进行交流，讨论心得。

（4）内容审核者。UGC 内容的把控者。他们掌握产品内容走向，是保证健康内容生态的执行者，一般是产品的运营。

京东问答属于垂直 UGC 问答，以商品为核心主题，平台提供的答主都为已经购买过商品并经过筛选的优质用户。如果用户无法通过商品介绍、评价或客服了解更深入的问题，那么他可以在购买前向已购用户提出疑问。当然，也有只看问题和回答，既不提问又不回答的人，即浏览者。

不过，并不是所有问题和回答都能直接发布，因为垃圾内容会影响商品的购买转化，在低质量问题发生时系统和人工要进行预警，所以系统和人工会进一步进行内容审核，也就自然而然地催生了内容审核者这一角色。

好的回答会得到来自提问者或浏览者的打赏，基于这个产品逻辑，在平台上提问或回答的用户都可以满足自身需求，这样就使得 UGC 内容自生长。

5.2.3　产品形态怎么确定

根据以往的数据显示，85%的商城订单存在于移动端，包含 App 端、微信端和手 Q 端。大多数用户都是使用移动端浏览商品的，同时移动端的轻便性和消息的实时性更加优越，所以问答也主要呈现在移动端。

目前，问答的入口主要在商品详情页中，用户需要滑屏操作才能露出。商品详情页中问答的入口位于评价的下方、店铺的上方，如图 5-14 所示。

同时，评价页面也会露出问答入口。如果用户在看完评价后没有找到想要的答案，系统就会引导用户浏览问答，如图 5-15 所示。

图 5-14

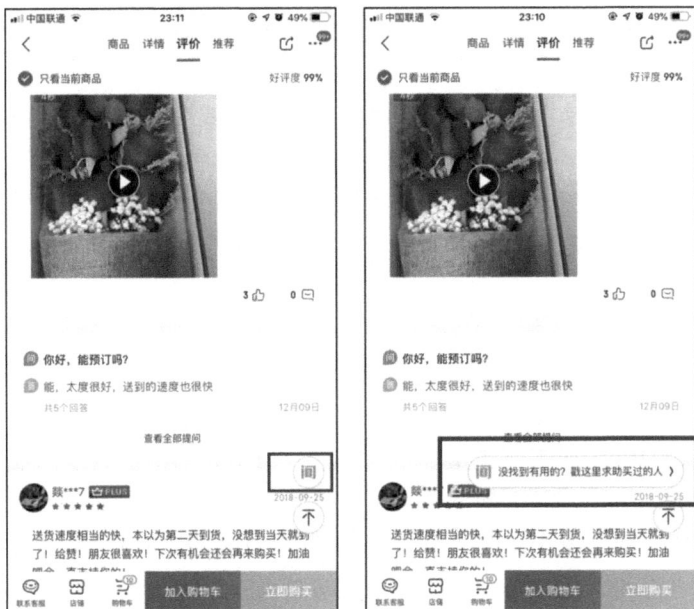

图 5-15

为了丰富产品内容，在用户对订单评价过后，系统也会留问答入口。此入口仅开放给部分用户，系统会根据用户级别和风控级别做相应的校验。为了增加更多的曝光，在个人中心也会出现问答入口，沉淀的内容一般为曾经向该用户提问的问题。

商品详情页有巨大的流量，整个页面承载了商品的全部信息，页面结构如何构思、如何合理的展示内容对商品的转化率具有重要的影响。第一屏主要为商品的基本信息，接下来是用户的反馈信息、评价和问答。当然，评价产品在线上运营多年，内容质量更好，所以在第二屏中有足够的页面空间展示评价信息，然后再展示问答入口。

5.2.4 保证内容的质量

用户为什么更信任问答而非评价呢？主要是因为问答更精准的邀请制回答策略。

首先，评价系统需要定位在一段时间内购买过这款商品的用户的 pin 包（用户账户），然后拆解 pin 包内容，把账户的人群标签化，并去除用户等级较低的一类人群，一般来说会去掉马甲注册用户（没有手机号，系统生成的马甲号等）或者被风控账户（例如，一些经常使用货到付款方式然后多次拒收的恶性用户、恶性退换货多次的用户等）。

当然，我们并不是要筛选出全部用户，3C 产品或快消类产品的已购用户可能有几百万个。接下来，我们再从这些用户中筛选，通过判断用户在京东的 UGC 生产情况和内容质量筛选。例如，评价数据、订单评价率、评价的频率、字数、质量等。我们最终要精选出××个用户，由这些用户活跃问答社区，给社区提供源源不断的活力。

5.2.5 邀请了没人回答怎么办

虽然我们已经按照上述逻辑圈定了人群，但是并不是每个用户都有精力或者兴趣参与问题的讨论。一方面，由于用户收到的提问都在 App 的消息中心体现，其入口在顶部通栏右上角，消息打开率和提醒效果并不理想；另一方面，用户缺少回答问题的动机，难以形成回答的内在驱动力。不过，多数用户乐于分享和解答其他人的疑惑，部分品类的整体回答率（回答率=有回答的提问数/总提问数×

100%）可以控制在80%以上。

如果我们仍然希望提高回答率，那么应该如何做呢？

（1）采用激励手段。与其他用户运营方式比较类似，我们可以通过发放一些奖励刺激用户回答，官方根据用户回答的质量回馈用户京豆或者优惠券。例如，用户使用图文并茂的回答会得到更多的京豆或者得到官方发放的优惠力度更大的对应品类的优惠券。同时，如果浏览者和提问者也认可回答者的答案，那么他们可以通过优质回答下方的赞赏入口按钮直接点对点地赞赏。

（2）用户身份认可。经常回答问题或者非常活跃的用户可以在某个品类领取对应勋章。该勋章代表用户在此品类的贡献度，同时也是官方对其身份的肯定，与微博、今日头条和知乎KOL的用户运营勋章属于同一类型。官方的勋章和用户的肯定会激励更多优质回答者涌入，形成良好的循环。

（3）不是办法的办法——二次邀请。如果产品问题的回答率仍然很低，我们就要采取一些极端的手段，先把一些提问的消息推送给用户，监控用户的回答情况。三天后，我们选出未回答的用户，再次推送提问的消息。但是我们需要保证产品的用户体验，比如，不要触达一个月内超过两次未点问答消息的用户。

5.2.6　问答的商业生态如何建立

我们要从用户的角度思考一款产品如何才能让内容生产者持续地产出内容呢？在电商场景中，串联内容生产者的手段最适合的可能是商业手段。我们可以给生态中各个角色一些"甜头"，用利益关系留住用户。

这就是问答产品的商业化探索过程，商业化产品的两头分别牵扯两个角色，一个是普通用户（利益输出者），另一个是回答者（利益获得者）。前者可以分为两个角色——浏览者和提问者——他们是问答内容的需求者。后者也可以分为两个角色——网红和普通回答者——他们是问答内容的输出者。

利益输出由需求端提供，比如普通用户访问问答时，产品按照 CPM 收费，收的费用由商家提供。产品也可以按照 CPS 收费，如果普通用户购买了商品，平台按照一定回扣返回给回答者。这样可以激励回答者的积极性，使其产出优质的内容，如图 5-16 所示。

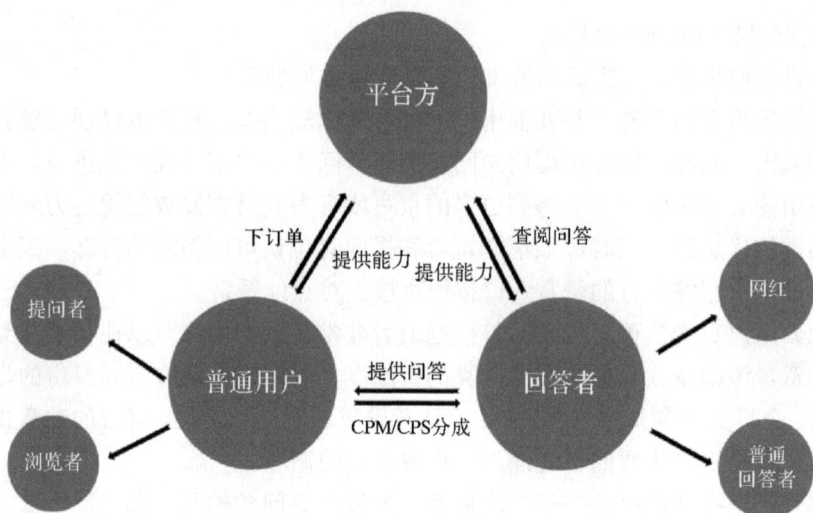

图 5-16

当然，回答者也可以分为不同等级，不同等级的回答者获取返利的方式不同，按照金字塔等级严格划分。不过，目前我还没有看到这样的模式，因为价格由市场决定，或许一些平台还不需要把这个产品过分的商业化。

上面总结了我在做问答项目时的心得体会。电商问答是一款偏社交类的导购类型产品，让已购用户回复未购用户的疑惑，用户间互相帮助、交流。我们设计评价产品的初衷是让用户通过已购用户的客观评价了解商品的信息，帮助用户进行购买决策和参考。

评价是产品转化率的基础，而问答给购买用户多提供了一个参考方式，使转化率增加。俗话说，工欲善其事必先利其器。我们仍然还需要很长的时间打磨这款产品。

5.3　电商也会玩"分答"，还要付费

电商发展日愈成熟，当产品到流量红利末期时，如何才能更好地留住用户呢？其中一个答案就是，内容电商。当然，内容电商的表现形式不限于社区，也包括导购、直播、问答、圈子、资讯及付费语音等。

付费语音产品在电商领域中很难切入合适的场景。一个用户在购物的哪些环

节中会付费听别人说话呢？其实我们很难想象得到，但是仍然有机会。本节就介绍付费语音产品的电商化进程。

决定内容产品生命周期的核心是让 UGC 自我更新。单纯的 PGC 无法贴近用户，自然会逐渐被淘汰。所以，我们需要通过某些钩子让用户来平台产出内容、消费内容。

2016 年，某电商平台上线过一款付费语音产品，其产品定位是拉近图书作者与粉丝间的距离，把付费语音当成沟通的桥梁，通过交流互动强化弱关系链并扩展强关系链。粉丝花费一定数额的钱，以文字的形式向作者付费提问，内容主题可以围绕图书商品，也可以围绕作者。在粉丝提问后，作者会看到问题，并通过最长三分钟语音的形式回答问题。该产品形态和其他付费语音产品比较相似。

图书业务部门有大量的 KOL 资源，所以希望借助一种工具让 KOL 实现知识变现，促进业务方的销售额增加。理想很好，但是现实却很骨感。一款优秀的产品必定需要深刻挖掘用户需求，深刻理解人性。

这款产品做了用户画像，在去除脏数据后，精准定位了付费群体的特征，他们主要为北京、上海、广州、深圳的年轻人。他们喜欢尝鲜，热爱探索，有一定的经济实力，能够接受知识付费。这也和市面上同类型产品的用户特征比较贴近。

从商业模式上说，这款产品的全部收益都会结算给回答者（一般为平台邀请的 KOL）和提问者，提问的收入归回答者所有，偷听（其他用户可以付费偷听）为 1 元，其中 0.5 元结算给提问者，0.5 元结算给回答者。当然，这些钱都需要扣税。可以看出，平台是不会抽取一分钱的，仅仅作为一个工具提供给外部。

这款产品的价值是什么？可能是源源不断的 UGC 数据。比如，用户的付费语音中产生的数据和在平台上的其他内容数据，两者都具有重要的价值。这些数据可以更精准地描述用户的特征和需求，为日后智能营销提供帮助。

当然，付费语音产品和问答产品是有本质区别的，前者更突出对回答者知识的变现，而后者则注重通过问答形式指导用户购买。前者的运营策略主要以维护回答者为主，平台掌握更多的头部内容吸引用户，通过内容不断地产生内容，并从中衍化出更多的产品。

5.3.1　付费语音产品的角色设定

一款产品能否长久地"活下去"，要看它是否瞄准了用户痛点或者痒点，要看用户能否拿到他需要的东西、能否解决他遇到的问题，比如解决了出行问题、解决了看病难的问题、解决了无法在线支付的问题等。

分答的商业模式是非常清晰的，任何人都可以成为 KOL，为自己代言，号召一部分粉丝产生付费行为，让粉丝获得知识和八卦新闻。其利用的是信息偏差造成的理解和思维逆差，然后通过消费行为弥补偏差。

电商付费语音产品的模式和分答产品的模式比较类似，但是也有电商独有的特色。我们要串起整个利益链条，就需要如图 5-17 所示的多个角色协同。

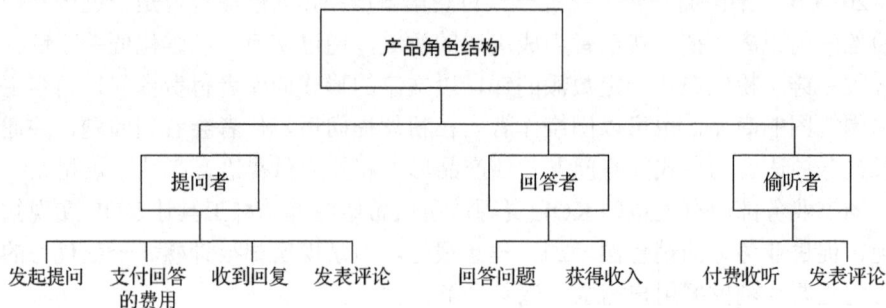

图 5-17

1. 提问者

提问者是问题的最初来源方，出于自身需求考虑，向全平台或特定的 KOL 提出问题。问题的形式为文字或语音，在提交问题时，提问者需要支付回答者回答的费用。

基于问题，提问者还可以进一步发表评论。其他用户在回复时提问者就可以收到回复。

2. 回答者

回答者在某个领域中深耕，具有深厚的知识背景或者了解一些其他人都不知道的信息。回答者通过回答问题获得收入，是利益的获取方，也是平台中非常重要的角色。回答者直接决定了平台内容的质量。

3. 偷听者

提问者提出的问题会沉淀在平台中公开给所有用户。偷听者可以付费收听。不同的是，偷听的价格更便宜。最终，偷听者支付的费用将会被提问者和回答者平分。

不同角色的用户流程如图 5-18 所示。

（1）回答者需要提前设置资料，包括个人资料、代表作、知名事迹、擅长领域、回答问题需要得到的费用等。

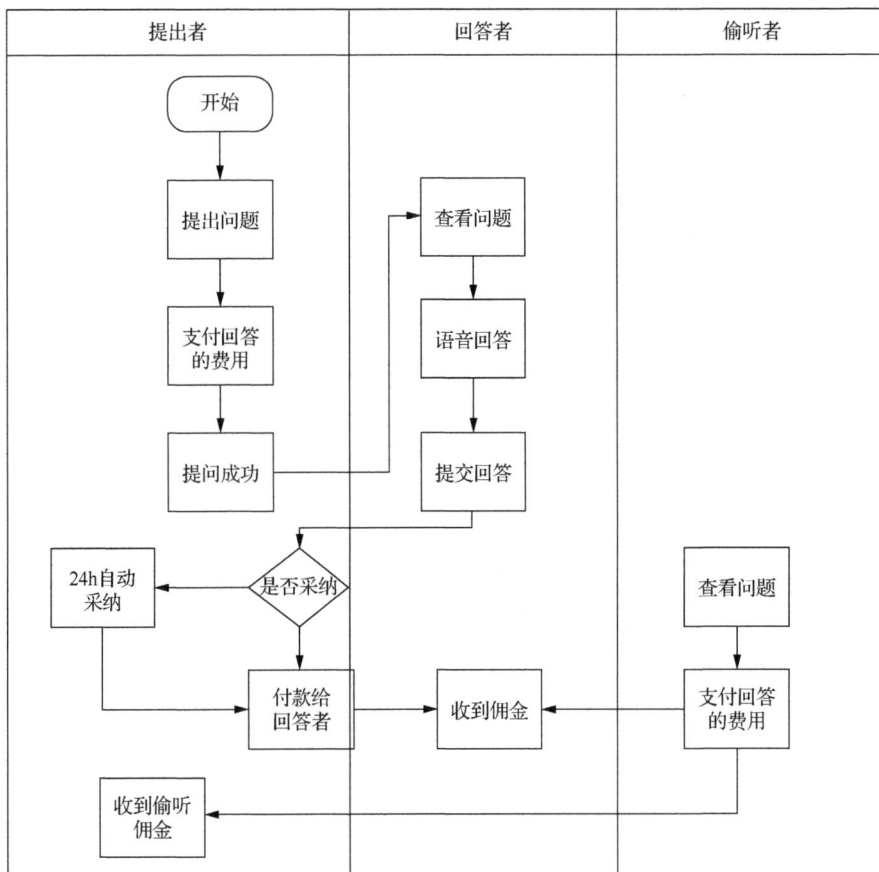

图 5-18

提问者可以直接进入回答者的个人主页进行提问，或者直接邀请某个回答者进行回答，支付回答的费用，生成问题。

（2）回答者可以在后台中看到哪些用户进行了提问，选中问题并进行回答。对于提问者的问题，回答者可以选择不回答，问题过期则会失效。回答方式为 60s 的语音。回答者在提交回答后，需要等待提问者采纳。提问者采纳后，支付的费用将发放到回答者的账户中。

（3）已经回答的问题会展示在回答者的个人主页里，其他用户如果有需求就可以查看问题，进行偷听。在偷听时，偷听者仍然需要支付给该问题的劳动者相应的回报，一般是支付 1 元钱，然后系统将 1 元钱平分给提问者和回答者。

看似简单的一问一答过程如果放到电商域内，就会变得异常复杂，需要多个系统协同作战才能完成这项工作。复杂留给系统，简单留给用户，尽管流程看起来不清晰，但是用户侧必须简单实用。

5.3.2 付费语音产品的电商流程

在电商平台中，用户可以查看商品，购买商品，生成订单。实物商品能够通过物流运送到用户家里。在用户付款后，虚拟商品会生成虚拟订单，无须物流直接线上发货到用户的账户。

结合电商模型，付费语音产品应该怎样才能融合进来呢？什么是商品呢？是提问的问题为商品，还是回答者的回答为商品？如何生成订单？什么时候生成订单？生成的订单如何结算？如何发货？把付费语音产品和电商产品两个不相关的产品结合到一起，生搬硬套着实让人感觉很生硬。下面我逐一拆解各个部分的设计思路。

付费语音产品核心的锚点是围绕支付行为构建整个交易流程。创建商品对应提出问题，商品属性对应问题的价格，购买订单对应提交问题，支付对账对应支付问题，分账对应采纳问题，如图5-19所示。用户需要支付的问题是商品，支付前，商品生成订单。用户支付的是订单的金额，而订单的收费标准则由回答者设置，具体流程如下。

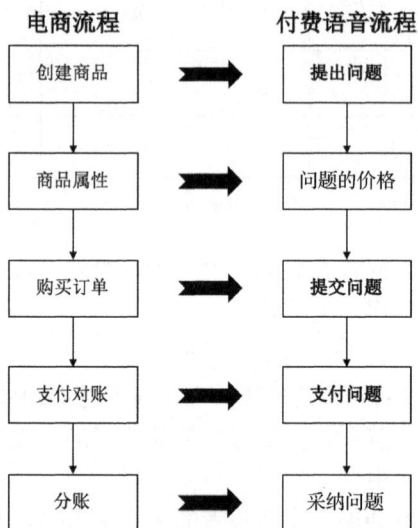

电商流程　　　　　　**付费语音流程**

创建商品 ➡ 提出问题

商品属性 ➡ 问题的价格

购买订单 ➡ 提交问题

支付对账 ➡ 支付问题

分账 ➡ 采纳问题

图 5-19

1. 商品模型的建立

付费语音产品电商化的第一步就是将其包装成一款可供用户随时浏览和购买

的商品。在付费语音产品中，所有角色围绕的是问题，即提问者提出的问题，所以我们可以把问题抽象为电商的商品，如图 5-20 所示。

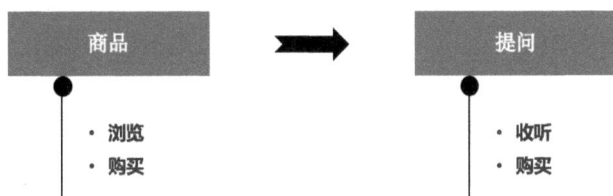

图 5-20

整个付费语音产品的购买都是线上进行的，无须线下物流参与，所以我们可以把提问定义为虚拟商品。

不过，这类商品很难通用，电商的商家很难使用付费语音场景的商品，假设商家签约了明星或网红，或许还能支撑这款产品延续，但可能需要的成本有些高，ROI 是过低的。所以，付费语音模式选择电商自营或许更加合适。

商品在创建时需要配置基本信息，包括商品信息、商品价格、商品库存数量。这些信息都需要回答者输入。回答者在配置个人介绍时，需要带入这些字段。

（1）商品信息。回答者可以被看成电商卖家，卖家能够创建并维护商品，填写商品信息。在付费语音场景中，回答者通过设置问题资料，把图片和介绍信息透传到商品信息中。

（2）商品价格。回答者设置的不同价格的问题分别为不同的商品，并对应不同的 SKU。比如，对于 1 元的问题，SKU 是 12345；对于 10 元的问题，SKU 是 54321。

提问者购买回答者上架的 SKU。在购买时，提问者又填写了一些文字信息。比如，提问的标题和提问的详细内容。这些信息直接传入订单中，作为备注或订单的扩展字段。

（3）商品库存数量。商品库存数量不需要回答者填写，系统可以把这个数字写成最大，其实就是不限制库存数量。提问者所购买的是商品的库存，每下单一次，系统把库存数量减一。换句话说，提问者每提问一个问题，对应回答者的库存数量减一。偷听是另外一个商品，其库存逻辑与提问相似。

这样设计比较通用化，可以覆盖所有的回答者模式，并且符合电商的流程。

2. 订单流程设计

虚拟商品生成虚拟订单。付费语音产品共有两种订单类型，对应不同的时间节点。

（1）当提出问题时，根据问题 SKU，订单系统生成提问订单。订单类型为提问订单，该类型可以用于下游系统和业务进行订单区分。

（2）当偷听问题时，订单系统生成偷听订单。订单类型为偷听订单。

订单状态变更如图 5-21 所示。当问题提出时，订单状态可以定义为新创建，然后变更为待发货。此时，可能还没有处理这笔订单，没有上传回答语音。当回答者回答并提交语音时，该笔订单的状态变更为已发货。如果用户采纳了回答，该笔订单的状态就变为已完成。

如果回答者或提问者没有按时接受订单，订单状态就会变更为已失效。

偷听订单的逻辑相对简单一些，偷听者开始偷听，则创建订单，订单状态为新创建。在支付完成后，订单状态变更为已完成。

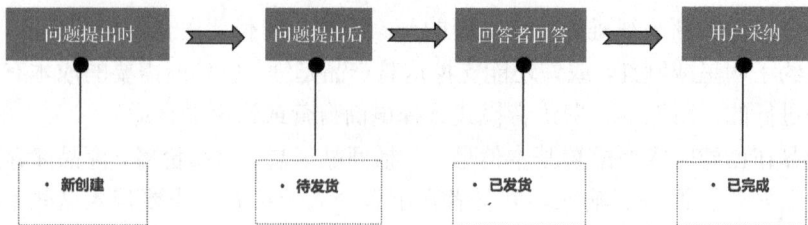

图 5-21

不过，上述的订单状态不需要给前台用户展示，前台可能仅需要抽象出几种常见的状态，比如未回答、已过期、已完成等。

当然，如果回答者回答得太慢或者不处理提问者的提问，那么提问者支付的订单金额需要原路退回，逆向的订单流程也需要被考虑。

3. 如何支付

因为付费语音产品采用正常的订单流程，所以订单支付可以对接支付系统。如果我们提前开发了收银台产品，那么只需要对接收银台。

具体的支付方式由收银台配置，在订单生成后，订单系统向收银台发送订单信息，包含订单号、订单时间、订单名称和订单金额等。收银台调用支付网关进行支付，并返回支付成功或失败的状态，根据支付结果更新订单状态。

4. 回答者的收益如何分账

这是重中之重，整个产品的商业模式是知识付费，回答者一定要有收益才可以维持整个生态的运转。

有些产品在用户采纳回答者的回答后把钱直接打到回答者的账户中；有些产品是按月结算的，像发工资一样。前者的实时结算可以刺激回答者投入精力；后者的延迟收款对回答者的激励作用着实过于小了。

具体的分账流程分为产品端、结算端和分账端三端的流程。产品端负责提供产品数据，能够提取所有的用户数据，包含用户的提问数据、回答数据、订单数据、支付明细数据等。结算端负责计算税后的结算金额，储存结算明细，推送结算前和结算后的具体金额。分账端负责具体的分账工作，具体流程可参考图 5-22。

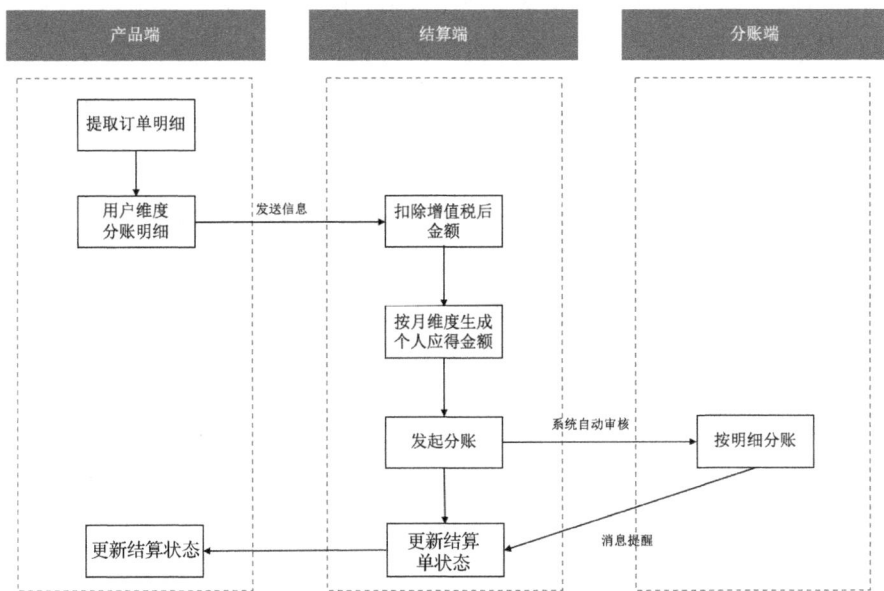

图 5-22

首先，产品端按照用户 ID 进行数据查询，按月逐条核对数据，生成用户在当月的具体订单明细。比如，结算日是每月 6 日，则产品端需要提取上个月 6 日到当月 5 日的所有明细。

产品端对接结算端，向结算端发送用户的税前结算明细信息，结算端进行财税扣减，扣除 7% 的增值税，得出具体的税后金额，发起分账，将明细推送到分账端。分账端接收分账推送，按照用户维度，将明细账单推送到用户账户中，在推送完成后，向结算端发送消息。结算端再次接收分账消息，自更新结算单状态，更新之后，将结算信息推送到产品端。产品端更新结算状态，并显示在前台。用户可以在界面上查看具体的分账明细和分账时间。

上述是分账流程，看起来非常复杂。系统如果没有分账能力，那么可以选择实时付款的形式，不需要采用如此复杂的分账逻辑。

5. 交付前台的交互流程

不同的角色需要不同的交互流程。交互流程按照职责分配可以分为提问者流程和回答者流程。

我们梳理一下提问者应该经过的路径，大致需要的产品功能如下。

（1）注册和登录流程。如果是新产品，那么这个步骤是必不可少的。如果是在原有产品基础上开发的，那么我们可以直接调用平台的注册和登录流程。

（2）广场页面。用户在登录以后，需要有一个入口展示平台入驻了哪些 KOL、这些 KOL 都已经回答了哪些问题。这些信息都需要在公域的页面（即广场页面）上展示。根据用户的习惯，不同区域模块采用不同策略摆放即可。

（3）作者页面。作者页面是用户访问和了解 KOL 的主要页面，可以把所有回答者的信息全部展示出来，包含头像、个人介绍、已经回答的问题、具体的收费标准等。

（4）提问和支付页面。当用户遇到喜欢的 KOL 时，他们可以向其提问，书写问题，创建提问，支付提问的费用。此处也包含了偷听的支付流程。

（5）我的页面。当然，用户还需要有自己的专属页面，负责管理和查看自己的提问和偷听记录。

（6）结算页面。其他用户的偷听费用会结算给提问者，提问者也会有收支结算页面。

回答者的交互流程则更加复杂，不但需要包含提问者流程的产品功能，还需要以下单独的功能。

（1）回答问题页面。回答问题页面是专门给回答者的页面，包含文字处理器页面和语音录制页面。

（2）收到问题页面。回答者会有单独的问题 Tab 页面，用于收集和展示用户提问的问题。

以上是电商付费语音产品的具体设计思路。抛开产品的价值不说，付费语音还是可以和电商紧密结合的，只是成本和收益不成正比。

对于内容电商，淘宝有很多可以借鉴的产品，如有好货频道、淘宝视频直播等产品，核心是通过内容不断地刷存在感。一旦时机成熟（如大促节点），相关商品就会转化为订单。

腾讯 / 阿里巴巴 / 百度

的产品经理和运营

每天泡在这里

人人都是产品经理
www.woshipm.com

300万名产品经理、互联网运营的聚集地

人人都是产品经理
www.woshipm.com

人人都是产品经理（woshipm.com）是以产品经理、运营为核心的学习、交流、分享平台，集媒体、教育、社群为一体，全方位服务产品人和运营人，成立9年，举办在线讲座500多期、线下分享会300多场，覆盖北京、上海、广州、深圳、杭州、成都等15个城市，在行业有较高的影响力和知名度。平台聚集了百度、阿里巴巴、腾讯、美团、京东、滴滴、360、小米、网易等众多知名互联网公司的产品总监和运营总监，他们在这里分享实战经验，与你一起成长。

扫码回复"电商产品经理"
领取10GB资料包

3000+个专栏作者
干货文章源源不断

每月3场线下活动
与大咖面对面学习

500+个微信群、QQ群
找志同道合的人

全年30期产品、运营
精品课免费听

来起点学院
BAT总监带你从0到1

系统学习

提升自己的
产品和运营能力

起点学院
互联网黄埔军校

产品经理、互联网运营专业技能提升平台

起点学院
互联网黄埔军校

起点学院（qidianla.com）是产品、运营、文案、营销等互联网核心能力的知识服务平台，联合百度、阿里巴巴、腾讯等互联网公司100多名实战派总监共同研发和设计课程，提炼和传承一线互联网公司的成功经验，目标是成为互联网的"黄埔军校"，为行业培养优秀的产品经理和运营人才，助力行业发展。

累计学员	BAT导师
760000人+	**300名**+

- 主打**精英式教学体系**
- 源自**BAT内部的产品运营方法论**
- 只做能落地的**产品经理**和**运营课程**

扫码回复"电商产品经理"
免费收听10门课程